IFRS教育の基礎研究

柴　健次［編著］

創成社

はしがき

　本書は日本会計研究学会において2010年9月の大会において設置されたスタディ・グループ（研究テーマ「IFRSの会計教育に関する研究」，主査柴健次で以下「本スタディ・グループ」という）が2011年9月に行った中間報告を市販するものである。われわれは2012年8月の最終報告の準備をすすめているが，その内容は中間報告と大きく異なることから，中間報告を単独で刊行することに意義を見出すものである。また，2011年の研究大会では報告書がPDFで会員に配布されたことから，伝統的な形式ではあるが紙媒体での刊行にも意義あるものと考えた次第である。

　本スタディ・グループのメンバーは，国際財務報告基準（IFRS）に精通することを否定しないが，IFRS各号を暗記対象として教授することには否定的な見解を持っていた。また，IFRS関連の書物の多くは，それぞれに工夫されているとはいえ，IFRSの概要を伝える内容となっている。これらの書物の意義を否定するものではないが，メンバーの多くは会計学ないし財務会計論という科目のなかでIFRSをどのように位置づけるかに関心があった。これらに関する暫定的な見解は2012年の最終報告において報告することを予定している。

　その最終報告を行うに先立ち，IFRSの教授法を考案するのに必要な予備調査を行うことにした。その内容が本書中間報告であり，どのようにその内容を考えたかについては序章に詳しく書いておいた。中間報告が出来上がってみると，それ自体として利用価値の高い内容となっていること，最終報告に向けた途中段階の報告ではなくてそれ自体の完成度が高いことから，これを出版して広く議論を共有してもらうことがわが国の会計教育に資すると考えた。

　とはいえ，出版事情が厳しいことから，この種の学術的研究書の刊行は容易ではない。そのなかで創成社の塚田尚寛氏に本書出版の意義を認めていただい

た。これに勇気を得て，中間報告に必要な修正を行い，完成させたものが本書である。末筆ながら，本スタディ・グループは創成社塚田尚寛氏の決断と努力に敬意を表する次第である。

2012年8月

日本会計研究学会
2012年最終報告に寄せてスタディ・グループ
主査　柴　健次

目　次

はしがき

序　章　IFRSの教育に関する研究 ── 1
　　第1節　本スタディ・グループの目的……………………1
　　第2節　各国のIFRS教育の把握の必要性………………3
　　第3節　財務報告に関する史的考察の必要性……………6
　　第4節　IFRS教育のための基礎概念の導出の必要性……8

第1部　IFRS教育の現状

第1章　IFRSの意義・役割と日本に対する影響 ── 13
　　第1節　はじめに……………………………………………13
　　第2節　IASの設定主体としてのIASC……………………14
　　第3節　IFRS設定主体としてのIASBへの改組と
　　　　　　日本の対応……………………………………………18
　　第4節　IFRSの設定方針と特徴……………………………21
　　第5節　小　括………………………………………………25

第2章　アメリカのIFRS教育 ── 29
　　第1節　アメリカにおけるIFRSの適用状況………………29
　　第2節　アメリカにおける高等教育機関における
　　　　　　IFRS教育………………………………………………33

　　　　第3節　アメリカにおける公認会計士試験制度⋯⋯⋯⋯⋯36

第 3 章　イギリスにおける IFRS 教育 ── 44
　　　　第1節　イギリスにおける IFRS 導入の状況⋯⋯⋯⋯⋯44
　　　　第2節　高等教育機関における IFRS 教育⋯⋯⋯⋯⋯⋯47
　　　　第3節　勅許会計士および勅許公認会計士の試験制度⋯⋯52

第 4 章　フランスにおける IFRS 教育 ── 62
　　　　第1節　IFRS 導入状況⋯⋯⋯⋯⋯⋯⋯⋯⋯⋯⋯⋯⋯62
　　　　第2節　高等教育機関における IFRS 教育⋯⋯⋯⋯⋯⋯64
　　　　第3節　フランスにおける公認会計士試験制度⋯⋯⋯⋯68

第 5 章　ドイツにおける IFRS 教育 ── 76
　　　　第1節　ドイツにおける IFRS 導入状況⋯⋯⋯⋯⋯⋯⋯76
　　　　第2節　ドイツの高等教育機関における IFRS 教育⋯⋯78
　　　　第3節　ドイツにおける公認会計士試験制度⋯⋯⋯⋯⋯82

第 6 章　中国における IFRS 教育 ── 92
　　　　第1節　中国における IFRS 導入状況⋯⋯⋯⋯⋯⋯⋯⋯92
　　　　第2節　高等教育機関における IFRS 教育⋯⋯⋯⋯⋯⋯95
　　　　第3節　中国における公認会計士試験⋯⋯⋯⋯⋯⋯⋯100

第 7 章　韓国における IFRS 教育 ── 106
　　　　第1節　韓国における IFRS 導入状況⋯⋯⋯⋯⋯⋯⋯106
　　　　第2節　高等教育機関における IFRS 教育⋯⋯⋯⋯⋯110
　　　　第3節　韓国における公認会計士試験⋯⋯⋯⋯⋯⋯⋯113

第 8 章 日本における IFRS 教育 ── 120
- 第 1 節　日本における IFRS 導入状況……………120
- 第 2 節　日本の高等教育機関における IFRS 教育………125
- 第 3 節　日本における公認会計士資格試験……………133
- 第 4 節　公認会計士試験（論文式試験）合格後の IFRS 教育研修カリキュラム………138

第 2 部　IFRS 教育における史的考察の重要性とその課題

第 9 章 IFRS 教育における史的考察の意義とその分析視点 ── 149
- 第 1 節　IFRS 教育における史的考察の意義と IFRS 教育………149
- 第 2 節　財務報告の歴史とその分析視点……………150

第 10 章 株式会社制度の成立・発展と財務報告 ── 153
- 第 1 節　受託責任（スチュワードシップ）と情報提供機能………153
- 第 2 節　株式会社制度の確立と財務報告の目的………154
- 第 3 節　証券市場の発達と財務報告の機能拡大………157
- 第 4 節　小　括―IFRS 教育と財務報告の目的―………159

第 11 章 アメリカにおける財務報告 ── 163
- 第 1 節　AAA 会計原則試案［1936］から ASOBAT 基礎的会計理論［1966］まで………164
- 第 2 節　APB ステートメント 4［1970］から米国と IASC の概念フレームワークに至るまで………172

　　　　第3節　FASB/IASB における概念フレームワーク改訂
　　　　　　　のための共同作業による公表物 ················ 182
　　　　第4節　小　括—IFRS 教育と米国における財務報告の
　　　　　　　目的（機能） ·································· 188

第12章　欧州大陸における財務報告—フランス ──── 206
　　　　第1節　はじめに ·· 206
　　　　第2節　フランスにおける会計規制の歴史 ·············· 207
　　　　第3節　フランス会計制度と IFRS ······················ 210
　　　　第4節　まとめ ·· 214

第13章　ドイツにおける財務報告 ──────────── 217
　　　　第1節　ドイツにおける会計の機能 ···················· 217
　　　　第2節　ドイツにおける企業会計法の伝統的枠組み ···· 218
　　　　第3節　企業会計法の伝統的な枠組みの変化 ·········· 220

第3部　IFRS 教育のための基礎概念

第14章　IFRS 教育のためのアプローチ ───────── 233
　　　　第1節　IFRS 教育のための方法選択 ···················· 233
　　　　第2節　基礎概念導出のためのアプローチ ·············· 235
　　　　第3節　2つのアプローチ ······························ 236

第15章　アプローチ1：利益観からのアプローチ ───── 241
　　　　第1節　基礎概念導出のための利益観
　　　　　　　—資産負債利益観と収益費用利益観 ············ 241
　　　　第2節　資産負債利益観と公正価値の結び付き ········ 244

第 3 節　両利益観の要件⋯⋯⋯⋯⋯⋯⋯⋯⋯⋯⋯⋯⋯246
第 4 節　両利益観からの会計教育上の重要語句⋯⋯⋯⋯⋯248

第 16 章　アプローチ 2：会計モデルからのアプローチ ── 256
第 1 節　基礎概念導出のための会計モデル⋯⋯⋯⋯⋯⋯⋯256
第 2 節　「収支記録を基礎とする会計モデル」から
　　　　　導出される基礎概念⋯⋯⋯⋯⋯⋯⋯⋯⋯⋯⋯⋯⋯260
第 3 節　「投資計算を基礎とする会計モデル」から
　　　　　導出される基礎概念⋯⋯⋯⋯⋯⋯⋯⋯⋯⋯⋯⋯⋯263

第 17 章　両アプローチに共通する基礎概念 ── 271
第 1 節　認識と測定⋯⋯⋯⋯⋯⋯⋯⋯⋯⋯⋯⋯⋯⋯⋯⋯⋯271
第 2 節　会計公準⋯⋯⋯⋯⋯⋯⋯⋯⋯⋯⋯⋯⋯⋯⋯⋯⋯⋯278
第 3 節　目的適合性と信頼性⋯⋯⋯⋯⋯⋯⋯⋯⋯⋯⋯⋯⋯282
第 4 節　原則主義と規則主義⋯⋯⋯⋯⋯⋯⋯⋯⋯⋯⋯⋯⋯286

索　引　299

―― 序　章 ――

IFRS の教育に関する研究

第 1 節　本スタディ・グループの目的

　本スタディ・グループは「IFRS の教育に関する研究」を課題としている。わが国でも，IFRS（国際財務報告基準）の採択を見越した実務的な対応に関する議論は盛んに行われているが，こと高等教育の現場における問題に関しては未だ十分な議論がなされているとはいえない。IFRS が教授すべき対象として現実味を帯びてくると，会計に関する教授内容と教授方法にどのような変化が起きるのかを検討する必要がある。すでに実務で利用可能な書籍も発行されはじめている。

　IFRS は会計教育のうち特に財務報告とその拠り所となる会計基準に関係する。これまでのところ IFRS に関する既刊書の多くは IFRS と日本基準の相違点を明らかにすることを目的とするものが多かった。それらは確かに会計実務上直面する新たな課題に備えるために有効であるかもしれないが，高等教育機関（大学および大学院）における会計教育のなかで IFRS をどのように位置づけるかに関しては明らかにされていない。

　スタディ・グループのメンバーは「IFRS の教育に関する研究」の目的は何か，その目的を達成するために採りうるアプローチは何かをめぐって何度も議論を重ねた。多くのメンバーは IFRS が視野に入ると会計教育を変える必要があるのかどうかを明らかにする必要があると主張した。我々は多少幅があるにしても限られた講義時間数内で教育を行う必要がある。そこで，IFRS を講義内容に含む場合，IFRS を含む講義科目のなかでの IFRS の位置づけを明らか

にする必要がある。

　そこで，本スタディ・グループの目的を「IFRSが会計教育に及ぼす変化を明確にし，実行可能な複数のシラバスを示しうる程度に具体的に講義内容とそのなかでのIFRSの位置づけを明らかにすること」とした。短くてもかまわないので，講義内容の一部でも具体的にテキストとして書いてみる作業も必要だと思われる。また，主査は，かねてよりわが国の企業会計原則のように簡潔で明瞭なIFRS原則を教育用に書いてみる作業も必要だと考えている。

　つぎに，このような目的に対して我々はどこからアプローチすればよいかを議論した。結論から言うと，我々は，第1に日本を含む諸外国において現時点でIFRS教育の現状はどのようなものであるかを確認する必要があるとの認識に至った。第2に，IFRSは新しい財務報告の象徴なのだから，一度ここで，財務報告の歴史を振り返っておく必要があるだろうとの認識にも至った。第3に，この2つを中心に進めていけばよいとは思われるものの，財務報告とそれが依拠する会計基準における最近の変化を理解するために，相対立する利益観や会計モデルを示してみようというものであった。

　第1のアプローチは，現状把握にこそヒントがあるという信念に基づくものである。本報告書の第1部「IFRS教育の現状」がその成果である。第2のアプローチは，史的考察こそ重要であるというものである。とりわけ，財務報告の歴史に迫ってみる必要がある。本報告書の第2部「IFRS教育における史的考察の重要性とその課題」がその成果である。第3のアプローチは，理論的整理にヒントが含まれているというものである。本報告書の第3部「IFRS教育のための基礎概念」がその成果である。

　3つの異なる方向から同じ目的に迫ったものの，我々の最終目的「IFRSが会計教育に及ぼす変化を明確にし，実行可能な複数のシラバスを示しうる程度に具体的に講義内容とその中でのIFRSの位置づけを明らかにすること」はまだ達成されていない。これは次年度の最終報告の課題として残っている。

第2節　各国のIFRS教育の把握の必要性

　我々は現状把握にこそヒントがあるという信念からIFRS教育についての国際比較を企てた。そこで，何を比較可能な項目として取り上げるかが問題となったが，基本的には，以下の3項目に落ち着いた。第1は，調査対象国におけるIFRS導入の現状を把握することである。第2に，当該国の高等教育機関におけるIFRSの取り扱いの現状を把握することである。高等教育機関は大学および大学院のレベルをさす。第3に，当該国の公認会計士制度（試験制度を含む）とそこへのIFRSの影響の把握である。

　IFRSの導入や会計教育・試験制度への影響がなぜ重要なのかについては，そもそも国際会計基準の発展を踏まえておく必要がある。そこで，我々は国際比較の前に，国際会計士研究グループ（AISG）以来の歴史をざっと振り返り，具体的に日本に与えた影響を確認することにした。この整理はメンバーの佐藤信彦が行った（第1章参照）。

　本スタディ・グループのメンバーはいずれも特定国の会計制度に強い関心を有しているので，分担してその任務にあたることにした。しかし，日本の学界で少なくとも期待される諸国を網羅するには人手が足りないこともあり，板橋雄大，正司素子，杉本徳栄，孫美灵の4氏に研究協力者として加わっていただくことにした（第二年度目はメンバーとして研究に従事していただく）。その結果，アメリカを杉本徳栄が（第2章参照），イギリスを齊野純子が（第3章参照），フランスを藤田晶子と板橋雄大が（第4章参照），ドイツを潮﨑智美が（第5章参照），中国と韓国を孫美灵が（第6章・第7章参照），日本を井上定子と正司素子が（第8章参照）それぞれ担当した。

　調査開始当初は各国の現状把握の状況の範囲や程度がまちまちで比較可能性は担保されていなかったが，研究会のつど，調整を重ねて，報告書第1部に示すように一定程度比較可能になった。詳しくはそれぞれの章を参照されたい。

　そこで序章では我々が関心を有した3項目につき比較しておくことにしよ

う。第1の関心事項はIFRSの導入状況の確認である。IFRSが導入される範囲が限定される場合には，高等教育機関における取り扱いも変わると思われるからである。もちろん，導入される範囲が限定される場合にでも対象企業にとっては影響が大きいので，職場教育においては重要性が高い。

図表序－1　対象国におけるIFRSの導入状況

第1の関心	対象国におけるIFRSの導入状況
アメリカ	2007年外国民間発行体を対象にIFRSを導入，2011年末までにアメリカ企業にIFRSを導入するかどうかを最終決定する。
イギリス	2005年以降，上場企業については連結財務諸表にIFRSを強制適用。
フランス	2005年以降，NYSE Euronext Parisへの上場企業については，連結財務諸表にIFRSを強制適用。
ドイツ	2005年以降，上場企業については連結財務諸表にIFRSを強制適用。
中　　国	コンバージェンスの結果，企業会計準則はIFRSに酷似。
韓　　国	2011年以降，上場企業につきIFRSを全面適用（完全採択）。
日　　本	2011年現在，IFRSを導入するかどうかの最終決定が延期された。

　我々が関心を示した第2の項目は，そのものずばりで，当該国の高等教育機関（大学および大学院）でIFRSが講義に採りいれられているかに関する現状把握である。大学および大学院と範囲を限定していないのは，専門的な教育を大学院に委ねている場合もあるからである。また，我々の現状把握では，当該国の高等教育機関を網羅的に調査したわけではない。知りうる範囲で現状を把握しているというレベルにとどまる。ただし，日本については，会計関連科目を設置している大学学部および会計専門職大学院のシラバスを綿密に調べた。

　以下の要約でもわかる通り，IFRSが独立した科目として設置されている国は少ない。なかでも，イギリスのLSEのマクビ教授が語る財務会計における「LSEアプローチ」は示唆に富んでいる。すなわち「学生は自分の利益のために現行の規定（法律や基準）を学ぶべきではないという立場をとってきた。…代わって我々は，基礎概念や変化の説明および影響に焦点を置いている。…」と

（第3章の全文引用を参照されたい）。それゆえ，高等教育機関においても大学レベルと大学院レベルでは教授内容を変えてくる可能性がある。こうしたなかで，日独が相対的にIFRS教育に熱心であり，韓国が事実上必須としていることに注目すべきである。会計教育に対するアプローチの相違まで確認できる可能性もあるからである。

図表序－2 対象国におけるIFRS教育の現状

第2の関心	対象国におけるIFRS教育の現状
アメリカ	一般にIFRSのための特別な科目設置は行われていない。むしろ，US・GAAPとIFRSを対比させる工夫されたテキスト等によりIFRS教育が推進されている。
イギリス	アメリカ同様に，IFRSのための特別な科目設置は行われていない。財務諸表分析などの科目でIFRS準拠の財務諸表が取り上げられる場合がある。
フランス	一部大学でIFRS科目設置の例があるが典型的ではない。むしろIFRSは修士課程においてようやく登場する。
ドイツ	米英仏との対比で，財務諸表分析や国内会計からIFRS会計への組み換えなどIFRS関連科目が充実している。会計関連科目の設置数も多いようである。
中国	一般には，IFRSに特化した教育は行われていない。一部大学が人材養成の観点からIFRS科目を設置している。
韓国	2009年から一部の大学で，そして2011年からはすべての大学でIFRSをカリキュラムのなかに取り入れている。
日本	比較的多くの大学で国際会計，最近ではIFRS関連科目を設置している。すべての会計専門職大学院でIFRS関連科目が設置されている。

我々が関心を示した第3の項目は，公認会計士制度および同試験制度に対するIFRSの影響である。これらは制度も異なり単純な比較が難しい。なお，アメリカ，ドイツ，韓国の公認会計士試験においてIFRSが出題されているが，これら諸国は先に「図表序－2」で確認したように高等教育機関においてIFRS教育が充実している国と重なる。その限りでは，日本も出題される可能性が高いといえる。

第3節　財務報告に関する史的考察の必要性

　何事もその由来を振り返ってみると現在が良く理解できる。財務報告という言葉は新しいかもしれないが，財務諸表まで拡大して考えると，我々は財務報告の長い歴史に触れることになる。そこから今日の IFRS を見るとその特徴が明らかになる。すなわち，財務諸表を含む広い意味での財務報告の長い歴史のなかに今日の IFRS を置いてみようと試みた。

　藤田晶子は，第9章において，かかる史的考察の重要性を指摘し，財務報告の長い歴史を株式会社の勃興まで遡ることを主張した。ついで，藤田は，第10章において，受託財産の保全および管理に係る顛末を報告するための財務報告は，株式会社制度の成立を契機として利害調整のための財務報告へと目的を大きく進化させ，1920年代から1930年代のアメリカにおける急速な経済成長と証券市場の発達を背景に，さらにそれを拡大し，利害調整機能や契約支援機能をも含めた広い意味での受託責任（スチュワードシップ）と情報提供機能の両方の役割を担おうとしていたと分析する。ただ，同じアメリカにおいて，情報提供機能を重視する傾向が顕著になり，受託責任を副次的に扱うという事態に至ったことを指摘する。

　山内暁は，第11章において，財務報告の目的（機能）が，大きくは，(1)利害調整機能・契約支援機能・事後情報としての役割（意思決定後情報としての役割）と，(2)情報提供機能・意思決定支援機能・事前情報としての役割（意思決定前情報としての役割）に分けられるとし，その上で，伝統的な学説の整理を試みた。具体的には，アメリカの公的文書を整理して，同国における財務報告の目的（機能）の変遷を整理した。その上で，長い歴史のなかで IFRS を相対化し，IFRS の（その時々の）会計基準をスナップショット的に鵜呑みにさせることのない教育が必要であると説く。

　以上の藤田と山内の史的考察は主にアメリカにおける財務報告の歴史を分析している。IFRS に期待される目的（機能）を正しく理解させるには，株式会社

制度成立以降の財務報告制度の歴史を学習させたほうが良いとの示唆を得た。さらに，とりわけ第11章は，これ単独でも財務会計の重要な学習課題を提供しているので，よりレベルの高い学年において，実際に学習させてみるのが良いと思われる。

我々は藤田と山内の史的考察で一応IFRSの相対化を果たしたが，アメリカだけが固有の歴史を有しているわけではないので，これとは異なる社会経済的背景を有するフランスとドイツの財務報告（会計制度）を振り返ってみるのが良いのではないかとの意見が出た。イギリスも魅力ある考察対象であるが今回は省略した。

板橋雄大は，第12章において，1673年以来のフランス会計規制史を概説し，1947年成立のPCGこそフランス会計にとって重要であることを指摘した。さらに1965年にはPCG準拠による税務申告が求められるに至り，会計制度と租税制度の連携関係が確立した。このなかで，IFRSを導入するには，連単分離方式しか道がなかったことを説いている。こうしたフランス固有の歴史のなかで，財務報告の目的（機能）が考察されるべきであるとする。アメリカにおける証券市場との関連が強い財務報告制度とはやはり異なる固有の歴史が見て取れる。

潮﨑智美は，第13章において，ドイツ学界での会計機能に関する諸説に触れ，2009年の商法典大改正を経た後も，配当可能計算と課税所得計算の基礎としての会計の機能が存在することに触れ，IFRSにより求められる機能との相違を整理している。ただそのなかで，従来存在した，商法典と所得税法の間の逆基準性が廃止されたことの重要性を強調する。こうしたドイツ固有の歴史のなかで，伝統的な財務報告の目的とIFRSが求める財務報告の目的が並存することによる新たな問題を抱えているという。

板橋と潮﨑は，証券市場における情報提供機能を重視するアメリカと異なり，配当可能計算や課税所得計算との連携が強い会計制度の存在と，そこへのIFRSの導入という新しい問題の発生を指摘している。IFRSをどのように教育するかにあたっては，それぞれの国に固有の歴史があることの意義を説く必

要があることを学んだ。

第4節　IFRS教育のための基礎概念の導出の必要性

　IFRSの教育を考えるにあたり，基礎概念を明確にする必要があるということは容易に合意できた。というのも，限られた講義時間の間に膨大な会計基準（それによる会計規制）を理解させることは至難の業であり，また，その必要性もないという立場をとる場合には，これははずせないという基礎概念をしっかりと学習させるべきであるということに反論が出ないからである。

　本スタディ・グループの研究のなかでも，基礎概念の導出という課題に関しては，劇的な議論の展開を遂げた。当初の議論はこうであった。概念フレームワークなどの公的意見や定評ある報告書や会計学界の常識に従えば，一通り重要な基礎概念を導出できるであろうというものであった。1人1人の教師なら日常こうしているかもしれない。しかし，議論を重ねるうちに，列挙された基礎概念がどういう論理で導出されたか説明がつかないではないか，それなら列挙された基礎概念以外にもいくらでも概念を追加できるではないかという疑問であった。

　その後に，基礎概念を導出するための論理が必要だろうとの意見に傾き，その方法論に関心がシフトした。その議論に際しては，第2部の財務報告の史的考察の議論が参考になった。財務報告の目的（機能）が長い歴史のなかで変遷していることがあきらかだとすれば，その財務報告を支える会計も変遷しているだろうとの考えにいたった。そうだとすれば，IFRSを会計ととらえ，これを相対化すれば理解可能になるのではないか。そこから基礎概念が導出できるのではないか，という議論へと発展してきた。

　富田知嗣は，第14章において，主査の求めに応じて，IFRSの教育に欠かせない基礎概念の導出のためには，少なくとも，2つのアプローチがあることを提示した。第1に，相対立する2つの利益観を整理して，そこから基礎概念を導出するというアプローチである。ここでは，資産負債利益観と収益費用利

益観を対置させうる。基礎概念の候補は2つの利益観のいずれかから適切に説明されると期待されるのである。

　第2に、相対立する2つの企業観に基づく会計モデルを整理して、そこから基礎概念を導出するというアプローチである。ここで対置されたのが「投資計算を基礎とする会計モデル」と「収支計算を基礎とする会計モデル」である。前者は企業を投資の集合体と見ており、後者は企業を委託受託関係と見ているのであるから、一種の企業観でもある。

　山田康裕は、第15章において、利益観からのアプローチに基づいて、2つの利益観を正しく理解させるために必要な説明を試み、これら利益観と測定属性の関係を整理した。したがって、山田によれば、IFRSの教育に際しても、「利益を一義的には資産・負債のある種の変動の正味の成果」として捉える資産負債利益観と、「1期間における費用と収益の良好な対応もしくは適切な対応」を通じて算出された「収益・費用差額」として捉える収益・費用利益観の双方を理解させる必要がある。

　富田知嗣は、第16章において、野心的な試みとして、基礎概念を導出するためとして、2つの会計モデルを提示した。ここでは、第15章において利用された説明のための道具は利用できない。そこで、新たに企業観（富田は企業表現のための視座と表現する）が必要とされた。「収支記録を基礎とする会計モデル」では、企業を委託受託関係と捉え、その変化を収支で捕捉する。他方「投資計算を基礎とする会計モデル」では、企業を投資の集合体と捉え、その集合体から企業価値を求める。富田は、IFRSの教育にあたってもこうした2つの会計モデルの相違を正しく理解させる必要があると説く。

　このように富田と山田により、我々は基礎概念を導出する論理を獲得した。第15章と第16章に示されているように、それぞれの論理の範囲内で、会計を理解するための基礎概念が導出されるのである。これに対して、本スタディ・グループの議論では、いずれのアプローチにも共通する基礎概念があるだろうという議論になった。そこで、第17章において、角ヶ谷典幸は、富田と山田の示す2つのアプローチを踏まえ、会計教育にとって重要な認識と測定に関し

て，会計的一元論，経済的一元論，経済的・会計的二元論という整理が有効であると提唱した。同じく，齊野純子は，2つのアプローチを踏まえて，重要な基礎概念として，認識・測定，会計公準，目的適合性・信頼性，原則主義・規則主義を抽出し，説明している。

　本スタディ・グループの基礎概念をめぐる議論は二転・三転したが，その甲斐があって，ある基礎概念がなぜ基礎概念なのか，なぜこれだけの数の基礎概念が必要なのか，IFRSを教育するに際してなぜこれらの基礎概念が不可欠なのかを説明する論理を手に入れることができた。

第1部

IFRS教育の現状

第1章

IFRSの意義・役割と日本に対する影響

第1節　はじめに

(1) 会計基準の国際的統一の必要性

　法律，社会，経済，文化的背景の相違に起因して，多様な内容を持って各国において会計基準が存在している状況では，自国外の資本市場で資金調達を行おうとしている企業にとっては，当該資本市場が存在している国の会計基準に準拠した財務諸表を別途作成しなければならず，自国外の資本市場で資金運用を行う投資者にとっては，当該資本市場で公表されている財務諸表が作成されるにあたって準拠した会計基準についての知識がなければ，投資対象として比較している自国企業の作成した財務諸表と自国外の企業の作成した財務諸表とを比較することができないし，また，異なる会計基準に準拠して作成された財務諸表を監査するためには，判断規準としての会計基準について，自国のもののみを理解しているのでは不十分であって，その結果，監査人は，それぞれの会計基準について理解しなければならない。逆に言えば，会計基準が統一化され，世界中で1つになることは，次の表のとおりのメリットが存在するのである。

図表1-1　会計基準統一化のメリット

関係者	国際的統一化のメリット
作成者（企業）	複数組の財務諸表作成の負担から解放される。
利用者 （＝投資者）	異なる会計基準によって作成された財務諸表を比較するには，調整計算が必要であるが，会計基準が1つであれば，会計基準間の相違の調整が必要ない。
監査人	監査の判断規準として理解しなければならない会計基準が1つで済む。

(2) 統一化の方式

　会計基準の統一化には，アドプション（adoption）方式とコンバージェンス（convergence）方式の2つがある。アドプション方式は，特定の国際的機関が設定した会計基準を自国の会計基準としてそのまま受け入れることであり，コンバージェンス方式は，ある特定の会計基準との間の相違点を徐々になくしていくことで，かつては調和化（harmonization）と呼ばれていた。IFRSおよび現在の日本の会計基準設定機関を前提にして表にまとめれば次のとおりである。

図表1-2　会計基準統一化の方式

方式	意味	日本基準の設定主体
アドプション方式	IFRSをそのまま自国の会計基準として受け入れること	IFRSを設定しているIASB
コンバージェンス方式	自国の会計基準を維持しつつも，IFRSとの相違をなくしていくこと，いわゆる収斂させていくこと	現在の日本を前提にすれば企業会計基準委員会（ASBJ）

第2節　IASの設定主体としてのIASC[1]

(1) IASC（国際会計基準委員会）の設立の背景[2]

　1970年にチリで起きたITT事件は，多国籍企業の受け入れ国である発展途

上国のあいだでくすぶっていた，多国籍企業に対する規制強化の要求を一気に加速した。ITT 事件が 1972 年の国連総会で告発されるのに伴い，国連では，多国籍企業の実態が不透明であるため，その実態を明らかにすることを目的に，ディスクロージャー規制の強化，さらには，会計基準の国際的システムの国家による構築を目指す動きが見られるようになった。

このような状況に危機感をいだいたのが，それぞれの国で会計基準設定の中心的役割を担っていたアメリカ，イギリスおよびカナダの会計士たちであり，職業会計士の手によって国際会計報告基準をも作成しようという動きがにわかに活発になったのである。つまり，「会計の国際化を自分たちの手で進めなければ，その主導権を政府その他に奪われるという危機感」(藤田[1978]，47頁)が，それまで必要性は認識されながらも，なかなか具体化しなかった国際的会計報告基準の職業会計士団体による設定を現実のものとし，1973 年 6 月には，はやくも IASC が設立されたのである。

上記の国々では，会計専門業団体が会計基準を設定していた。当時，イギリスでは ICAEW，カナダでは CICA，アメリカでは，法令上は，1934 年証券取引所法によって SEC であったが，SEC 会計連続通牒 (ASR) によって，AICPA の CAP (1936 年設置) と APB (1959 年設置)，その後，FASB (1973 年設立) が実際には会計基準を設定していた。したがって，たとえ開示に関する部分に限定されるとはいえ，国際的会計基準が国連によって設定されるという状況は，国内における会計基準も政府等によって設定され始める可能性があると考えられた。つまり，会計基準の設定権限の喪失の可能性があったということである。

もともと，アメリカ，イギリスおよびカナダは「国際会計士研究グループ」(AISG) を 1966 年に結成し，会計基準の国際的調和化のために各国の会計基準の間の差異等の研究を行ってきた。その一方で，職業会計士団体は，1902 年から 5 年ごとに「世界会計士会議」を開催していた。1967 年の第 9 回パリ会議の直後に ICCAP (会計専門業協力国際委員会) の前身である国際作業パーティー (IWP) が設置され，これが会議をどこで開くかを決定していた。1972 年第 10

回シドニー会議に際しICCAPの設立が決まっており，わが国もICCAPの加入を要望した。しかし，そのときすでに，15年会員がオーストラリア，フランス，オランダ，イギリス，およびアメリカに，5年会員がカナダ，西ドイツ，インド，メキシコおよびフィリピンに決定していた。ところが，アメリカ，カナダ，オーストラリア等の指示もあり，第1回のICCAP会議がデュセルドルフで開かれた際に会議の冒頭でわが国の加入が審議され，承認されたのである。また，AISGも1972年12月にロンドンで会合をもち，国際的会計報告基準の公式化を調査し検討する代表委員会の設立について，定款第1次草案の作成などの具体化を行っていた。この会合での決定を受けてAISG 3国に，西ドイツ，フランス，オランダ，オーストラリア，メキシコおよび日本の6カ国を加えた9カ国で，1973年3月ロンドンで，拡大準備会を開催する運びとなったが，JICPAは商法改正の直前であったため，これを欠席した。その後ロンドンで同年6月28日に最終準備会が開かれ，翌29日にIASCの創立総会が開催され，正式に設立されたのである（岩波［1973a］［1975］，辰巳［1973］［1978b］，中島［1974］，澤他［1974］，日本公認会計士協会事務局［1974］）。

　このような状況下で問題になったのは，IASCとICCAPの関係である。つまり，IASCをICCAP内の一組織とするのか否かということである。この点については当初は曖昧であったが，その後，「IASCは，それ自体の名のもとに国際会計基準を発表する権限と責任を有し，定款と事務局と事務局の資金調達手段とを有している。したがって，ICCAPからこの意味で独立している。」（岩波［1976b］，8頁）といえる。それから4年後の1977年10月に，IFACがICCAPに代わって設立された。後述のとおり，IFACとIASCは密接な関係にあるが，基本的にICCAPの場合と同じ関係にあるもとされている（岩波［1976b］，4頁）。

(2) 初期のIASCの組織機構

　設立当初から1980年代前半におけるIASC内の運営組織としては，理事会 (the Board)，諮問グループ (the Consultative Group) および改善起草委員会

(Steering Committee) が存在していたが，その後，IASC の財政基盤を確固たるものとするために IAS 財団（International Accounting Standard Foundation）が 1995 年に設立された。

IAS の審議を迅速化し，内容の充実を図るために，テクニカル・スタッフの増員などを行うことで IASC の活動が活発になれば，それに伴い予算も増加せざるを得ない。そこで，IASC は 1990 年に外部に寄付金を募った。この要請を 6 大会計事務所は快諾したが，予算不足分の補填を 6 大会計事務所に依存することは，会計基準設定機関としての独立性に問題があり，また理事会メンバーの個人的な努力に頼った現在の寄付金募集活動では，IASC の運営にとり不安定な財源にしかなりえない。そこで，アメリカの財務会計財団（FAF）やオーストラリアの AARF の例に倣い，IASC でも IAS 財団設立が構想され，IASC 国際会計基準財団作業部会（the IASC Working Party on the International Accounting Standard Foundation）で検討された。その勧告書は 1993 年内にまとめられ，IASC 理事会の承認を経て，1995 年 6 月の総会で組織改革が行われる予定になっていた（白鳥 [1993a]，33 頁）が，上述のとおり，予定どおり設立された。

(3) IASC に与えた IOSCO の影響

このような状況で，1983 年の組織改革後の IASC のあり方に大きな影響を与えたのが，そのとき設置された諮問グループに IOSCO が参加したことである。というのも，IOSCO が，財務諸表作成にとって必要不可欠な会計基準（コア・スタンダード）が揃えば，IAS（当時）に準拠して作成された財務諸表を国際的資本市場での資金調達にあたって開示すべき財務諸表として受け入れるという決定をしたからである。つまり，それまで，実務において用いられる可能性の乏しかった IAS にとって，にわかに現実に適用される可能性が現れたのである。

第3節　IFRS設定主体としてのIASBへの改組と日本の対応

(1) IASB（国際会計基準理事会）への改組とその機構

　1997年にIASCは戦略作業部会（SWP：Strategic Working Party）を設置して，その組織改革を議論し，1999年にSWPは「IASCの将来像」を公表した。1999年11月19日にベニスで開催されたIASCの理事会において，以前から提案されていた「IASCの将来像」につき合意に達した。2000年3月13日から17日までサンパウロで開催された理事会で組織改革のための定款変更が承認された。これに基づいて，次の図表1－3の組織が2001年1月25日に発足した。

図表1－3　IASBの組織図

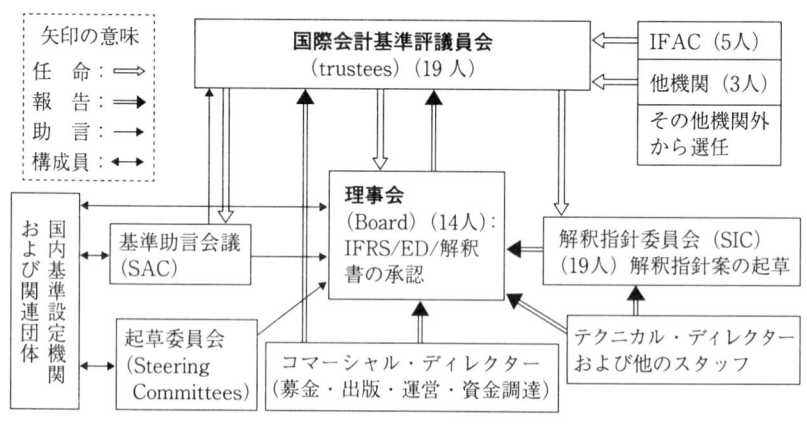

(2) 日本における会計基準設定機関の変化とその後のIFRSへの取組み

　この組織改革においては，1999年に，評議員19名を指名する指名委員会が設置されたが，そのメンバーは，SECのレビット委員長を議長とし，証券監督当局のトップ，世界銀行総裁，国際会計事務所および企業側代表の7名であった。しかし，日本からはメンバーを出すことができなかった。その後，

2000年に評議員会のメンバーが決定し，議長にはポール・ボルカー米連銀元総裁が選出され，日本からは2名が選出された。また，IASBは，デイビット・トウィーディ卿が議長として選出されたが，日本からは1名の理事が選出された。

このようなIASCからIASBへの改組は，組織の強化を図るために行われたが，その過程で，パブリック・セクターである企業会計審議会のままでは，そこからIASBの理事（委員）は選出されないと広く考えられていた[3]。なぜならば，企業会計審議会は行政機関の一部であるから，行政機関からの独立性に問題があり，かつ，非常勤委員のみのメンバーによる合議体では，各メンバーについて，その出身母体との関連でも独立性に問題があると考えられていたからである。そのため，これらの問題を解決するために，常勤委員を要するプライベイト・セクターとしての企業会計基準委員会が設置されるという，日本の会計基準設定のあり方に変化がもたらされた。日本における会計基準設定機関の変化とその後のIFRSへの取組みを，紙幅との関係から概要のみを表で示せば，次頁の図表1－4のとおりである。

この中で，特に重要な事象は，2009年6月30日の企業会計審議会による「我が国における国際会計基準の取扱いに関する意見書」（中間報告）である。この中間報告のポイントは，（ア）2010年3月期（2009年度）から，国際的な財務・事業活動を行っている上場企業の連結財務諸表に，任意適用を認めることが適当であるとしたことと，（イ）将来的な強制適用の是非を，2012年を目途として判断し，2012年に判断の場合，2015年または2016年に適用開始するとしたことである。

東京合意ではコンバージェンス方式の推進を表明していたが，すでに，この中間報告によって，任意適用ではあるが，アドプション方式の採用を企業会計審議会が表明したことになる。これに基づいて，2009年12月に連結財務諸表規則等の内閣府令が改正され，2010年4月1日以後開始する連結会計期間からIFRSに準拠して連結財務諸表を作成する作成することができるようになった[4]。

figure 1-4 日本における会計基準設定機関の変化とその後のIFRSへの取組み

年　月	出　来　事	摘　要
2001年7月	（財）財務会計基準機構・企業会計基準委員会（ASBJ）設立	
2005年1月	コンバージェンス・プログラム開始	
2005年7月	EU同等性評価における「技術的助言」で26項目の差異解消の必要性が指摘される。	CESR
（2005年7月	会社法制定）	
（2006年2月	会社計算規則制定）	
2006年7月	「会計基準の国際的なコンバージェンスについて」	企業会計審議会企画調整部会
2007年8月	東京合意	ASBJとIASB
2008年10月	「会計基準の国際的な統一化への我が国の対応」	日本経済団体連合会
2008年12月	「東京合意に基づく短期コンバージェンスの完了」	ASBJ
2009年1月	「我が国における国際会計基準の取扱いについて」（中間報告）（案）	企業会計審議会企画調整部会
2009年6月16日	「我が国における国際会計基準の取扱いについて」（中間報告）	企業会計審議会企画調整部会
2009年6月30日	「我が国における国際会計基準の取扱いに関する意見書」（中間報告）	企業会計審議会（総会）
2009年12月11日	財務諸表規則，連結財務諸表規則，四半期財務諸表規則等の改正・金融庁告示の公表	金融庁
2010年12月	金融庁告示の改正	金融庁

(3) IASBの2009年の組織替え

2009年には，IASBにおけるガバナンス体制を強化するために，運営および基準設定の透明性を高め，説明責任をより果たせるように，次のとおり組織替えが行われた。

図表1－5　IASBの2009年の組織替え

旧組織	新組織	備　考
(1) IAS財団	IFRS財団	
(2) 評議会（Trustees）	IFRS財団評議会	
(3) IFRIC	IFRS-IC（IFRS解釈委員会）	
(4) SAC	IFRS-SAC（IFRS基準諮問委員会）	
(5) ――	IFRS財団モニタリング・ボード	2009年に設置

　このうち，2009年に設置されたモニタリング・ボードのメンバーは，SEC委員長（米），金融庁長官（日），EC域内市場サービス担当委員，IOSCOの主要メンバー（2名）の5名にバーゼル委員会からのオブザーバー1名である。

　なお，IASBには，2012年3月現在，南アフリカおよび中国から1名ずつ理事が出ており，欧米以外出身の理事が増加している。

第4節　IFRSの設定方針と特徴

(1) IFRSの設定方針

　第1に，基礎理念として，経済的意思決定に有用な情報の提供であり，特に，その中心は投資意思決定に置かれている点が指摘されるべきであろう。ただし，その目的に関しては，意思決定有用情報の提供のみではなく，受託責任の解除なども，その目的として記述されている。その点で，受託責任の解除をも含んだ意思決定有用性という特徴を持っている[5]。

　第2に，設定方法として，ピースミール・アプローチを取っている点が指摘できる。これは，1つの体系性を持った全体を包括した会計基準を作成するのではなく，個別論点ごとに別個の会計基準を設定していく方式である。論点ごとに会計基準設定に関する議論が行われるために，各会計基準間の論理整合性の確保が容易でなくなることがあり，その結果として，すべての会計基準の基礎にある考え方を文書化した概念フレームワークが必要とされるようになる。

第3に，デュー・プロセス（正規の手続き）を非常に重視していることが指摘できる。会計基準が確定するまでの手続きは次のとおりであり，各段階でさまざまな文書が公表され，それぞれに対するコメントを踏まえて，次の文書の公表のための議論が行われるのである。

図表1－6　IASBの正規の手続き

起草委員会の設置 ⇒ 論点概要書（point outline）⇒ 原則書（SoP：statement of principles）⇒ 公開草案（exposure draft）⇒ 確定基準（standard）

公的部門（パブリック・セクター）または公的部門により会計基準設定の委任を受けているプライベイト・セクター（民間部門）が設定した会計基準であれば，当然一定の強制力を持っているが，それでも，会計基準が関係当事者に受け入れられるためには広く関係当事者からの意見を反映することが必要である。ましてや，公的部門からの委任などの法的バックアップのないIASBでは，関係当事者からの意見を広く反映していることが，その会計基準の権威ないし正統性を確保するために必要であり，ここに，デュー・プロセスを重視せざるを得ない理由がある[6]。

第4に，原則主義（principle-based）による会計基準設定が行われている点が指摘できる。会計処理および開示に関する個別具体的な取扱いを細かく規定に盛り込む細則主義（rule-based）であれば，さまざまな個別ケースごとに規定が設けられ，特に数値基準（bright-line）による判断が取り入れられるが，それは客観的にはなるが，逆に，悪用される可能性も高まることになる。というのも，たとえば，エンロンやワールドコムなどの会計不正で問題となったように，数値基準を逆手に取る形で，会計操作が行われる可能性があるからである。原則主義が採られる場合には，企業が具体的に会計上の判断を行う際には，企業自身の自律的判断が求められる。もちろん，その裏側には，その判断の根拠を説明する責任も企業には課されることになる[7]。

(2) IFRS の特徴

会計基準としての IFRS そのものが持っている会計理論に照らした特徴を筆者なりに，抽出すれば，さしあたり時点重視，市場重視，経営重視および将来重視ということになる。

第1の時点重視については，利益観 (view of earnings) との関連で指摘できる特徴である。換言すれば，決算日現在の企業の富（豊かさ）を把握し，利益はその増減額として捉えるということであり，資産負債利益観と収益費用利益観の2つの連係利益観のうち前者が採られているということでもある。なお，紙幅との関連から，詳しく説明することはできないが，両利益観の概要を対比的にまとめれば次のとおりである。

図表1－7　利益観の特徴の対比

	資産負債利益観	収益費用利益観
会計課題	企業の富（豊かさ）の把握	企業活動の効率性の把握
利益計算方法	期末純資産－期首純資産	収益－費用
財務諸表要素	資産・負債を中心に定義	収益・費用を中心に定義
資産の定義	経済資源（将来経済便益）	経済資源＋将来費用
負債の定義	経済資源を犠牲にする現在義務	現在義務＋将来収益・引当金
費用収益の対応	資産・負債の副次的把握手段	会計の中心的手続き
資産負債の範囲の決定規準	将来キャッシュ・イン（アウト）フローを生み出す確率	費用と収益の対応の強さ，つまり因果関係の濃淡
業績の意味	計算結果：短期独立思考	純成果：長期平準化思考

第2の市場重視とは，公正価値が常に重要視されるということである。一見，強調され過ぎているのではないかと思われるほどであり，この点については賛否両論ありえようが，「公正価値」が会計基準設定のあらゆる場面で強調されていることは，広く知れ渡っていると言っても過言ではないであろう。たとえば，IFRS の議論を参考にまとめられた ASBJ から公表された文書のなか

で,次のような公正価値の3つのレベルが明示されているが,IFRSに関するIASBの議論では,レベル3も,財務諸表本体の数値として組み入れることを当然のこととしているような点は再考されるべきであるという意見を持つ者は少なくないであろう。

図表1-8 公正価値のレベル

分類	観察可能性	具体的なインプット	
レベル1	観察可能	活発な市場	同一資産または負債の公表価格
レベル2			類似の資産または負債の公表価格
		活発でない市場	同一または類似の資産または負債の公表価格
		・公表価格以外の観察可能なインプット ・相関関係等を用いて観察可能な市場データにより裏付けられたインプット	
レベル3	観察不能	・市場参加者が用いる仮定に関して報告企業自身の見積りを反映したインプット	

出典:ASBJ[2009]「『公正価値測定及びその開示に関する論点の整理』の公表」,5頁。

　第3の経営重視とは,経営者の意図が反映された会計処理や開示が広範に組み入れられているということである。いわゆる,マネジメント・アプローチの適用であるが,その例としては,セグメント会計や収益認識が挙げられよう。もちろん,経営者の意図の会計処理等への反映は,経営者による会計操作に結び付く可能性があるという批判もあり得るが,企業に関する情報が,情報利用者である投資者よりも情報作成者としての経営者に偏っていること,いわゆる情報の非対称性ないし情報格差が問題視されていることから,最も企業に関する情報を所持している経営者が,その持っている情報に照らして下した判断の結果である財務諸表が,その情報とともに公表されることで,情報の非対称性ないし情報格差の解消につながるということで,根拠づけられている考えることができよう。

　第4の未来重視ということは,将来予測が財務諸表数値として広範に取り込

まれているということである。将来予測の適用は，当然経営者によるものであるが，それは，退職給付会計，リース会計，資産除去債務会計等における将来予測や見積りに見られるところである。経営者による将来予測の適用の根拠としては，まず，予測は，後日実績値との比較によって，どれほど相違があったかが明らかになるので，予測等その正確性は時間がたつことで検証されること，次に，経営重視に関して前述したところであるが，企業に関する情報を最も持っている経営者の見積りが，最も正確であるということ，さらには，自らの行動に関する予測，たとえば特定のオプションを行使するか否か等に関しては英米法での概念である禁反言（エストッペル：estoppel）という考え方の存在が挙げられる[8]。

第5節　小　括

　本章では，IFRS の意義と役割および日本に与えた影響を検討した。その検討結果をまとめれば以下のとおりである。

　まず，IFRS は IASB によって開発されているが，IASB の前身である IASC の設立には，多国籍企業の興隆を背景として，会計情報の利用者である投資者をはじめとする利害関係者，作成者である企業および会計情報に信頼性を付与する監査人等の関係当事者すべてにとって必要な会計基準の統一化の促進という側面と，その背後にある会計基準設定権限の奪い合いという側面もあったことを明らかにした。

　その後，IOSCO が IASC の諮問会議のメンバーに入り，会計方針の選択の幅を極力なくすことと，財務諸表の作成にとって最重要な論点に関する会計基準（コア・スタンダード）の完成を条件に，IAS/IFRS によって作成した財務諸表を受け入れることを表明したことから，現実に適用される可能性が一気に高まった。

　さらに，組織の強化を図るために，IASC は IASB へと改組されたが，その過程で，パブリック・セクターによる非常勤委員のみのメンバーによる企業会

計審議会では，そこから IASB の理事（委員）は選出されないとの考えから，常勤委員を要するプライベイト・セクターとしての企業会計基準委員会が設置されるという，日本の会計基準設定のあり方の変化がもたらされた。

また，IFRS は，投資意思決定にとって有用な情報の提供を最重要課題とし，その設定主体である IASB がプライベイト・セクターであるために，IFRS の強制力の源泉としてデュー・プロセスが重視され，かつ，個々の論点ごとに会計基準を開発するピースミール・アプローチが採用されていることの帰結として，概念フレームワークが必要とされている。

IFRS の特徴は，報告企業の富（豊かさ）の増減額としての利益の計算を課題としていることから時点重視であり，市場価格を中心とした公正価値に大きく傾斜していることから市場重視であり，さらに，セグメントの決定や収益認識において経営者の意図が会計方針の決定に反映されることから経営重視であり，また，長期の将来予測数値を会計処理に取り込んでいることから将来重視という特徴を有している。しかも，会計基準としては，会計目的を達成するために必要な原則を明らかにし，その具体的な適用は，根拠を明らかにすることを前提に報告企業自身の判断にゆだねられ，数値基準や細かい場合分けをした規定を含まない，いわゆる原則主義に基づいている。

そのため，会計基準の規定を具体的なケースに適用する場合や，特に規定が存在しない取引に対する判断が必要な場面では，その規定だけを知識として知っているだけでは不十分であり，会計処理のあらゆる局面で，当事者には自律的な判断が必要になる。この点で，すでにコンバージェンスが相当進み，さらには，一部の企業（「特定会社」）には IFRS をそのまま適用できるアドプション方式をすでに取り込んでいる日本にとって，どのような形で IFRS の教育を実施するかは，喫緊の検討課題なのである。

しかし，IFRS の規定そのものを細かく教育する必要があるのか否かについては，検討の余地がある。つまり，教育の重点が問題である。また，大学院か学部等か，あるいは，監査法人か企業か，さらには，公認会計士試験においてなど，どの段階かによって，一様ではなく，教育の重点が異なる可能性がある

ことにも留意すべきである。

[注]

(1) 本節は，佐藤［1995］の一部を加筆修正したものである。
(2) この部分の内容については，中地［1985］にも詳しく述べられている。
(3) その前に，1999年3月期の日本企業の英文年次報告書に，「この財務諸表は日本の会計基準に準拠して作成されたものであって，国際的に通用している会計基準に基づいているものではない。」という警句条項（legend clause）が付されるというある意味で屈辱的な事態が，日本の関係当事者をある意味で弱気にさせたということが指摘できよう。
(4) この点については，佐藤［2010］を参照。なお，その後，2011年6月に自見金融担当大臣が記者会見で，①この中間報告で2012年としていたIFRSの強制適用に関する判断の時期を先延ばしにすること，②強制適用するとした場合には，従来3～4年としていた準備期間を5～7年と十分に取ること，および③2016年3月期をもって使用終了とされていた米国会計基準での連結財務諸表の開示については，その使用期限を撤廃することが明らかにされた。しかし，IFRSの任意適用について，その取扱いが現在も継続している点は変わりない。
(5) そのような理解に関する分析は，佐藤［2008］を参照。
(6) この点については，佐藤［2004］，真田［2009］，山田［2009］，山田［2010］を参照。
(7) この点については，座談会［2011］を参照。
(8) これらの点については，佐藤［2011］を参照。

参考文献

岩波正幸［1973a］「ICCAPへの加入決定」『JICPA NEWS』第187号。
岩波正幸［1973b］「国際会計基準協議会の運営」『JICPA NEWS』第190号。
岩波正幸［1975］「国際会計基準＜現状と今後の展開＞」『企業会計』第27巻第15号。
岩波正幸［1976a］「第5回ICCAP会議」『JICPA NEWS』第222号。
岩波正幸［1976b］「国際会計士連盟設立へ」『JICPA NEWS』第249号。
岩波正幸［1978］「国際会計士連盟」『JICPA NEWS』第247号。
加藤力雄［1993］「インタビュー　白鳥栄一氏に聞く―IASC議長に就任して」『COFRIジャーナル』第10号。
黒沢清他［1974］「座談会／国際的統一をめざす会計原則」『企業会計』第26巻第2号。
座談会［2011］「経営財務3000号記念座談会『IFRS時代を考える』第1回『原則主義』」（鶯

地隆継・小賀坂敦・関根愛子・佐藤信彦)」『経営財務』第3000号。
佐藤信彦[1990]「国連・OECD 会計関連報告書」嶋村剛雄編著『国際会計論(第2版)』白桃書房。
佐藤信彦[1995]「IASC の組織運営と存立基盤」嶋村剛雄監修『国際会計基準精説〔第2版〕』白桃書房。
佐藤信彦[2004]「会計基準の権威」『会計』第 165 巻第 2 号。
佐藤信彦[2007]「TOKYO 合意—会計基準コンバージェンスの課題と展望—」『経営財務』第 2850 号。
佐藤信彦[2008]「財務諸表の作成表示のための枠組み」森川八洲男編著『会計基準の国際的調和化』白桃書房。
佐藤信彦[2010]「日本における国際的会計基準の適用」『税経通信』第 65 巻第 3 号。
佐藤信彦[2011]「IASB『リース会計基準公開草案』の論点と分析」『産業経理』第 70 巻第 4 号。
真田正次[2009]「国際会計基準の正統性に関する一考察—Tamm Hallström の著書を中心として—」『経済論叢(京都大学)』第 182 巻第 4 号。
辰巳正三[1973]「国際会計基準審議会の創立への参加とその第 1 回会議に出席して」『JICPA NEWS』第 189 号。
辰巳正三[1973]「国際会計基準の設定を巡って」『産業経理』第 38 巻第 7 号。
中島省吾[1974a]「国際会計基準の進展— IASC の現況を中心に—」『税経セミナー』第 19 巻第 2 号。
中島省吾[1974b]「国際会計基準『趣旨書』および『会計方針の開示』(案)公表に当たって」『産業経理』第 34 巻第 4 号。
中地宏[1985]『世界の会計思潮—国際会計会議 80 年の流れ』同文舘。
日本公認会計士協会事務局(訳)[1974]「国際会計基準委員会(IASC)の概要」『JICPA NEWS』第 206 号。
藤田幸男[1975]「国際会計基準制定の歩み」『商学研究科紀要(早稲田大学大学院商学研究科)』第 2 号。
松谷明彦[1993]「国際会計基準をめぐる最近の動向— IOSCO の第一作業部会(WP1)に出席して—」『JICPA ジャーナル』第 5 巻第 9 号。
『別冊企業会計 IFRS 導入の論点』中央経済社,2009 年。
山田康裕[2009]「IASB の正統性」日本会計研究学会スタディ・グループ『会計制度の成立根拠と GAAP の現代的意義』(中間報告)。
山田康裕[2010]「IASB の正統性」日本会計研究学会スタディ・グループ『会計制度の成立根拠と GAAP の現代的意義』(最終報告)。

―――――第2章―――――

アメリカのIFRS教育

第1節　アメリカにおけるIFRSの適用状況

　アメリカにおける国際財務報告基準 (International Financial Reporting Standards：以下では,「IFRS」という) の導入については，アメリカ証券取引委員会 (Securities and Exchange Commission：以下では,「SEC」という) がその適用対象を峻別して二元的に展開している。外国民間発行体 (Foreign Private Issuers) に対するIFRSの適用と，アメリカの発行体に対するIFRSの適用に向けた規制である。

(1) 外国民間発行体に対するIFRSの適用

　SECがアメリカにおけるIFRSの適用を容認するまでの経緯を辿ると，2002年に生起した次の2つの事象が，その受入れを整備し，いわば促進剤として機能してきたと理解することができる。
- (1) 財務会計基準審議会 (Financial Accounting Standards Board：以下では,「FASB」という) と国際会計基準審議会 (International Accounting Standards Board：以下では,「IASB」という) による2002年の「覚書：ノーウォーク合意」(Memorandum of Understanding - "The Norwalk Agreement") の締結[1]
- (2) ヨーロッパ議会 (European Parliament) と閣僚理事会であるEU理事会 (Council of the European Union) による，いわゆるIFRS適用命令ないしIAS規則 (「国際的な会計基準の適用に関する2002年7月19日付ヨーロッパ議会および閣僚理事会規則第1606/2002号」) の決議

　これら2つの事象は，いずれもIASBによるIFRSを国際的な会計基準とし

ての地位に押し上げている。そして何よりも，SECはそれまでに「相互に承認できる国際的な会計基準」の追求を基本戦略として掲げてきており，相互承認の概念がSECによるIFRSの導入政策の根底にある（杉本［2009］，76-77頁）。

現に，SECのニコライセン（Donald T. Nicolaisen）主任会計士（当時）がまとめた，アメリカの一般に認められた会計原則（United States Generally Accepted Accounting Principles：以下では，「U.S. GAAP」という）以外の会計基準に準拠する外国民間発行体に課してきた調整表作成・開示要件について，IFRSの適用時には2009年までの早い時期に撤廃勧告することを目的とした「ロードマップ」（「SEC調整表作成・開示要件の撤廃勧告のロードマップ」（Nicolaisen［2005］））は，2006年2月8日に開催されたSECのコックス（Christopher Cox）委員長とヨーロッパ委員会（EC）のマクリービー（Charlie McCreevy）委員との会談で支持され，アメリカにおけるIFRSの導入がより現実味を増した。SECとEUのヨーロッパ証券規制当局委員会（Committee of European Securities Regulators：以下では，「CESR」という）が2006年8月2日に公表した「SEC-CESR共同作業計画」（SEC-CESR Joint Work Plan）こそ，その取るべき各ステップから明らかなように，会計基準の相互承認に向けた姿勢をより鮮明にしたものである。

以上の政策を背景として，SECはニコライセン主任会計士による「ロードマップ」の規制を実現したのである。つまり，外国民間発行体に調整表作成・開示要件を課すことなく，IASBによるIFRSに従って作成した財務諸表を受け入れる規則案（SEC［2007a］）が2007年7月11日に公表され，SECはこの最終規則化を2007年11月15日に決議している（SEC［2008a］）。その適用対象は外国民間発行体に限定されるが，事実上，アメリカがIASBによるIFRSを導入した瞬間である（杉本［2009］，第12章）。

これにより，アメリカにおいて外国民間発行体が適用しうる会計基準の選択肢は増えて，①U.S. GAAP，②IASBによるIFRSおよび③U.S. GAAPへの調整表を作成・開示することを条件とした，IFRSを除く本国の会計基準の3つとなった。たとえばKaya and Pillhofer［2011］（p.60）によれば，2009年12月31日現在，SECに登録済みの966社の外国民間発行体のうち，研究目的か

ら63社を除外した最終サンプルの903社が準拠した会計基準は，①U.S. GAAPが397社（44%），②IASBによるIFRSが173社（19%），③U.S. GAAPへの調整表を作成・開示することを条件とした，IFRSを除く本国の会計基準が333社（37%）という実態調査結果を示している。

(2) アメリカの発行体に対するIFRSの適用

　外国民間発行体に対するIFRSの適用を容認する規則化のプロセスで，SECはアメリカの発行体に対するIFRS適用の規制についても模索しはじめた。2007年8月7日に公表されたSECのコンセプト・リリース（SEC [2007b]）や一連の円卓討論などでの各界からのコメントをもとに，2008年8月27日に決議した規則案「アメリカの発行体がIFRSに準拠して作成した財務諸表の使用可能性についてのロードマップ」（SEC [2008b]）こそ，その具体策の試案である[2]。

　しかし，この規則案の公表以降，大統領選挙（2008年11月4日）に伴う政権交代やSEC新委員長の就任，「ドッド＝フランク　ウォール・ストリート改革および消費者保護法」（Dodd-Frank Wall Street Reform and Consumer Protection Act）の成立に向けた金融改革をはじめとした，SECが取り組むべき課題の優先度などの理由から，SECはアメリカの発行体に対するIFRSの適用については沈黙を守ってきた。その沈黙がようやく破られたのは，事実上，2010年2月24日の「コンバージェンスとグローバル会計基準を支持するSEC声明」（SEC [2010]）によってである。

　このSEC声明に付されたSEC主任会計士室・企業財務局による「アメリカの発行体の財務報告システムにIFRSの組み入れを検討するための作業計画」を通じて，IFRS適用について時間をかけて綿密に検討することが確認された。ここで提示された6つの検討領域[3]の分析結果は，FASBとIASBによるコンバージェンス・プロジェクトが完了した後，SECがアメリカの発行体に対するIFRSの適用について最終決定[4]する際に考慮される予定となっている。分析結果に資するSEC主任会計士室・企業財務局による最初の進捗報告書（SEC, Office of the Chief Accountant and Division of Corporation Finance [2010]）は，当

初の予定どおり 2010 年 10 月 29 日に公表された。

進捗報告書では，各国の財務報告システムへの IFRS の組み入れ方法には，①IASB が公表した IFRS を用いる方法（IFRS のアドプション）と②自国の組み入れプロセスをもとに IFRS を用いる方法があると整理した。SEC の調査によれば，前者の方法を採用する国はほとんどなく，また後者の方法を採用する国は，会計基準を IFRS に収斂させる「コンバージェンス・アプローチ」(Convergence Approach)，または個々の IFRS について承認プロセスをもとに国内の会計基準に組み入れる「エンドースメント・アプローチ」(Endorsement Approach) のいずれかを採用しているという。

アメリカの発行体に対する IFRS の適用のあり方との関わりで，SEC スタッフのベスウィック (Paul A. Beswick) が「コンドースメント・アプローチ」(Condorsement Approach) を提唱した (Beswick [2010]) のも，この進捗報告書でのコンバージェンス・アプローチとエンドースメント・アプローチの整理からの影響によるものであることは，その名称が 2 つのアプローチの合成語であることからも明らかである。コンドースメント・アプローチの提唱は，アメリカの発行体に対する IFRS の適用についての世論の動向のさぐり (Trial Balloon) とも解されている。

コンドースメント・アプローチについては，その後の IFRS の組み入れに関する SEC スタッフ・ペーパーでも使用され，より具体的に説かれた。このアプローチによれば，アメリカの会計基準設定主体を存続し，5 年から 7 年といった一定の期間にわたって IFRS を U.S. GAAP に組み入れることで移行プロセスが促進されることになる (SEC, Office of the Chief Accountant [2011a], p.7)。また，2011 年 11 月 16 日に公表された 2 つの SEC スタッフ・ペーパーのうち，「U.S. GAAP と IFRS の比較」(SEC, Office of the Chief Accountant [2011b]) では，両会計基準には依然として多くの差異があり，指針が不十分であることなどが指摘された。「実務における IFRS の分析」(SEC, Office of the Chief Accountant [2011c]) では，財務諸表の透明性と明瞭性が損なわれており，国家間や業種間の比較可能性も損なわれているとの分析結果が示された。

IFRS をアメリカの発行体の財務報告システムに導入することの当否，導入するとした場合のその時期や方法などについての最終決定は，SEC が 2011 年末までに行う予定であったが，アメリカ公認会計士協会（American Institute of Certified Public Accountants：以下では，「AICPA」という）の 2011 年年次カンファレンス（2011 年 12 月 5 日）で，SEC 主任会計士室のクローカー（James L. Kroeker）主任会計士がその判断材料の提出を延期することを表明した（Kroeker [2011]）。SEC スタッフによる是非の判断を踏まえて，SEC（コミッショナー）が最終的に下す決定にますます関心が注がれている。

第 2 節　アメリカにおける高等教育機関における IFRS 教育

(1) アメリカにおける高等教育機関

　アメリカにおける高等教育機関の会計学教育プログラムは，ニューヨーク大学（New York University），ペンシルバニア大学（University of Pennsylvania）やカリフォルニア大学バークレー校（University of California, Berkeley）のように，学部にも経営学部や経済学部などを配し，大学院にビジネス・スクール（経営大学院）やロースクール（法科大学院）などの研究科を構える大学と，ハーバード大学（Harvard University）やスタンフォード大学（Stanford University）のように，学部には経営学部や経済学部などを配さずに，大学院でビジネス・スクールやロースクールなどの複数の研究科を構える大学で提供される[5]。

　ニューヨーク大学の学部では，公認会計士教育課程（CPA Track）と複数専攻に資する一般会計教育課程（General Accounting Track）を設けて，学生による専攻決定を促すプログラムを編成している。ニューヨーク州教育部（New York State Education Department）から認可された単位数の取得が，ニューヨーク州の公認会計士試験の資格取得要件であるため，公認会計士教育課程はこの取得単位要件を充たすように学年別履修科目を編成している。

　大学院のビジネス・スクールは，企業の実践経営教育を学ぶ高等教育機関であり，1 年ないし 2 年間にわたって所定の単位以上を修めて経営学修士号

(Master of Business Administration)を取得するためのプログラムを持つ。カリキュラムは，「Core」科目群，「Concentration」科目群および「Elective」科目群から構成される。「Core」科目群はビジネスの必須基礎科目分野であり，また選択科目分野である「Concentration」科目群と「Elective」科目群は，それぞれ基礎科目分野と個人的に関心を寄せる科目を深化させる選択科目分野である。会計学に関わる科目は，主として「Core」科目群と「Concentration」科目群に配置されている。

(2) 高等教育機関における IFRS 教育

アメリカの大学の学部やビジネス・スクールのカリキュラムには，必ずしもIFRSや国際会計基準（IAS）の名前を冠した独立した科目を配置しているわけではない。むしろ，アメリカにおける高等教育機関においては，工夫をこらした財務会計のテキストや教材によって IFRS 教育を行っているところに特徴がある。

SECが外国民間発行体に対してIFRSの適用を容認したことは，アメリカ国内の会計基準にダブルスタンダードをもたらした。この「二元的GAAPシステム」ないし「ダブルGAAPシステム」の確立（杉本［2009］，292頁）を踏まえて，必然的にU.S. GAAPとIFRSを対比し，その差異について盛り込んだ財務会計入門や財務会計のテキストが出版されている。高等教育機関においては，このテキストによる財務会計などの講義を通じて，IFRS 教育が展開されているのである。テキストないし教材開発が，高等教育機関におけるIFRS教育に大きな役割を担っている。

(3) IFRS 教育におけるテキスト

IFRS 教育のためのテキストには，① IFRSの解説本や補助教材である別冊（Supplement）と②財務会計のテキストのいずれかの体裁をとる。前者の体裁で刊行されたものとして，たとえば Wiecek and Young［2010］，Dick and Missonier-Piera［2010］[6]や Plumlee［2010］などがある。アメリカの主たる大学の学部

やビジネス・スクールでのカリキュラムやシラバスを調べてみると，ほとんどの大学が，後者の財務会計のテキストをもとに IFRS 教育を行っていることがわかる。

学部とビジネス・スクールのいずれであれ，IFRS 教育のテキストの指定は，カリキュラム上の財務会計入門や財務会計などを担当する教員によって異なる。IFRS 教育における代表的なテキストとして，次のものがある。

① **学部での IFRS 教育のためのテキスト**
(1) Phillips, F., R. Libby, and P. Libby, *Fundamentals of Financial Accounting with Annual Report, 3rd edition*, McGraw-Hill, 2010 (Phillips et al. [2010]).
(2) Libby, R., P. A. Libby, and D. G. Short, *Financial Accounting, 6th Revised edition*, McGraw-Hill/Irwin, 2009 (Libby et al. [2009]).
(3) Weygandt, J. J., P. D. Kimmel, and D. E. Kieso, *Financial Accounting: IFRS Edition*, John Wiley & Sons (Weygandt et al. [2011]).
(4) Kieso, D. E., J. J. Weygandt, and T. D. Warfield, *Intermediate Accounting: IFRS Edition, Volume 1*, John Wiley & Sons, 2011 (Kieso et al. [2011]).

② **ビジネス・スクールでの IFRS 教育のためのテキスト**
(1) Stockney, C. P., R. L. Weil, K. Schipper, and J. Francis, *Financial Accounting: An Introduction to Concepts, Methods, and Uses, 13e*, South-Western, Cengage Learning, 2010 (Stockney et al. [2010]).
(2) Horngren. C. T., G. L. Sundem, J. A. Elliott and D. Philbrick, *Introduction to Financial Accounting, 10th edition*, Prentice-Hall, 2010 (Horngren et al. [2010]).
(3) Libby, R., P. A. Libby, and D. G. Short, *Financial Accounting, 6th Revised edition*, McGraw-Hill/Irwin, 2009 (Libby et al. [2009]).

(4) Dyckman, T. R., R. P. Magee, and G. M. Pfeiffer, *Financial Accounting, 3rd edition,* Cambridge Business Publisher, 2010 (Dyckman et al. [2010]).

第3節　アメリカにおける公認会計士試験制度

　アメリカにおける公認会計士試験は，AICPA と全米州公認会計士審査会(National Association of State Boards of Accountancy：以下では，「NASBA」という）が共催する全米統一公認会計士試験(Uniform Certified Public Accountants Examination：以下では，「公認会計士試験」という）である。SEC が外国民間発行体に対する IFRS の適用を受入れたことを踏まえて，AICPA は，2011 年 1 月 1 日以降に実施する公認会計士試験に IFRS に関する問題を盛り込むことを NASBA に公表した (AICPA [2009])。

(1) アメリカにおける公認会計士試験制度の受験資格と試験日程
① 受験資格
　全米の統一試験である公認会計士試験は，出願する州を選択して受験する。受験資格は，州により異なる。ほとんどの州で学士の学位を取得済みであることを求める「学位要件」を課しており[7]，また大学などで会計科目やビジネス科目の所定の単位数を取得済みもしくは総取得単位数（たとえば120単位）を取得済みであることを求める「単位要件」を課す州もある。受験にあたっては，各州の学歴審査機関での審査を受けて受験資格証を取得しなければならない。

② 試験日程
　2004 年のアメリカ公認会計士試験制度の改正により，公認会計士試験は受験者による受験日自由設定のプロメトリックテストセンター（Prometric Test Center）におけるコンピュータ試験に移行した[8]。また，2011 年 8 月 1 日より，一部の州（アラスカ州やワシントン州など）については日本国内（東京，横浜および大

阪)での受験も認めている。ただし,日本国内受験の場合は受験料の追加料金が必要である[9]。

1年を1月から4つの四半期に区分し,アメリカ国内では,四半期ごとに3の倍数月(3月,6月,9月および12月)を除いた初めの2カ月間,つまり年間8カ月間にわたって受験日が設定されている。日本国内では,各四半期の中間月(2月,5月,8月および11月)に受験日が設けられている。

(2) 出題範囲と出題形式

アメリカにおける公認会計士試験制度は,2011年1月1日から変更となった。今般の試験制度の変更は,出題範囲と出題形式にみられる。

① 出題範囲の変更

出題範囲の最も大きな変更点は,従来の企業会計(出題範囲は財務会計全体の80%)と非営利組織・政府会計(出題範囲は財務会計全体の20%)からなる財務会計(FAR)の出題範囲にIFRSが追加され,また監査と証明業務(出題範囲は監査および諸手続き全体の80%)ならびに会計倫理(出題範囲は監査および諸手続き全体の20%)からなる監査および諸手続き(AUD)の出題範囲に国際監査基準(ISA)が追加されたことある。たとえば,2011年度公認会計士試験の財務会計の問題で,その他の包括利益の構成要素の選択式問題(Change in Market Value of Inventory)にIFRSの出題が見られる。

その他の出題範囲の変更点としては,財務会計以外の科目間の調整が図られたことを指摘できる。具体的にいえば,連邦税法とアメリカ商法からなる法規(REG)におけるアメリカ商法の一部が監査および諸手続きの出題範囲に移動し,会社法等,IT,財務管理,経済学概論および管理会計等からなるビジネス環境および諸概念(BEC)の会社法等が法規の出題範囲に移動している。

② 出題形式の変更

アメリカにおける公認会計士試験は,4択による選択式問題(24〜30問から

なる選択式問題の3つのテストレット（Testlet））と事例研究によるシミュレーション形式問題（2つのテストレット）の2つから構成される出題形式に変わりはない。今般の試験制度の改正による出題形式の変更点は，主としてシミュレーション形式問題の記述式問題と配点割合にみられる。

従来のシミュレーション形式問題には記述式問題が含まれていたが，財務会計，法規，監査および諸手続きの試験科目のシミュレーション形式問題は，記述式問題を出題しないこととした。これまでこれら3科目の選択式問題（70%）とシミュレーション形式問題（30%）の配点割合も，それぞれ60%と40%に改められた。また，監査および諸手続きの試験時間は4.5時間から4時間に短縮している。

ただし，ビジネス環境および諸概念の出題形式は，選択式問題に加えて新たに3つの記述式問題（ビジネスレターの作成問題）を課している。そのため，当該科目の選択式問題数は90問から72問に，また配点割合も，選択式問題

図表2－1　アメリカ公認会計士試験の出題形式

【財務会計（FAR）】と【監査および諸手続き（AUD）】の各出題形式
（試験時間4時間）

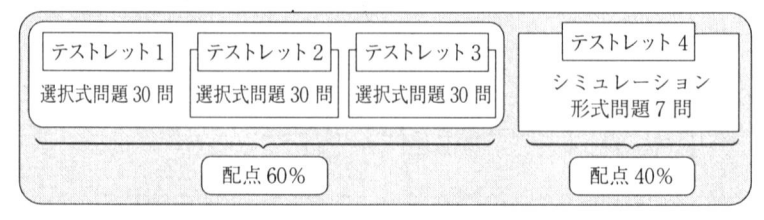

テストレット1	テストレット2	テストレット3	テストレット4
選択式問題30問	選択式問題30問	選択式問題30問	シミュレーション形式問題7問
配点60%			配点40%

【ビジネス環境および諸概念（BEC）】と【法規（REG）】の各出題形式
（試験時間3時間）

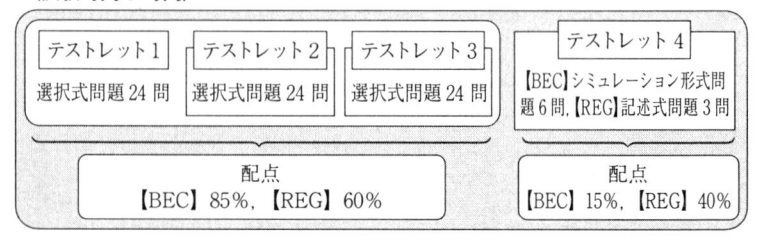

テストレット1	テストレット2	テストレット3	テストレット4
選択式問題24問	選択式問題24問	選択式問題24問	【BEC】シミュレーション形式問題6問，【REG】記述式問題3問
配点　【BEC】85%，【REG】60%			配点　【BEC】15%，【REG】40%

(100％)から選択式問題（85％）と記述式問題（15％）に改められた。試験時間は2.5時間から3時間に延びている。

以上を整理すると，アメリカ公認会計士試験の出題形式は，図表2－1のとおりである。

③ 採点されない問題

各試験科目の4択による選択式問題とシミュレーション形式問題には，採点されない問題（Pretest Questions）が含まれている（AICPA [2011]）。

財務会計と監査および諸手続きの選択式問題では90問のうち15問（5問×3テストレット）が，またビジネス環境および諸概念と法規の選択式問題では72問のうち12問（4問×3テストレット）が採点されない問題である。シミュレーション形式問題については，財務会計と監査および諸手続きの6問のうち1問が，法規の5問のうち1問が，またビジネス環境および諸概念の3問のうち1問がそれぞれ採点されない問題に該当する。

この採点されない問題は，あくまでも公認会計士試験の統計データ収集目的から設定されている。また，選択式問題が3つのテストレットから構成されるのは，各テストレット間に難易度を付与し，これまでの試験の統計データによる難易度をもとに配点などを調整するためである。

(3) 科目合格制度

日本の税理士試験，公認会計士試験などのように，アメリカの公認会計士試験にも科目別受験による科目合格制度が設けられている。各試験科目の合格基準点は75点であり，科目合格した試験科目の有効期限は受験した日から18カ月後の日付を含む月末までである[10]。この18カ月以内に4つのすべての試験科目に合格しなければ，当該有効期限が経過した試験科目の合格が無効となり，あらためて受験して合格しなければならない。

なお，上述の試験日程との関わりで，同じ試験科目は各四半期につき1回の受験が認められており，年間4回まで受験できる。

図表2－2　アメリカ公認会計士試験科目別合格率の推移

	2005年	2006年	2007年	2008年	2009年	2010年	2011年*
監査および諸手続き（AUD）	43.62%	44.01%	47.57%	49.10%	49.79%	47.80%	46.23%
ビジネス環境および諸概念（BEC）	44.16%	43.81%	46.56%	47.49%	48.34%	47.29%	44.73%
財務会計（FAR）	43.11%	44.54%	48.15%	49.21%	48.45%	47.81%	43.46%
法規（REG）	40.61%	42.33%	47.03%	48.74%	49.81%	50.66%	43.33%

注：＊2011年の科目別合格率は，第1四半期と第2四半期の累計によるものである。
出典：AICPA [2005-2011].

AICPAが公表した各試験科目の合格率を時系列に整理すると，図表2－2のようになる。

(4) 公認会計士資格取得後の継続専門教育（CPE）

公認会計士の品質ないし資質を維持するために，各州で必須継続研修としてのCPEを課している。CPE履修対象科目について所定時間以上の研修の受講が義務づけられている。そのうち，倫理に関わる研修の履修は必須である。

[注]

(1)「覚書：ノーウォーク合意」は，「国内の財務報告においても国境を超えた財務報告においても利用できるような，高品質で互換性のある会計基準を開発すること」に合意したものであり，解決を要する会計基準間の差異についての審議を短期プロジェクトとして着手した。その後，この合意は2006年と2008年にアップデイトされた。また，FASBとIASBによる会計基準のコンバージェンス・プロジェクトの目標期日であった2011年6月30日を12月末日まで延期する方針にも連なっている（FASB [2011]）。
(2) このロードマップでは，企業規模別に2014年から2016年にかけて順次IFRSを適用し，また，2009年12月15日以降終了する事業年度からの早期適用も認める予定であった。しかし，2010年2月24日に公表されたSEC声明（SEC [2010]）によってIFRS

の早期適用の試案は撤廃された。
（3）作業計画において検討領域として掲げられたのは，次の6つである。①アメリカ国内の財務報告システム向けへのIFRSの開発度合い，②投資家にベネフィットをもたらす基準設定の独立性の確保，③IFRSに関する投資家の理解の促進と教育の普及，④会計基準の変更がアメリカの規制環境に及ぼす影響，⑤会計システムの変更，契約上の取決めの変更，コーポレート・ガバナンス上の配慮および訴訟の可能性などが大企業および中小企業に及ぼす影響，および⑥専門家の教育と養成などの人的資本の整備状況，である。
（4）IFRSをアメリカの発行体の財務報告システムに導入することの当否，導入するとした場合のその時期や方法（たとえば，コンバージェンス，基準書別のアドプションまたはフルアドプション）などについて最終決定される。
（5）アメリカ東部の名門私立大学8校の連盟であるアイビーリーグ（Ivy League）のなかで，プリンストン大学（Princeton University）とブラウン大学（Brown University）は，それぞれ行政大学院と教養大学院および医学大学院と教養大学院だけを設置しており，ビジネス・スクールを併設していない。
（6）Dick and Missonier-Piera [2010] は，EU加盟国であるフランスにおけるIFRS教育のテキストを英語版で出版したものである。
（7）たとえば，ユタ州では公認会計士資格には修士学位が必要である。
（8）2004年の改正までは，公認会計士試験は毎年5月と11月に実施していた。
（9）日本に限らず，アメリカの公認会計士試験はバーレーン，クウェート，レバノンおよびアラブ首長国連邦での受験も認められている。2010年度は，公認会計士試験を受験するためにアメリカに10,000名以上の外国人が渡航しており，その約3分の1が日本からの受験者であった（Accounting Today [2011]）。
（10）一部の州では，科目合格の有効期限を受験した日から18カ月後の日付としている。

参考文献

Accounting Today [2011], "CPA Exam Launched at International Test Sites," Accounting Today for the Web CPA, August 8, 2011.

American Institute of Certified Public Accountants (AICPA) [2005-2011], Uniform CPA Examination Passing Rates, 2005, 2006, 2007, 2008, 2009, 2010, 2011. Available at: *http://www.aicpa.org/BecomeACPA/CPAExam/PsychometricsandScoring/PassRates2011.pdf.* etc..

AICPA [2009], Content and Skill Specifications for the Uniform CPA Examination, Approved by the Board of Examiners, AICPA, May 15, 2009. Available at: *http://www.aicpa.org/BecomeACPA/CPAExam/DownloadableDocuments/CSOs-SSOs-Final-*

Release-Version-effective-01-01-2011.pdf.
AICPA [2011], How is the CPA Exam Scored?. Available at: *http://www.nccpaboard. gov/ clients/ ncboa/public/static/How_the_CPA_Exam_is_Scored.pdf.*
Beswick, P. A. [2010], Speech by SEC Staff: Remarks before the 2010 AICPA National Conference on Current SEC and PCAOB Developments, December 6, 2010.
Dick, W. and F. Missonier-Piera [2010], *Financial Reporting under IFRS: A Topic Based Approach*, John Wiley & Sons.
Dyckman, T. R., R. P. Magee, and G. M. Pfeiffer [2010], *Financial Accounting, 3rd edition*, Cambridge Business Publisher.
Financial Accounting Standards Board (FASB) [2011], Progress Report on IASB-FASB Convergence Work, April 21, 2011.
Horngren. C. T., G. L. Sundem, J. A. Elliott and D. Philbrick [2010], *Introduction to Financial Accounting, 10th edition*, Prentice-Hall.
Kaya, D. and J. Pillhofer [2011], "Potential Adoption of IFRS by the United States: A Critical View," Working Paper of University of Erlangen-Nuremberg.
Kieso, D. E., J. J. Weygandt, and T. D. Warfield [2011], *Intermediate Accounting: IFRS Edition, Volume 1*, John Wiley & Sons.
Kroeker, J.L. [2011], Remarks before the 2011 AICPA National Conference on Current SEC and PAAOB Developments, December 5, 2011.
Libby, R., P. A. Libby, and D. G. Short [2009], *Financial Accounting, 6th Revised edition*, McGraw-Hill/Irwin.
Nicolaisen, D. T. [2005], "A Securities Regulator Looks at Convergence," *Northwestern Journal of International Law & Business*, Vol.25 No.3, Spring 2005.
Phillips, F., R. Libby, and P. Libby [2010], *Fundamentals of Financial Accounting with Annual Report, 3rd edition*, McGraw-Hill.
Plumlee, M. [2010], *International Financial Reporting Standards*, Prentice Hall.
Securities and Exchange Commission (SEC) [2007a], Securities Act of 1933 Release Nos.33-8818; 34-55998; International Series Release No.1302; File No.S7-13-07, Acceptance from Foreign Private Issuers of Financial Statements Prepared in Accordance with International Financial Reporting Standards without Reconciliation to U.S. GAAP; Proposed Rule, *Federal Register*, Vol.72 No.132, July 11, 2007.
SEC [2007b], Securities Act of 1933 Release Nos.33-8831; 34-56217; IC-27924; File No.S7-20-07, Concept Release on Allowing U.S. Issuers to Prepare Financial Statements in Accordance with International Financial Reporting Standards; Proposed Rule, *Federal Register*, Vol.72 No.156, August 14, 2007.

SEC [2008a], Release Nos.33-8879; 34-57026; International Series Release No.1306; File No.S7-13-07, Acceptance from Foreign Private Issuers of Financial Statements Prepared in Accordance with International Financial Reporting Standards without Reconciliation to U.S. GAAP; Final Rule, *Federal Register*, Vol.73 No.3, January 4, 2008.

SEC [2008b], Securities Act of 1933 Release Nos.33-8982; 34-58960; File No.S7-27-08, Roadmap for the Potential Use of Financial Statements Prepared in Accordance with International Financial Reporting Standards by U.S. Issuers; Proposed Rule, *Federal Register*, Vol.73 No.226, November 21, 2008.

SEC [2010], Release Nos.33-9109; 34-61578, Commission Statement in Support of Convergence and Global Accounting Standards, February 24, 2010.

SEC, Office of the Chief Accountant and Division of Corporation Finance [2010], Progress Report, Work Plan for the Consideration of Incorporating International Financial Reporting Standards into the Financial Reporting System for U.S. Issuers, October 29, 2010.

SEC, Office of the Chief Accountant [2011a], SEC Staff Paper, Work Plan for the Consideration of Incorporating International Financial Reporting Standards into the Financial Reporting System for U.S. Issuers—Exploring a Possible Method of Incorporation, May 26, 2011.

SEC, Office of the Chief Accountant [2011b], SEC Staff Paper, Work Plan for the Consideration of Incorporating International Financial Reporting Standards into the Financial Reporting System for U.S. Issuers—A Comparison of U.S. GAAP and IFRS, November 16, 2011.

SEC, Office of the Chief Accountant [2011c], SEC Staff Paper, Work Plan for the Consideration of Incorporating International Financial Reporting Standards into the Financial Reporting System for U.S. Issuers—An Analysis of IFRS in Practice, November 16, 2011.

Stockney, C. P., R. L. Weil, K. Schipper, and J. Francis [2010], *Financial Accounting: An Introduction to Concepts, Methods, and Uses, 13e*, South-Western, Cengage Learning.

Weygandt, J. J., P. D. Kimmel, and D. E. Kieso [2011], *Financial Accounting: IFRS Edition*, John Wiley & Sons.

Wiecek, I. M. and N. M. Young [2010], *IFRS Primer: International GAAP Basics, U.S. Edition*, John Wiley & Sons.

杉本徳栄 [2008]『国際会計 (改訂版)』同文舘出版。

杉本徳栄 [2009]『アメリカ SEC の会計政策―高品質で国際的な会計基準の構築に向けて―』中央経済社。

第3章

イギリスにおけるIFRS教育

第1節 イギリスにおけるIFRS導入の状況

(1) イギリス会社法におけるIFRSの適用規定

　イギリスの上場企業は2005年以降，他のEU諸国におけるそれらと同様に，EUによる承認を得たIFRS（以下，EU版IFRSと称す）を連結財務諸表の作成にあたって適用している。イギリス会社法によれば，一定の親会社の連結財務諸表（group accounts）は，IAS規制第4条（Article 4 of the IAS Regulation）によって，国際会計基準（International Accounting Standards：IAS）[1]に準拠して作成することが要求されている（2006年会社法第403条（1））[2]。また，連結財務諸表は，資産，負債，財政状態，および損益について真実かつ公正な概観（true and fair view）を示すことが要求される（同法第393条（1）（b））。

　一方，個別財務諸表を作成するにあたって，2006年会社法第396条の規定とIASの選択適用が認められている（2006年会社法第395条（1））。IASが適用されない場合，個別財務諸表は，国務大臣によって設定される規定に準拠して作成されねばならない（同法第396条（3））。ここにいう「国務大臣によって設定される規定」とは，国務大臣から権限を委譲された者が設定する規定を意味しており，会計基準審議会（Accounting Standards Board：ASB）によって設定・改廃・公表される「財務報告基準書」（Financial Reporting Standards：FRS）ならびに「標準的会計実務書」（Statement of Standard Accounting Practices：SSAP）会計基準を意味する。なお，個別財務諸表についても，その資産，負債，財政状態，および損益について真実かつ公正な概観を示すことが要求される（同法第

393 条 (1) (a))。

(2) IFRS を基軸とした会計基準設定の改革

上述した EU との協調に先行して,イギリスでは 2002 年に自国における「一般に認められた会計実務」(Generally Accepted Accounting Practices;以下,UK GAAP[3]と称す) と IFRS とのコンバージェンスを行う作業に着手した。しかし,UK GAAP を IFRS にコンバージェンスすることは最適な選択でないという結論に達している。コンバージェンスを行う場合,(1) UK GAAP に膨大な改訂を施す必要がある,(2) IFRS が適用対象としていない企業すなわち公的説明責任 (public accountability) を負わない企業を焦点とした会計基準が必要である,などの課題が浮き彫りになったためである。

2005 年以降,イギリスでは EU 版 IFRS と UK GAAP が共通のフレームワークを持たないまま混在していたが,こうした状況を改善することを目的として,一連の報告書が公表された。まず,2009 年 8 月に諮問資料「方針提案:イギリス会計基準の将来」(Policy Proposal: The Future of UK GAAP) が公表され,その翌年の 2010 年 10 月に「連合王国およびアイルランドにおける財務報告の将来」(The Future of Financial Reporting in the UK and Republic Ireland) という包括的なタイトルのもと,公開草案第 43 号「財務報告基準書の適用」(Application of Financial Reporting Standards) および第 44 号「中規模企業に対する財務報告基準」(Financial Reporting Standards for Medium-sized Entities) が ASB によって公表され,上場企業のみならず中小企業を適用対象とした抜本的な会計基準設定の改革案が提示された。その後,両者は改訂され,2012 年 1 月に公開草案第 46 号「財務報告規定の適用」(Application of Financial Reporting Requirements),および第 48 号「連合王国およびアイルランドにおいて適用される財務報告基準」(The Financial Reporting Standard applicable in the UK and Republic of Ireland) が公表された。また,これに関連して,公開草案第 47 号「縮小された開示フレームワーク」(Reduced Disclosure Framework) があわせて公表されている。

こうした一連の報告書に共通する特徴は,IFRS を基軸として UK GAAP を

整備することを提案している点にある。EC 規制 1606／2002 号（Regulation (EC) No1606／2002）に該当する企業には EU 版 IFRS が適用されるが，小規模企業（①売上高 6.5 百万ポンド，②総資産 3.26 百万ポンド，および③従業員 50 名のうち，いずれかの規準を満たす企業）には，「小規模企業に対する財務報告基準」(Financial Reporting Standards for Small-sized Entities：FRSSE) が適用される。これは，従来の SSAP および FRS を簡略化したものである。なお，EU による計画に従った改訂が見込まれている。

その他の企業には単一の FRS が適用されるが，この中心は公開草案第 48 号として公表されている。第 48 号は，IASB による「中小企業に対する国際財務報告基準」(IFRS for Small and Medium-sized Entities；IFRS for SMEs) を基礎にしているが，これを完全に採択したものではなく，会社法の会計規定や税務等と調整が図られているうえに，EU 版 IFRS と一貫した修正が加えられている。

(3) イギリス中央政府による IFRS の導入

イギリスでは，企業会計のみならず，中央政府による公会計に対しても IFRS が適用されている。1980 年代当時，新自由主義を掲げて発足したサッチャー政権がニュー・パブリック・マネジメント (New Public Management) の先陣を切った後，その一環として 2000 年に「政府資源・会計法」(Government Resources and Accounts Act 2000：GRAA) が制定され，発生主義を採用した「資源会計・予算」(Resources Accounting and Budgeting：RAB) が導入された。以来，中央政府の財務諸表の作成にあたって発生主義会計が適用され，UK GAAP が適用されてきた。その後，上述したように，企業会計における IFRS の導入が進むにつれて，公会計においても UK GAAP に代わって IFRS を適用することとなった。2009 – 2010 年度より，中央政府の財務諸表は IFRS に準拠して作成されている（東［2009］，135 頁）。

イギリス財務省は現在，中央政府の財務諸表の作成にあたって適用される会計処理の原則および手続きを規定した「政府財務報告マニュアル」(Government Financial Reporting Manual：FReM) を作成している。FReM では，IFRS の項目

ごとにその適用状況が「全面適用」(applied in full),「追加適用」(adapted for public sector),または「修正適用」(interpreted for public sector) として示される。

全面適用とは,IFRS の会計処理を修正等なくして適用する場合をいう。修正適用とは,IFRS の会計処理を,パブリック・セクターを対象とした処理に修正して適用することであり,追加適用は,IFRS 以外の新たな会計処理を追加して適用する場合をいう (東 [2009], 136, 139-140 頁)。たとえば,IAS 第 16 号の適用にあたっては,贈与資産に関する規定を追加する一方で (HMS [2010a], pars.6.2.19-6.2.23),遺産 (heritage assets) については国内基準である FRS 第 30 号に基づいた原則と IAS 第 16 号を修正した基準を適用する (HMS [2010a], pars.6.2.25-6.2.44)。なお,政府会計における IFRS の適用状況は,FReM の要約版に示されている。

第 2 節　高等教育機関における IFRS 教育

イギリスにおいて,学部に accounting (または accounting and finance など) コースやプログラムのある大学は 76 校 (1992 年の大学改革によって総合大学として認可された,いわゆる new university を含む) であり,大学院に accounting (または accounting and finance など) コースのある大学は 60 校となっている (このうち,大学院にのみ accounting 関係のコースを持つ大学は 19 校である)[5]。

これらのなかでも,London School of Economics[6] (以下,LSE) における会計教育は示唆に富んでいる。LSE の会計学部 (Department of Accounting) では,つぎのプログラムが設置されている。なお,BSc は,Bachelor of Science を意味し,MSc は,Master of Science を意味する。

・BSc Accounting and Finance
・Diploma in Accounting and Finance
・MSc Accounting and Finance
・MSc Accounting, Orgnizations and Institutions
・MSc Law and Accounting

・MSc Management and Regulation of Risk

会計に関連する10講義のうち5講義において,その内容に国際会計が含まれているか,または国際会計に関連する書籍がテキストとして用いられている。当該講義は,図表3－1に示すとおりである。

LSEの講義の特徴として,つぎの3点が挙げられる。

(ⅰ) IFRSや国際会計基準を科目名称にした講義は見受けられない
(ⅱ) 基礎講義以外の会計系講義のなかで教材としてIFRSを取り上げるか,IFRSの関連書籍をテキストとして用いている場合が多い
(ⅲ) 財務諸表分析の講義では,IFRSに準拠した財務諸表が用いられて

図表3－1　LSEにおいて国際会計が関連する講義

講義名	概　要
Elements of Accounting and Finance	・財務会計；財務会計のフレームワーク,利用者,役割,範囲,および限界；連結会計；会社による財務開示とコーポレートガバナンス；課税要素を含む法的かつ経済的考察 ・ファイナンス入門 ・管理会計入門
Financial Accounting, Analysis and Valuation	・財務報告の理論と実務；財務報告規制,会計実務の国際的標準化 (international standardisation),財務報告の概念フレームワーク,物価変動会計など。
Financial Reporting in Capital Markets	・経済事象を財務諸表と開示に関連付ける能力の養成,基礎的経済事象と財務諸表上の情報との写像の理解,当該写像が企業の経済活動や経済状態に関する推論に与える影響
Accounting in the Global Economy (Half Unit)	・グローバル経済下における会計実務と会計制度の急速な変化を会計の役割という観点から分析 ・国際会計基準設定,ならびに財務諸表利用者,企業,および利害関係者に対するその影響を批判的に分析
Financial Accounting, Reporting and Disclosure (Half Unit)	・財務会計入門（財務情報利用者にとって重要な報告に焦点を当てる） ・主要財務諸表の作成,会計規制の枠組み ・減価償却,のれんおよび無形資産,持分,負債,連結などの会計問題

おり，当該財務諸表を理解するためにIFRSに関連した教材が採用されている

（ⅰ）および（ⅱ）の特徴には，会計教育において現行の会計基準を詳解することに対する批判が反映されていると考えられる。LSEの会計学部のパンフレット（2009/2010年版）[7]には，「本学における教育と研究に対するIFRSの影響」（'The Impact of IFRS on our Teaching and Research'）と題するR. Macveの論考が掲載されている。それによれば，学生が会計専門職に就く前に変化の著しい会計基準に関する知識を身につけることは有用でないとして，批判的な分析と議論を伝統とするLSE独自のアプローチ（LSEアプローチ）を継続することを表明している。

LSEでは，こうしたアプローチを，accounting and finance関連のプログラムのみならず，MSc Law and Accountingにおいても採用している。このコースでは，法と会計の学際的領域の継続的発展に重点を置いており，新たな会計規定が法の配当規制や税法に与える影響などを主要なテーマとして取り上げている。また，新設されたプログラムであるMSc Accounting, Organisations and Institutionsでは，国際会計および規制の枠組み（regulatory framework）を過去から現在にわたって形成してきた組織的かつ制度的作用に焦点を置いている。

その一方で，基礎レベルにおいて，IFRSによる財務諸表の表示形式と新たな専門用語を学生が熟知できるように，つぎの2科目すなわちElements of Accounting and FinanceとFinancial Accounting, Analysis and Valuationでは教材の更新が行われ，後者では，すべての資料がオンラインによって入手可能な状態に整備されている。

以下において，Macveの論考（全訳）を示しておきたい。

「本学における教育と研究に対する IFRS の影響」

　ヨーロッパ規制（the European Regulation）によって，イギリスとその他の EU 諸国の上場企業すべての連結財務諸表に対して IFRS が強制適用されて以来，約 5 年が経つ。現在に至るまでに，本学における教育と研究に対して IFRS はどのような影響を与えてきたであろうか。財務会計でいえば，「LSE アプローチ」は常に，学生は自分達の利益のために現行の規定（法律や基準）を学ぶべきではないという立場をとってきた。こうした知識は，学生が職業会計士としての資格を得るまで，または金融機関などにおいてキャリアポジションに到達するまで有用ではなく，規定があまりに早く変化する今日にあっては無意味である以外にない。代わって我々は，基礎概念や変化の説明および影響に焦点を置いている。これは，学生が自分達の生涯を通じて継続する将来の変化という問題に向き合う能力を身につける最善の方法になるであろう。そうなることを我々は望んでいる。

　規則が設定される制度的枠組み，規則の制定方法や規則の変化の過程に影響を与える経済的影響や政治的課題などの諸要素，および「現実の世界における」規則の形成を説明するにあたって有効な諸概念は，学生が会計理論から学んだ概念的な思考や（Hicks を思い出されたい！），ファイナンス・金融コースにおいて学んできた考え方を反映している。この点を本学の学生が理解できるのであれば，IFRS によってもたらされたイギリス財務報告上の多くの変化が，関連するすべての会計コースの基礎環境に反映されていなければならない。もし，本学の学部 3 年次生または MSc の学生が，会社の面接の際に瞬きして口ごもりながら—「失礼ですが，IFRS とは何でしょうか」—と言うならば，あるいは，IFRS がいまなおアメリカ財務会計基準書（SFAS）と異なることを知らないならば，将来の雇用者は間違いなく恐怖を覚えるであろう。

　学部のつぎの 2 科目すなわち，Elements of Accounting and Finance（AC100）および Financial Accounting, Analysis and Valuation（AC330）において最大の変化があった。2005/2006 年度に，講義ハンドアウト，演習問題，および解答ノートの冒頭の大部分の改訂を行うことになり（これらのなかには，Baxter や Edey の時代にまで遡ったものがある！），Chistopher Noke は両科目を，Richard Macve が AC330 を引き受けた。AC100 では，Vasiliki Athanasakou と Yasmine Chahed がこれらの更新を引き継ぎ，すべての教材が Module の「オンライン」にて入手可能である状態を確保している。基礎レベルにおいて，学生はいまや，IFRS に基づく財務諸表の新たな表示様式と改訂さ

れた専門用語（棚卸資産は，stock ではなく inventory になる！）の両方に精通しなければならない。

より重要なことであるが，我々は本質の変化（the changes of substance）について議論する。IFRS 第 3 号に基づく企業結合とのれんの会計は，先のイギリス会計基準からの「前進」か，または後退か。同様に，Diploma と MSc のレベルにおいて，我々は，連結（IFRS 第 3 号），金融商品（IAS 第 39 号），年金（IAS 第 19 号），および株式報酬（役員のストックオプションなど）といった問題の概念的なロジックについて議論する。さらに，「公正価値」の議論— IASB と FASB の間にある「国際的なコンバージェンス」の審議事項の中心にある話題，すなわち「公正価値」対「取得原価」対「剥奪価値」—が，我々の教育および研究の主要な焦点として残されている。まさに，昨今の地球規模の金融危機によって，「公正価値」の論争は主要項目となり，「会計が如何に重要であるか」という鮮明にして現実的な世界の事例が提供されたのである。こうした問題は，IAS 第 39 号の「欧州によるカーブアウト」をめぐる政治的戯言と同様に，配当法や税法に対する新しい会計規定の影響や，学生全員が法と会計の学際的領域の継続的発展に与える光明とともに，MSc Law and Accounting の学生にとってコア・コースの重要なテーマを形成する。新たに開設された MSc Accounting, Organisations and Institutions においてもまた，急速に変化する国際会計や規制の枠組みによって過去に形成され，現在も形成されている多様な組織的かつ制度的作用に焦点を置いている。

IFRS のアドプションはさらに，多くの興味深いリサーチ・クエスチョンをもたらしている。教員の間では，つぎのような調査が行われている。生命保険業者の「主要」財務諸表において報告される IFRS 第 4 号に準拠した数値と比較した場合の，「組込価値」（embedded value）の補足開示のバリューレリバンスとともに，IFRS の初度適用が株価に与える影響について調査が行われている。Richard Macve は（Michael Bromwich や Shyam Sunder とともに），IASB と FASB との共同による「新たな」「概念フレームワーク」プロジェクトの批評を行ってきた。また，Michael Bromwich は（様々な共著者とともに），とくに「公正価値」の国際基準の役割について論文や書籍を出版している。一方，Mike Power は，ICAEW の 2009 年の PD Leake 講演において，「公正価値：会計に与える金融経済の影響」と題する講演を行っている。

IFRS という新たな時代によって，イギリスでは 1970 年代に会計基準が始まって以来，会社会計や会社報告に最大の変化がもたらされた。（アメリカの学究である）アメリカ会計学会は最近，SEC に対して，自国基準に代わって IFRS を急いでアドプション

することに反対する見解を示した。彼らの議論の1つに，つぎのものがある。アメリカの大学教員は，CPA試験を受験する学生を指導するために教材を提供しなければならないにもかかわらず，未だにIFRS教育に移行する準備ができていないというのである！ LSEでは，規則それ自体の詳細を教育するのではなく，本学の伝統すなわち基礎概念や会計の変化をもたらした制度的枠組みに関する批判的な論評や討論を今後も継続していく。

教授　Richard Macve

出典：Macve [2009], LSE Accounting, Issue 1- 2009/10, p.17.

第3節　勅許会計士および勅許公認会計士の試験制度

(1) 勅許会計士と勅許公認会計士

イギリスには，図表3-2に示すように6つの会計士団体があり，それぞれにおいて資格試験と資格授与を行っている。1985年会社法では原則として，監査人の資格を有する者をICAEW，ICAS，ICAI，およびACCA[8]の会員に制限していた（1985年会社法第389条 (1), (3)）。言い換えれば，勅許会計士（Associate of the Chartered Accountants：ACA）と勅許公認会計士（Chartered Certified Accountant：CCA）が，会社法上の法定監査人（statutory auditors）の資格要件として認められてきた。

しかし，1985年会社法による当該規定は，EC第8号指令の国内法制化にともない，1989年会社法によって改正された[9]。現在の法定監査人の主要な要件は，認められた専門資格をイギリスにおいて取得し，保有していることであるとされる（2006年会社法第1219条 (1) (a)）。

第3章 イギリスにおけるIFRS教育 53

図表3-2 イギリスにおける会計士団体と授与される資格

勅許会計士団体	資　格
イングランド・ウェールズ勅許会計士協会 (Institute of Chartered Accountants in England and Wales：ICAEW)	勅許会計士（ACA）[10]
スコットランド勅許会計士協会（Institute of Chartered Accountants of Scotland：ICAS）	勅許会計士 (Chartered Accountants：CA)[11]
アイルランド勅許会計士協会（Institute of Chartered Accountants in Ireland：ICAI）	
勅許公認会計士協会（Association of Chartered Certified Accountants：ACCA）	勅許公認会計士（CCA）
管理会計士勅許協会（The Chartered Institute of Management Accountants：CIMA）	勅許管理会計士 (Chartered Management Accountant：CMA)
公共財務会計士勅許協会（The Chartered Institute of Public Finance and Accountancy：CIPFA）	勅許公共会計士 (Chartered Public Accountant：CPA)

(2) 試験制度の特徴

ACAとCCAの試験制度には，つぎの2つの特徴が見受けられる。1つは，ACAでは専門的知識を用いた解釈，分析，および判断といった専門家としての能力を評価するが，CCAでは技術的能力を網羅しているか否かを評価していると考えられる。この点は，ACAが資格取得要件として教育要件と受験要件の両方を定めているのに対して，CCAは教育条件と受験要件を区別しておらず，実務経験において具体的な達成目標を定めている点にも表れている。もう1つは，ACAとCCAのいずれにおいても，試験科目および実務経験において職業倫理が重視されていると考えられる点である。

ACAおよびCCAそれぞれの試験制度の概要を，①資格試験，および②資格取得要件の2点についてまとめれば，図表3-3のとおりである。

図表3－3　勅許会計士および勅許公認会計士の試験制度の概要

		勅許会計士（ACA）	勅許公認会計士（CCA）
資格試験	試験名	勅許会計士試験	勅許公認会計士試験
	実施主体	イングランド・ウェールズ勅許会計士協会（ICAEW）	勅許公認会計士協会（ACCA）
	試験科目	専門段階12科目，上級段階3科目 計15科目 【専門段階科目】 知識教科6科目 ①ビジネスおよび財務，②経営情報，③会計学，④法学（ビジネスおよび会計士業務関連法律（民法および刑法の関連項目，会社法，ならびに破産法）），⑤保証（assurance），⑥税務原則（principles of taxation） 応用教科6科目 ⑦ビジネス戦略，⑧財務管理，⑨財務会計，⑩財務報告，⑪監査および保証，⑫税制 　（試験時間：各2.5時間） 【上級段階科目】 技術教科2科目 ①専門総合―ビジネス報告 財務会計・報告，企業会計・報告，監査および保証，税制，ならびに倫理について，専門的知識を用いて専門家として相応しい判断を行う ②専門総合―ビジネス変革 税制，法律，ビジネス戦略，財務管理，業績管理，財務会計・報告，管理会計・方向，監査および保証，ならびに倫理に関する財務情報および非財務情報について，助言を与えるに相応しい解釈分析を行う 　（試験時間：各3.5時間） 事例教科1科目 　ケーススタディ 　（試験時間：4時間）	基礎科目9科目，専門教科5科目 計14科目 【基礎科目】 知識科目3科目 ①ビジネスにおける会計士，②管理会計，③財務会計 技術科目6科目 ④会社法と商法，⑤業績管理，⑥税制，⑦財務報告，⑧監査および保証，⑨財務管理 【専門科目】 大学院修士科目に匹敵するレベル 必須科目3科目 ①組織管理，リスク，および倫理，②企業報告，③ビジネス分析 選択科目（以下より2科目選択） ④上級財務管理，⑤上級業績管理，⑥上級税制，⑦上級監査および保証 　（試験時間は不明）

第3章 イギリスにおけるIFRS教育 55

	試験形態	① コンピュータ試験（選択肢問題） ・専門段階の知識教科は365日受験可能 ② 筆記試験 ・専門段階の応用教科は3, 6, 9, 12月に受験可能 ・上級段階の科目は7, 11月に受験可能	・原則として筆記試験。ただし，基礎教科のうち知識科目については，コンピュータ試験を受験することが可能 ・科目合格形態を採用 ・10年以内に全科目に合格する必要がある ・半年間（上期2月－7月，下期8月－1月）に受験できるのは最大4科目である ・知識科目 → 技能科目 → 必須科目 → 選択科目の順に合格する必要がある ・監査資格を取得するためには，「上級監査および保証」科目の選択が必須である
	受験要件	つぎの両方の要件を満たすこと ① ICAEWによって認可された雇用者と会計士業務訓練契約を締結すること ② 会計士業務訓練契約締結後にACA訓練生としてICAEWに登録すること	英語と数学を含む5教科において，一般教育修了証Aレベル試験において2教科，かつ一般中等教育修了証3教科を修了していること （日本の教育制度のもとでは，短期大学士取得相当以上，または厚生労働省認可職業訓練学校修了を受験最低要件として規定）
	科目免除	専門段階のうち知識教科全6科目，および応用教科のうちビジネス戦略と財務管理の2科目の免除が可能。免除可能科目に相当する講義科目の単位を，大学または大学院において取得していること	つぎの両方の要件を満たした場合，基礎科目のうち最大9科目まで免除可能。 ① ACCAのシラバス内容に近い講義の単位等を取得していること ② 上記①の講義の単位が，ACCAによって免除申請対象として承認されたものであること
	合格基準	合格者数の設定はない。専門段階55%，上級段階50%のスコアを取得すること	合格者数の設定はない。各科目50%のスコアを取得すること
資格取得要件	教育要件	つぎのいずれかの要件を満たすこと。 ① 高等学校卒業者 ・英語と数学を含む5教科において，一般教育修了証Aレベル試験において2教科，かつ一般中等教育修了証3教科を修了 ・高等学校において，最低2教科においてA2の成績を取得し，かつ大学入試機関の換算スコアが260以上である	上記の受験要件との区別はない

		② 大学卒業者 上記2点に加えて，大学での取得科目のいずれかの成績が上位より2番目の評価または最高の評価を取得していること ③ 財務・会計・経営に関する資格取得者 財務・会計・経営に関する資格の取得者であること ④ 会計技術者協会の資格取得者 会計技術者協会のレベル4の資格取得者であること	
	実務経験	① 会計士業務訓練契約を締結した雇用者のもとで450日間の実務経験を要する ② 6カ月ごとに進捗に関する評価を雇用者より受け，それをICAEWに報告せねばならない ③ 試験合格前に取得した実務経験も含まれる	・3年間の実務経験を要する。試験合格前に取得した実務経験も含まれる。 ・実務経験では，つぎの業務目標のうち13項目を達成することを要する。 【必須目標】プロフェッショナリズム，倫理，および組織管理（9項目） ① 職業倫理，価値観，判断の実務への応用 ② 効果的な組織管理に対する貢献 ③ 非財務リスクに関する認識の向上　実務における効果性の発揮 ④ 自己管理 ⑤ 効果的コミュニケーション ⑥ ITおよび通信技術の利用 ⑦ 責任を伴う分野において継続的に従事している業務の管理 ⑧ 部署の実績の改善 ⑨ 業務割当ての管理 【選択目標】財務会計および報告（つぎの11項目のうち4項目を達成すること） 財務会計および財務報告 ① 外部報告目的のための財務諸表の作成 ② 財務取引および財務諸表の解釈 業績管理および管理会計 ③ 経営者のために財務情報を準備 ④ 予算計画および生産に貢献 ⑤ 予算の監視および管理財政および財務管理 ⑥ 潜在的なビジネス，投資の機会，および不可避となる財政選択の評価の

			実施 ⑦ 現金を使用する活動の管理，現金管理，および財務システムの管理 監査および保証 ⑧ 監査に関する証憑の収集および準備 ⑨ 監査に関する評価および報告税制 ⑩ 未払税（本年度の法人税等支払額）の評価および算定 ⑪ 税務計画に関する支援
	その他	つぎの4項目によって構成されるACA訓練をすべて完了していること ① ACA試験全科目合格 ② 専門的実務経験 ③ 倫理に関する計画的訓練 ④ 初期専門能力開発	職業倫理教科の受講を修了していること。職業倫理教科の受講は，資格試験における専門教科レベル受験時に開始される

出典：ビジネスブレイン太田昭和［2011］，6-19頁より抜粋。ACAとCCAを対比させたフォーマットは引用者による。また，文章表現を部分的に引用者が改訂している。なお，必要に応じて，下記の関連サイトを参考にした。
ICAEW：http://careers.icaew.com/university-students-graduates/training/
　　　　aca-modules-exams/professional-stage
ACCA：http://www.accaglobal.com/en/qualifications.html

(3) 監査資格

上述したように，1985年会社法ではICAEW，ICAS，ICAI，およびACCAの会員であることが法定監査人の要件として規定されていたが，現在は2006年会社法によって，認められた専門資格をイギリスにおいて取得し，保有していることが法定監査人の要件とされる。ICAEWとACCAのそれぞれの監査要件を示せば，図表3－4のとおりである。

図表 3 － 4　ICAEW および ACCA における監査要件および監査資格取得要件

要件	ICAEW	ACCA
監査要件	つぎのいずれの要件も満たしていること。 ① 監査資格を取得している ② 責任者（監査報告書に署名する資格が付与されている者，またはその地位）の肩書きを公認監督協会（Recognised Supervisory Bodies：RSB）によって付与されている ③ 登録資格協会（Registered *Qualifying Body；RQB）の会員である ④ 資格認定証を有する ⑤ 公認監督協会（RSB）の**監督に服する	監査資格を取得していること
監査資格の取得要件	つぎのいずれの要件も満たす必要がある。 ① ICAEW の会員であること ② つぎの実務経験を完了していること ・3年の実務経験：ACA 取得後，最低3年間，ICAEW 認可訓練雇用者のもとで実務を経験すること ・2年の登録監査人経験：上記の3年の実務経験のうち2年は登録監査人（ヨーロッパに所在し，ICAEW 認可訓練雇用者である法人をいう）のもとで行われていること ・240日の監査経験：2年の登録監査人経験のうち最低240日間は，登録監査人のもとで監査業務に従事すること ・120日の法定監査経験：240日の監査経験のうち最低120日は，2006年会社法に規定する法定監査に従事すること なお，実務経験は，つぎの者によって監督されねばならない。 ① 会計士団体合同諮問委員会（Consultative Committee of Accountancy Bodies：CCAB）*** ② 2006年会社法に基づいて監査報告書に署名を行う資格を有する者	つぎのいずれの要件も満たす必要がある。 ① 資格認定証訓練記録（Practicing Certificate Training Record：PCTR）に記録を行うこと ② ACCA 認定職業資格を取得すること。ただし，2006年会社法（第1221条）に基づいて，イギリス国務大臣によって承認された海外の監査資格を所有し，かつ ACCA の適正試験に合格することによって代替可能である ACCA 認定職業資格の取得要件は，つぎの3点である。 ① 資格認定証を取得していること ② ACCA 資格認定証および監査資格の取得者，またはそれらに相当する資格の取得者の監督のもとで監査業務の実務経験を積んでいること ③ ACCA 資格試験において，専門科目「上級監査および保証」に合格していること 資格認定証の取得要件は，つぎの2点である。 ① 2年以上継続して ACCA 会員であること ② つぎの (a) または (b) のいずれかの要件を満たすこと

第3章 イギリスにおける IFRS 教育 59

		(a) イギリスに滞在する会員の場合 つぎのいずれの要件も満たすこと ・ACCA 認可雇用者のもとで3年の実務経験を積んでいる ・3年の実務経験のうち最低2年は，ACCA に入会した後に実施されている ・ACCA 入会後の実務経験が，職業倫理，職業的専門訓練，および経営を内容としている ・資格認定証訓練記録（PCTR）に実務経験が記録されている (b) イギリス以外の国に滞在する会員の場合 ・滞在国家機関および行政当局にとって発行された監査資格等を有する会員は，資格認定証を申請することができる。ただし，当該資格認定証は，その監査資格を発行した国のみにおいて有効である

注：*公認監督協会（RSB）とは，会計士団体による監査業務を監督する機関であり，ICAEW，ACCA，ICAI，ICAS，および公認公共会計士協会（AAPA）の5機関がこれに該当する。

**登録資格協会（RQB）とは，監査資格を付与する権限を政府から与えられた専門団体であり，ICAEW，ACCA をはじめ ICAI，ICAS，CIPFA，および国際会計士協会（AIA）の6機関がこれに該当する。

***会計士団体合同諮問委員会（CCAB）とは，民間団体による会計基準設定を支援することを目的として 1974 年に設立された機関であり，6つの会計士団体によって構成されていた。現在は，管理会計士勅許協会（CIMA）を除く5団体によって構成されている。

出典：ビジネスブレイン太田昭和［2011］，9-10 および 16-17 頁より抜粋。ACA と CCA を対比させたフォーマットは引用者による。また，文章表現を部分的に引用者が改訂している。なお，必要に応じて下記の関連サイトを参考にした。
　　ICAEW：http://www.icaew.com/en/technical/audit-and-assurance/
　　　　　　gain-audit-rights/what-is-the-audit-qualification
　　ACCA：http://www.accaglobal.com/en/qualifications.html

[注]

（ 1 ） ここにいう IAS は，IASC によって設定・公表され，現在も有効である国際会計基準書（IAS），IASB によって設定・公表されている現行の国際財務報告基準書（IFRS），および解釈指針を総括した広義でとらえられている。
（ 2 ） 親会社以外の会社の連結財務諸表は，2006 年会社法第 404 条または国際会計基準に準拠して作成することが可能である（2006 年会社法第 403 条（2））。
（ 3 ） ここにいう UK GAAP とは，会社法における会計および開示規定，会計基準委員会（ASC）によって設定・公表され，現在も有効である標準的会計実務書（SSAP），会計基準審議会（ASB）によって設定・公表された財務報告基準書（FRS），ならびに緊急問題専門委員会（UITF）による意見書（UITF Abstracts）を意味する。
（ 4 ） FReM の 2010 - 2011 年版は完全版と要約版の両方が公表されているが，2011 - 2012 年版は，完全版のみが公表されている。
（ 5 ） この数字は，SI-UK インターナショナル株式会社のサイトによった（2011 年 7 月 10 日アクセス）。この会社は 2006 年に設立された会社であり，つぎの 6 つの目的すなわち①イギリス教育機関の振興，コンサルティング，および日本代表事務局の経営，②留学サポート（出願代行，ビザサポート，カウンセリング等），③イギリス留学関連のイベント・セミナー企画・運営，④英語学校の経営，⑤留学保険 AIU 正規代理店，ならびに⑥国際交流（交換留学生制度など）を希望する日本政府や教育機関のコンサルティング業（イギリス以外の英語圏の国を含む）を掲げている。詳細は，http://www.ukeducation.jp/ を参照されたい。
（ 6 ） The Times 誌による The Times Good University Guide では毎年，イギリスの大学のランキングを公表している。2008 年のランキングによれば，London School of Economics, Edinburgh, Warwick, Manchester, Nottingham, Bristol などの大学が上位を占めている。http://www.thetimes.co.uk/tto/public/gug/
（ 7 ） つぎのサイトにおいて閲覧可能である。http://www2.lse.ac.uk/study/graduate/home.aspx（2011 年 7 月 10 日アクセス）
（ 8 ） ACCA という現在の名称は 1996 年以降のものであり，当時は公認会計士勅許協会（Chartered Association of Chartered Accountants：CACA）と称されていた。CACA は 1984 年に勅許を受けた後の名称であり，それ以前の名称は公認会計士協会（Association of Certified Accountants：ACA）であった。
（ 9 ） EC 第 8 号指令の国内法制化当時の詳細については，山浦 [1993]，第 10 章を参照されたい。
（10） ICAEW による試験によって取得される勅許会計士は ACA と称され，ICAS および ICAI の試験によって取得される勅許会計士は CA と称される。

(11) 同上。

参考文献

※関連 URL は本文にて示し,以下では省略した。

ASB [2009], Consultation Paper, *Policy Proposal: The Future of UK GAAP*, ASB.

ASB [2010a], FRED, *The Future of Financial Reporting in the UK and Republic of Ireland, 43 Application of Financial Reporting Standards, 44 Financial Reporting Standards for Medium-sized Entities, Part One: Explanation*, October 2010, ASB.

ASB [2010b], FRED, *The Future of Financial Reporting in the UK and Republic of Ireland, 43 Application of Financial Reporting Standards, 44 Financial Reporting Standards for Medium-sized Entities, Part Two: Draft Financial Reporting Standards*, October 2010, ASB.

ASB [2010c], *The Future of Financial Reporting in the United Kingdom and Republic of Ireland; The Key Facts*, October 2010, ASB.

ASB [2010d], *The Future of UK Financial Reporting Standards (power point)*, November 2010, ASB.

ASB [2012a], Revised FRED, *The Future of Financial Reporting in the UK and Republic of Ireland, Part One : Explanation*, January 2012, ASB.

ASB [2012b], Revised FRED 46, 47 and 48, *The Future of Financial Reporting in the UK and Republic of Ireland, Part Two : The Draft Standards*, January 2012, ASB.

ASB [2012c], *The Future of Financial Reporting in the UK and Republic of Ireland, The Key Facts, FRED 46, 47 and 48*, January 2012, ASB.

FRC [2005], *The Implications of New Accounting and Auditing Standards for The 'True and Fair View' and Auditors' Responsibilities*, FRC.

HMS [2010a], *Financial Reporting Manual 2010-2011*, pdf, http://www.hm-treasury.gov.uk/frem_manual_2010_11.htm

HMS [2010b], *Summary of Accounting Standards and Interpretations Included in the FReM 2010-2011*, pdf, http://www.hm-treasury.gov.uk/frem_manual_2010_11.htm

東信男 [2009] 「イギリス中央政府における国際会計基準 (IAS/IFRS) の導入—公会計の目的に対応させながら—」『会計検査院』第39号 (2009年3月) 135-151頁。

ビジネスブレイン太田昭和 [2011] 「主要国の公認会計士試験・資格制度に関する調査」http://www.fsa.go.jp/news/22/20110627-10.html, 金融庁。

山浦久司 [1993] 『英国株式会社会計制度論』白桃書房。

第4章
フランスにおける IFRS 教育

第1節　IFRS 導入状況[1]

(1) フランスの財務報告制度と IFRS の導入

　フランスにおいては，戦後，経済復興の一環として，個別会計基準であるプラン・コンタブル・ジェネラル (Plan Comptable Generale；以下，PCG とする) が公表され，その後，数次の改定を経て今日にいたっている。PCG は国家会計審議会 (Conseil National de la Comptabilite；以下，CNC とする) により設定され，会計情報の利用者を投資家はもとより債権者や従業員，国家など幅広く想定し，彼らすべてに受け入れられるように考案された超多目的基準である。

　EC が発足し，EC 会社法第 7 号指令 (1978 年) および第 7 号指令 (1983 年) が国内法化されてからは，商法典および PCG に個別会計と連結会計の両方に係る規定が設けられたが，これら国内規定の遵守を前提に，企業は連結財務諸表についてのみ IAS に基づいて作成することが可能であった。これはフランス証券取引委員会 (Commission des Operations de Bourse；以下，COB とする) が国際的調和化の観点から IASC の勧告書を最大限に利用するよう企業に促したためである (Momento Pratique [1996]，§252)。国内規定と IASC との間にはいくつかの重大な差異があったにもかかわらず，1990 年代には，不思議なことに，両方に準拠しているとする連結財務諸表を公表する企業が少なくなかった。

　このような混沌とした状況をなんとか整備すべく，1998 年に会社法が改正され，国際的に資金調達をしている企業は国際的な基準 (normes internationales) に基づいて連結財務諸表を作成することが認められるようになった。すなわ

ち，連結財務諸表に対する国際基準の任意適用である。その後，EU の決定により，NYSE Euronext Paris に上場しているフランス企業は連結財務諸表についてのみ 2005 年以降は IFRS の採用が義務づけられることになる。

すなわち，図表 4 - 1 からわかるように，現在のところ，NYSE Euronext Paris の上場企業についてのみ，連結会計基準として IFRS の採用を義務づけ，個別会計基準はこれまでどおり国内基準を適用するという連単分離となっている。

図表 4 - 1　IFRS 導入後の連単分離の状況

	単　体	連　結
上場企業	PCG	IFRS
非上場企業	PCG	CRC99-02[*]

注：[*]CRC99-02 は，当時，CNC の上位機関として設立された会計規則委員会（Comite de la reglementation comptable）が 1999 年 2 月に PCG から切り離して設定したフランスの連結会計基準を意味する。

このようにフランスは IFRS を比較的に早い時期から導入していたが，連結会計基準として NYSE Euronext Paris の上場企業に対して強制的に採用を義務づけたのは 2005 年からである。IFRS が強制適用されたために，上場企業は国際基準と国内基準という異なる会計基準をそれぞれ連結と単体に採用しなければならず，もっぱら国内で資金調達や事業活動を行っている上場中小企業にとっては財務諸表作成に係る負担の重さが問題となっている。

(2) フランスにおける IFRS とのコンバージェンス

フランスは，上場企業に対する IFRS の強制適用後，概念的な点でも個別具体的な会計処理の点でも，大きく異なる連結会計基準と個別会計基準を抱えることになった。しかし，当時の CNC はこのような連単分離を放置しようとはせず，できるかぎり会計基準の一元化しようと IFRS とのコンバージェンスを試みる。すなわち，CNC は，IFRS 導入が決定されてからは，IFRS の諸概念を PCG に反映させ，個別具体的な会計処理についても PCG と IFRS との差異

を徐々に解消すべく，PCG の大幅な改定作業を行う。図表 4 - 2 からもわかるように，CNC は，資産および負債の定義といった概念上の整理から個々の会計処理にいたるまで，短期間に数多くの基準を設定または改定している。しかしながら，会計基準の一元化は CNC の当初の目論見どおりには容易に進展せず，PCG と IFRS との間にはいまだに多くの差異が残っている。

図表 4 - 2　PCG の国際的コンバージェンスに向けた基準の設定または改定

改訂年度	項　　目	影響を与えた IFRS
1999	会計方針の変更	IAS 8
1999	長期工事契約	IAS 11
1999	中間財務諸表	IAS 34
2002	引当金	IAS 37
2003	退職給付	IAS 19
2003 - 2005	財務諸表の構成要素	IAS 16 37
2005	減価償却	IAS 16 38
2005	減　損	IAS 36
2005	資産項目	IAS 2 16 23 38

出典：Memento Pratique [2009], par.5790.

第 2 節　高等教育機関における IFRS 教育

フランスの高等教育機関は主として大学（université）とグラン・ゼコール（grandes écoles）の 2 機関から構成され，大学には学士課程（3 年間）と修士課程（2 年間）があり，グラン・ゼコールには，バカロレア取得後に 2 年間の準備期間を経て，一般的に 3 年間の教育課程が設けられている。ここでは，主として，大学の学士課程および修士課程に焦点をしぼってフランスにおける IFRS 教育を検討することにしたい。

フランスは，アレテ（Arrêté du 22 décembre 2006）およびデクレ（décret no 2006-1706 du 22 décembre 2006）により，会計および経営の学士号（Diplome de

Comptabilite et gestion；以下，DCG とする）および修士号（Diplome Superieur de Comptabilite et gestion；以下，DSCG とする）の付与に必要な取得単位数および各科目の成績が規定されている。それぞれの大学および大学院の会計および経営に係る学科または専攻は，当該規定の枠組に則って科目の設置および単位数などのカリキュラム編成をしていると思われる[2]。

図表 4 － 3　DCG における必要取得単位数

科　目	単位数	科　目	単位数
法律入門	12	マネジメント	18
会社法	12	経営情報システム	18
労働法	12	会計学入門	12
税　法	12	会計学	12
経済学	18	経営管理	18
ファイナンス	12	ビジネス英語	12
インターンシップ	12	外国語	0
合　　計			180

出典：Arrêté du 22 décembre 2006.

図表 4 － 4　DSCG における必要取得単位数

科　目	単位数
法務・税務・労務管理	20
ファイナンス	15
マネジメントおよび経営管理	20
会計および監査	20
情報システムマネジメント	15
英語での経済学の口頭試問	15
インターンシップ	15
外国語	0
合　　計	120

出典：Arrêté du 22 décembre 2006.

フランスの大学における IFRS 教育については,パリ第 9 大学 (Universite Paris Dauphine),モンペリエ第 1 大学 (Universite Montpellier 1),ボルドー第 4 大学 (Universite Bordeaux Montesquieu) の 3 大学を調査対象として選び,それぞれのホームページからカリキュラムを入手し,どのような会計教育および IFRS 教育を実施しているかを実態調査した。なお,図表 4 - 5 は,3 大学のなかで会計科目が最も充実しているパリ第 9 大学の会計および経営学科の会計科目およびその履修年次である。

図表 4 - 5 パリ第 9 大学における会計科目

教育課程	履修年次	科目名	内容（IFRS に関連するもののみ）
学士課程	1 年次	会計学 1	会計学の基礎理論,簿記,制度比較（フランスとアングロサクソン諸国との会計システムの比較）など
		会計学 2	勘定の標準化と財務諸表,単体と連結の比較,有形資産・無形資産・金融資産に係る諸問題,商品売買と付加価値税の処理など
	2 年次	分析会計	
		財務会計	利益の測定,資産および負債の評価,資本会計など
	3 年次	国際会計	各国会計システムの特徴,EU における会計基準の調和化,IFRS の特徴（資産会計・負債会計）など
		管理会計 1	
		管理会計 2	
		情報と会計	
修士課程	1 年次	IFRS と連結会計	連結会計の役割,IFRS およびフランス基準のそれぞれによる連結会計とその比較など
		会計情報システム	
	2 年次		

図表4－5からもわかるように，パリ第9大学の会計科目は学士課程においてもIFRSを意識した講義内容となっているが，このような講義を行っている大学はむしろ少なく，他の大学は学士課程においては会計のスキルや基礎的理論，財務報告制度に重点をおいて会計教育を行っており，IFRS教育は修士課程でようやく登場する。さらに，修士課程におけるIFRS教育についても，IFRSの基礎概念や基準の解釈を教えるのではなく，フランス基準とIFRSの差異に焦点をあて，このような差異がなぜ生じるのか，このような差異が会計情報にどのような影響を与えるのかなど両者の比較検討が中心となっている。

修士課程におけるIFRS関連の講義でテキストまたは参考書として採用されているものには次のようなものがある。

① O.BARBE-DANDON & L. DIDELOT, 2007, Maitriser les IFRS, 3ed.
② Robert OBERT, 2006, Pratique des Normes IFRS, 3ed, DUNOD.
③ Francois POTTIER, 2005, A gauche Normes IFRS, a droite Normes Francaises.

いずれもIFRSの基礎概念や主たる基準書についての簡単な解説にくわえて，基準の意味や会計処理をより的確に理解できるよう設例や練習問題を多く設けているところに特徴がある。また，会計処理や表示方法の側面において，IFRS・フランス基準・US－GAAPの3つの基準間の比較が必ず示されているところも，連結会計基準として国際基準と国内基準が併存する複雑な財務報告制度の実態が反映されており，非常に興味深い。

第3節　フランスにおける公認会計士試験制度

(1) フランス会計専門職と試験制度

　フランスの会計専門職は，専門会計士と認可監査役によって構成される。専門会計士は，経済産業省が管轄する職業であり，税務から財務諸表の作成，コンサルティングなど，企業の全般的な会計サービスを提供する。認可監査役は，法務省に規制される職業であり，主に企業の法的監査業務，契約による監査とコンサルティングを担当する。

　フランス会計専門職の特徴の1つとしては，専門会計士協会と認可監査役協会のメンバーがほとんど同じ点がある。専門会計士試験に合格することで，認可監査役の資格も手に入るためである。専門会計士試験に合格する方法以外では，認可監査役となる試験を受験する方法があるが，これには，法務省の審査を通過し専門会計士と同等と認められる必要がある。この方法で認可監査役となるのは非常に限定的であるが，海外の公認会計士が認可監査役となる際などに活用されている。フランスでは，監査義務が日本よりも圧倒的に広いため，認可監査役は，中小企業の監査から上場大手企業の監査まで幅広く担当している。

　専門会計士の試験制度に関しては，2006年から制度的な変更が発生している。この変更自体は，ヨーロッパ全体としての高等教育に関する課題を解決する過程であるボローニャ・プロセスの一環として行われたものであり，大学システムの変更と歩を同じくして，専門会計士養成課程も変更された。この際には，実質的な試験内容などには大きな変更は生じなかった。

　一方，2009年に行われた専門会計士最終試験に関する改定では，会計専門職に関する各種規制について問う職業倫理試験が導入された。この試験の導入の結果，それまで70から80%の間で推移していた最終試験合格者率は59.64%へと大きく低下することとなった。

　これらの改定の結果として，現在の試験制度は3段階に分かれており，それ

図表4－6　モデルケース

```
┌─────────────────────────────────┐
│         License（学士）          │
└─────────────────────────────────┘
 3年間の教育によって，Diplome de Comptabilite et gestion：DCG
 （会計・経営学位）取得
              ⇩
┌─────────────────────────────────┐
│         Maitrise（修士）         │
└─────────────────────────────────┘
 2年間の教育によって，Diplome Superieur de
 Comptabilite et gestion：DSCG（上級会計・経営学位）取得。
              ⇩
┌─────────────────────────────────┐
│          実務経験3年間           │
└─────────────────────────────────┘
              ⇩
┌─────────────────────────────────┐
│ 最終試験（DEC：Diplôme d'Expertise Comptable）を受験 │
│ （ただし，1回で受かることは非常に稀）           │
└─────────────────────────────────┘
```

ぞれ会計経営試験（DCG），上級会計経営試験（DSCG），専門会計士試験（DEC）と称される。

　現行の専門会計士養成課程は，大学教育システムとの間で非常に高度な連携関係を築いている。以下に専門会計士となるためのモデルケースを記すが，このモデルケース以外のルートで専門会計士資格を得るのは，非常に困難であるとされている。

　受験科目は，第1段階目の試験である会計経営試験（DCG）では14科目，上級会計経営試験（DSCG）では8科目，専門会計士試験（DEC）では3科目が課されている。

図表 4 − 7　フランス専門会計士試験

	受験科目	試験形式
第1段階： 会計経営試験（DCG） (受験要件：大学入学資格 (バカロレア) 取得)	①法律入門, ②会社法, ③労働法, ④税法, ⑤経済学, ⑥コーポレートファイナンス, ⑦経営学, ⑧情報システム, ⑨会計入門, ⑩上級会計, ⑪管理会計, ⑫ビジネス実務英語, ⑬インターンシップ＋論文, ⑭第2外国語	⑬インターンシップ＋論文のみが口頭試問, それ以外は記述式。
第2段階： 上級会計経営試験（DSCG） (受験要件：DCG 合格)	①法律, ②ファイナンス, ③管理会計, ④会計・監査, ⑤情報システム, ⑥経済英語, ⑦インターンシップ＋論文, ⑧第2外国語	⑥経済英語のみ口頭試問, それ以外は記述式。
第3段階： 専門会計士試験（DEC） (受験要件：DSCG 合格, 3年以上の実務経験)	①監査, ②職業倫理, ③論文	①監査, ②職業倫理は筆記試験, ③論文は, 口頭試問。

　試験において、これまでに IFRS に関する出題がなされたのは、DCG における「会計入門」科目と「上級会計」科目である。それぞれ「基準設定と会計規制、PCG 及び IFRS」「基準設定における会計専門職の役割」について IFRS の知識が問われたことがある。

　DSCG では、「会計・監査」科目において、「IFRS を適用するグループの測定問題」「連結の修正」について、IFRS の知識が問われたことがある。最終試験である DEC では、IFRS についての知識を直接に問う問題が出されたことは、2011 年度までのところではない（ガルシア [2011]）。

　試験問題において、どのような形で IFRS の知識が問われるのかを示すため、以下に、2009 年 DSCG 会計監査試験を引用する。

A l'aide des *annexes 1 à 4*,
1から4までの添付資料を使用して，以下の質問に答えよ。(引用者：添付資料は省略)

1. Selon quel(s) référentiel(s) comptable(s) la SA SOLALP doit-elle présenter ses états financiers individuels et consolidés à l'assemblée générale ordinaire des actionnaires (justifier) ?
   SOLALP 社は，どの会計基準を使用して株主総会に単独および連結財務諸表を提出すべきか，法的要件に基づいて回答せよ。
2. Si la SOLALP était cotée sur le marché Alternext, à quel référentiel comptable serait-elle liée ? Disposerait-elle d'option(s) légale(s) pour un autre référentiel ?
   SOLALP 社が Alternext 市場（引用者：非規制市場）に上場している場合，どの会計基準を用いて財務諸表を開示すべきか。別の会計基準を用いる選択肢は法的に認められるか？
3. Qu'entend-on par 'Actifs courants' au bilan consolidé du groupe (référentiel IFRS) ?
   IFRS 基準で作成される連結貸借対照表の資産の部において流動資産というのは，どのようなものであるか？
4. Quel jeu complet d'états financiers (autres que ceux figurant dans les annexes 1 à 4) la norme IAS 1 exige-t-elle de présenter aux assemblées d'actionnaires de la SA Solalp ?
   IAS 1 によれば，（添付資料1から4に記載されていないもので）SOLALP 社が株主総会に提出すべき財務諸表はどのようなものか。

また，これらの試験過程を経て，専門会計士となったあとでは，年40時間の研修が義務付けられている。専門会計士協会や，会計事務所が提供する研修コース，または専門会計士協会が指定する高等教育機関が提供する講義を，規定の時間数受ける必要があるとされている。

(2) 専門会計士試験制度と IFRS 導入

現在，専門会計士試験制度において，IFRS 導入に関連して 3 つの論点が俎上に載せられている。

① IFRS を試験制度にどの程度取り入れるのか，入れるとすれば長期間にわたる複数のレベルの試験のどのレベルで取り入れるのか。また，IFAC などの国際機関が推薦する教育基準はどの程度取り入れるべきなのか。

現状では，IFRS に関する問題は，DSCG（上級会計・経営学位）取得レベルまでに限定されている。出題範囲は，公正価値測定と，フランス基準との間での修正が中心である。IFRS が試験問題にほとんど取り入れられていない理由は，IFRS と関連した会計士業務が，フランスでは限定的だからである（ガルシア [2011]）。

専門会計士最終試験は，試験に向けた教育を受けてから受験するものではなく，数年間の実務経験を経た後で受験するものである。そのため，国際会計基準を扱う会計事務所で仕事をする人間と，そうでない事務所で働く人間とでは，当然ながら国際会計基準に関する実務経験が異なってくる。そのため，小規模な会計事務所で働く人間にも不利益にならないように，国際会計基準のケースは最終試験では出題されないこととされている。

2010 年からは，Deontologie（職業倫理）が新たに試験科目に導入された（ガルシア [2011]）が，これは IFAC およびヨーロッパ会計士協会からの影響である。Deontologie においては，認可監査役および専門会計士の法的責任，そして開示義務などの会計に関わる種々の規制に関する質問が行われる。

以上まとめれば，現状では，IFRS はフランス専門会計士試験制度において限定的ながら，取り入れられている。しかし，今後 IFRS を試験制度にどのように取り入れていくのかについては，それがフランスの現状で必要であるかまで含めて，未だ検討中である。

② 現在は，専門会計士資格を取得することで，専門会計士資格と認可監査役資格が手に入る。会計専門職の仕事が多角化しているなかで，専門会計士資格に，認可監査役資格も自動的に付加されることを，今後も認めるか。

　論点②および後述する論点③は，IFRS 導入に伴って発生した会計分野の人材不足に対応する観点から議論されているものである。現在，試験制度を細かく分割し，特定の技能に対応するように資格制度を再設定することが検討されている。これは，専門会計士資格と認可監査役資格を分離し，さらに認可監査役試験の難易度を下げることで，会計分野の人材確保および最適配分を達成しようとする考えに基づいている。

③ IFRS 導入に伴って発生している人材不足をどのように試験制度でカバーするか。

　IFRS に対応できる人材が払底しているため，4 大監査法人では抜本的な試験制度の変革を要求する声がでている。現在，HEC，ESSEC，ESCP 等に代表されるビジネス・スクール（経済商科大学院大学）在学中，あるいは修了後に，専門会計士となることを志向する学生も多くいる。彼らは，英語のスキル，経営学の知識などの面で，優れた能力を持っている。だが，図表 4 − 6 で示したモデルケースと異なるカリキュラムが課されているビジネス・スクールでは，DSCG に合格するためには，カリキュラムの他に税法と，商法を独学で勉強し，試験に受かる必要がある。そして，DSCG 合格が果たせず，専門会計士最終試験を受けることができない人材は，2 年か 3 年の（インターン等での）実務を終えた後には，企業に経理係として再就職しているという実態がある。こうした有用な人材の消失を防ぐために，（IFRS 導入以来，会計業界は常に人材不足でありお互いに人材を奪い合おうとしている状況である）会計士補を持っていない人材でも，実務経験があればそれを評価して直接に専門会計士の最終試験を受けさせたい，というのが 4 大監査法人の意見である。フランスの CNCC もこの意見を強く擁護している。だが，経済産業省，文部省，専門会計士協会等は，税務

への対応能力に欠ける人材が専門会計士となってしまう危険性について懸念しており，こうした制度変更には反対している。

　フランス専門会計士試験制度の現状は以上である。まず，IFRSの導入後も，試験制度自体に大きな変化は起こっていないことがわかる。その背景には，現状でIFRSを必要とするような企業が比較的少数であり，国内すべての専門会計士を対象として考える試験制度設計者側にとっては，試験制度の変更を必要とするほどIFRSへの需要が高まっているとは考えにくいことがある（ガルシア［2011］）。だが，IFRSへの対応が行われる現場においては，対応できる人材の不足は深刻なものとなっている。4大監査法人などの，最前線でIFRSに対応している現場では，変化が望まれていると考えられる。フランス公認会計士試験制度は，こうした2つの分離された状況への対応を必要とされているわけだが，その結論は未だ出ていない。

[注]

（1）本節は藤田［2011］に基づいている。
（2）フランスの学位に係る資料およびIFRS教育に係るテキスト・参考書については，Clemence GARCIA氏（立教大学）の協力をいただいた。ここに深く感謝の意を表する。

参考文献

Momento Pratique［1996］, *Comptable,* Francis Lefevre.
Memento Pratique［2009］, *Comptable2010*（*29^e edition*）, Francis Lefevre.
Universite Paris-Dauphine,http://www.dauphine.fr/
Universite Montpellier, http://www.univ-montp1.fr/
Universite Bordeaux Montesquieu, http://www.u-bordeaux4.fr/accueil
藤田晶子［2011］「IFRS導入とEU/フランス－会計基準の国際的コンバージェンスと国内的ダイバーシティ」『国際会計研究学会年報』。
ガルシア・クレマンス［2011］,「フランス専門会計士試験制度におけるIFRSの位置づけ」『會計』第180巻第2号，257-269頁。

第5章

ドイツにおけるIFRS教育

第1節 ドイツにおけるIFRS導入状況

(1) IFRSのアドプション

 1993年のDaimler Benz社のニューヨーク証券取引所 (New York Stock Exchange) 上場以降,グローバルに事業活動を展開するドイツ企業において,IFRS (当時のIAS) および／または米国会計基準を導入する性急な動きが見られた。このような実務の動きに対応して,ドイツにおいては,1998年以降,連結財務諸表レベルでIFRSがアドプションされている。具体的には,1998年「資金調達容易化法 (Kapitalaufnahmeerleichterungsgesetz：KapAEG)」により一部の上場会社に対してIFRSの任意適用が認められたのを契機として,以後,IFRSの適用対象企業は段階的に拡大されてきた。さらに7年の任意適用期間を経た2005年には,EUのIAS適用規則 (2002/1606) を受けて,すべての上場会社および上場申請会社に対してIFRSが強制適用されることとなった。また,IFRSのアドプションは,一部個別財務諸表にも及んでいる。商法典 (Handelsgesetzbuch：HGB) 準拠の個別財務諸表の「作成」義務が原則とされてはいるものの,2005年以降,大規模資本会社については,HGB準拠の個別財務諸表の「公告」義務が免除され,IFRSの任意適用が可能となった。

 図表5－1は,ドイツ会計制度におけるIFRSのアドプション状況を,対象企業および対象財務諸表により区分して示したものである。

図表 5 － 1　ドイツにおける IFRS のアドプション

	資本市場指向企業		非資本市場指向企業
	上場会社	上場申請会社	
連結財務諸表	IFRS 強制適用（HGB 第 315a 条）	IFRS 強制適用（HGB 第 315a 条第 2 項）	HGB または IFRS（任意適用）（HGB 第 315a 条第 3 項）
個別財務諸表	HGB 強制適用（作成義務および公告義務）（HGB 第 264 条および第 325 条第 1 項）ただし，大規模資本会社に対しては公告のみ IFRS 任意適用（HGB 第 325 条第 2a 項）		

(2) IFRS とのコンバージェンス

　一方，HGB と IFRS のコンバージェンスは，連結レベルにおいては，1998年以降矢継ぎ早に行われた一連のドイツ会計制度改革のなかで行われてきた（詳しくは，拙稿 [2009b] を参照）。ここでは，HGB に規定されている連結財務諸表に関する規則を改正して IFRS に接近させるのと同時に，連結財務諸表に関する規則の作成権限の一部をドイツ会計基準委員会 (Deutsches Rechnungslegungs Standards Committee：DRSC) に移譲することによって，DRSC の発行するドイツ会計基準 (Deutscher Rechnungslegungsstandard：DRS) を通じて IFRS とのコンバージェンスが図られている。また，個別レベルでのコンバージェンスが進展したのは，2009 年施行の「会計法現代化法 (Bilanzrechtsmodernisierungsgesetz：BilMoG)」によってである。BilMoG では，個別財務諸表の作成にかかる会計処理規定の変更に踏み込んだ改正が 25 年ぶりに行われた。具体的には，HGB で認められていた複数の会計処理方法の一本化や商法典と所得税法との間に存在した差異の解消といった会計処理規定の改正，さらには逆基準性の廃止が行われたものの，HGB が配当可能利益計算および課税所得計算の基礎となることが前提とされる制度的枠組みは維持されており，HGB と IFRS との間には今なお本質的な会計基準間の相違が存在している（第 2 部第 13 章を参照）。

このように，ドイツにおいては，自国基準と IFRS の2つの基準が並存する状況にある。そのために，IFRS 教育は，一般的に自国基準の教育と並行して行われている。

第2節　ドイツの高等教育機関における IFRS 教育

欧州29カ国は，1999年，ヨーロッパの大学の国際競争力を高めるために，学生の移動性を高め，外国で得た学位認定を容易化し，優秀な学生を獲得するための大学間の競争を促すことを目的として，2010年までに学修課程と学位の構造を共通化して，統一された大学圏を作るというボローニャ・プロセスに合意した。これとの関連から，ドイツでは1998年8月「高等教育大綱法」(Hochschulrahmengesetz) が改正され，通常6年かけて修得される従来のディプローム (Diplom) やマギスター (Magister) といった学位に加えて，欧州共通の最低3年の学士 (Bachelor) と最低2年の修士 (Master) の学位が導入され，各大学は独自の判断でこれらの新しい学位を取得する課程が設置できることになった（第19条）(文部科学省 [2010], 木戸 [2005])[1]。このような背景から，現在，ドイツの大学教育制度には，ディプロームやマギスターの学位の修得のための伝統的制度と学位・修士の修得のための新制度が併存している状況にある。

以下では，ドイツにおける伝統的制度の影響の残る大学カリキュラムの一般例としてフランクフルト大学を，新制度の先進例としてマンハイム大学ビジネス・スクールを取り上げる。

(1) フランクフルト大学

ドイツ経済の中心地フランクフルトにあるフランクフルト大学は，経済紙 Handelsblatt のドイツ語圏大学経営学ランキングにおいて6位（ドイツでは3位）に位置するような上位校である (Handelsblatt [2011])[2]。図表5－2には，フランクフルト大学の会計関連科目を示している。

とりわけ，フランクフルト大学のカリキュラムでは，管理会計やコンピュー

第5章 ドイツにおける IFRS 教育 79

図表5－2 フランクフルト大学の会計関連講義科目（2010/2011 冬学期）

講義科目	種 類 （週あたり時間数）	単 位
コーポレート・ガバナンスの諸問題と企業倫理	講義（2）	3CP（Master） 6KP（Diplom）
データバンク志向の会計	講義（2）	3CP（Master） 6KP（Diplom）
IFRS 準拠財務諸表：作成と執行	講義・演習（3）	3CP（Master） 4KP（Diplom）
会計学1	講義・演習（3）	6
会計学2	講義・演習（3）	6
会計の主要問題：IFRS	講義・演習（3）	6CP（Master） 6KP（Diplom）
企業会計	講義・演習（3）	5
デュー・デリジェンス	講義・演習（3）	5CP（Master） 6KP（Diplom）
企業課税の基礎	講義・演習（3）	5CP（Master） 4KP（Diplom）
SAP/ERP を用いた IFRS のもとでの国際会計	講義・演習（3）	5
財務諸表および財務諸表分析	講義・演習（3）	6CP（Master） 6KP（Diplom）
企業の監査と監督	講義・演習（3）	5CP（Master） 4KP（Diplom）
資本市場志向企業の会計と監査	講義・演習（3）	5CP（Master） 6KP（Diplom）
産業経営のなかでの財務会計と管理会計	講義・演習（3）	5
HGB 会計から IFRS 会計への組み替え	講義・演習（3）	5CP（Master） 4KP（Diplom）
企業評価および財務分析	講義・演習（3）	6CP（Master） 6KP（Diplom）

注：CP = Credit Points. KP=ECTS（European Credit Transfer and Accumulation System：ヨーロッパ単位互換システム）
出典：Johann Wolfgang Goethe-Universität［2011］．

タとの関連において IFRS 教育が行われていること，財務諸表の組み替えの講義が開講されていることなどが注目される。

図表5－3には，フランクフルト大学の IFRS を取り扱う財務会計関連の講義概要のいくつかを示した。前述のとおり，ドイツにおいては自国基準と IFRS の2つの基準が併存していることから，ドイツの多くの大学では，HGB

やDRSとの比較において、IFRSが教えられている[3]。

なお、講義において市販のテキストを用いる場合、ドイツの大学では、Baetge [2011], Buchholz [2011], Busse von Colbe ／ Ordelheide ／ Gebhardt ／ Pellens [2009], Küting ／ Weber [2010], Pellens ／ Fülbier ／ Gassen ／ Sellhorn [2011] などが一般に選択されているようである。

図表 5 － 3　講義概要例

講義科目 （担当教員）	講　義　概　要
国際連結会計 (Gebhardt)	講義テーマは、国際的な事業活動を行っている企業の連結会計の諸問題である。とりわけ、FASBやIASBといった会計基準設定主体が現在取り組んでいる諸問題、具体的には連結概念の基礎問題、連結範囲の決定（特に特別目的会社）、外貨換算、資本連結、連結財務諸表における繰延税金などを取り扱う。 講義の目的は、テーマ領域をケースを用いて、興味深く、内外の文献を用いて深く取り扱うこと、それによって立法者や基準設定主体の法案や基準案を批判的に分析する能力を伸ばすことである。 テーマは、その時点の時事的な議論に合わせて選択する。 テキスト：Busse von Colbe, W./Ordelheide, D./Gebhardt, G./Pellens, B.：Konzernabschlüsse, 9. überarbeitete Auflage, Wiesbaden 2010.
財務諸表および 財務諸表分析 (Hommel)	商法典上の正規の簿記の諸原則 (GoB) および国際財務報告基準 (IFRS) は、ドイツ企業会計の中心的な法規定を形成している。 講義では、まず、意思決定に有用な情報伝達のための手段としての年次財務諸表の可能性と限界を示す。続いて、伝統的な貸借対照表理論を基礎として、HGBおよびIFRSに準拠した会計処理の体系を説明し、基本的かつ主要な会計問題のための具体的な計上・評価原則について述べ、ケースを用いて具体的に説明する。 特にIFRSに内在する規則の曖昧さ、首尾一貫性のなさ、測定上の裁量の余地に着目する。
「HGB会計から IFRS会計への 組み替え」 (Ruppel)	本講義のテーマは、IFRSとHGBの会計制度間にある主要な会計処理項目の理論的相違を示すこと、そしてその相違を財務諸表組み替えプロジェクトの枠組みのなかで実際に組み替えることである。その際には、企業外部の会計への影響にのみ焦点を当てるのではなく、そのようなプロジェクトからの組み替えの影響も取り扱う。 加えて、Ernst & Youngのコンサルタントの視点から、実務での組み替えにおいて組み替え企業に非常に大きな問題をもたらすような理論的相違やこれらの問題がどのように解決されうるのかに重点を置く。 それゆえに、講義は会計の理論的な相違の概要を詳細なケーススタディに結びつけて行い、組み替えの方法と組み替え問題への解答を示す。

出典：Johann Wolfgang Goethe-Universität [2011].

(2) マンハイム大学

マンハイム大学ビジネス・スクールは，Financial Times 誌のヨーロッパ MBA ランキングにおいて 32 位（ドイツでは 2 位）に選ばれている（Financial Times [2011]）[4]。また，後述するように，マンハイム大学は，公認会計士の資

図表 5 － 4　マンハイム大学ビジネス・スクールの会計関連科目

モジュール番号		ECTS
ACC511	連結会計	6
ACC512	個別財務諸表	6
ACC513	連結会計実務	4
ACC531	企業評価	6
ACC532	証券評価および財務諸表分析（英語）	6
ACC551	管理会計	6
ACC552	企業実務における証券志向の管理	4
ACC571	監査論および監査実務	4
ACC572	監査実務における品質管理およびリスクマネジメント	4
TAX510	課税の基礎	6
TAX511	課税の基礎に関するケーススタディ	3
TAX520	企業への課税	6
TAX521	企業への課税に関するケーススタディ	3
TAX530	企業と個人への課税（英語）	6
TAX540	税務会計	6
ACC/TAX550	国際コース―会計と税務	X
ACC621	アーニングス・マネジメント（英語）	8
ACC622	M&A の会計（英語）	6
ACC623	会計学理論（英語）	6
ACC624	企業評価実務	6
ACC651	原価計算	8
ACC652	業績評価およびインセンティブ・システム	6
ACC671	監査論（英語）	6
ACC672	コーポレート・ガバナンス論（英語）	6
TAX610	国際企業課税	6
TAX611	国際企業課税に関するケーススタディ	3
TAX630	国際企業課税（英語）	6
TAX631	国際企業課税に関するケーススタディ（英語）	3
TAX650	欧州企業課税（英語）	3
TAX660	税効果および租税計画	6
TAX661	税効果および租税計画に関するケーススタディ	3
TAX6370	国際租税計画（英語）	6

出典：Universität Mannheim [2011].

格取得において特別措置が適用される修士課程を持つ大学でもある。図表5－4には，同スクールの会計関連科目を示している。

マンハイム大学ビジネス・スクールには，ドイツの伝統的な会計学のカリキュラムに加えて，米国と類似した会計のカリキュラムが導入されている。

第3節　ドイツにおける公認会計士試験制度

ドイツの公認会計士（経済監査士：Wirtschaftsprüfer）という職業は，ライヒ命令（Reich-Verordnung）を通じて1931年株式法に監査義務が導入されたことに始まる。ドイツ公認会計士協会（Institut der Wirtschaftsprüfer：IDW）の設立は1932年であり，イングランド・ウェールズ勅許会計士協会の1880年（前身団体は1870年），米国公認会計士協会の設立1887年と比較しても，職業会計人団体としての歴史は英米法諸国の団体よりも浅い。ここにおいて，IDWとは任意加入に基づきドイツの公認会計士の約90%が加入するプライベートな職業会計人団体である。

ドイツ公認会計士の数は，2011年1月1日現在，13,866人である（IDW [2011]）。ドイツの公認会計士の規模は英米法諸国のそれと比較して格段に小さいが，この数字の解釈には，次の4つの点を考慮する必要がある（Nobes and Parker [1995], p.17）。第1に，ドイツには，職業会計人団体よりも規模の大きな税理士（Steuerberater）団体が存在するということである。税理士と公認会計士の職務が重複しているため，ドイツの公認会計士の数は少なくなってしまう。第2に，たとえば，英国の数には商工業，政府，教育などの分野において会計に携わる職業に就く人々の数が含まれているのに対して，ドイツの数には会計士団体に属する人々の数しか含まれていない。第3に，ドイツの会計士の教育期間は英米に比して長い。第4に，もう1つの職業会計人団体，公認会計士会議所（Wirtschaftsprüferkammer：WPK）が存在する。ここで，公認会計士会議所とは，公認会計士および監査会社に加えて宣誓帳簿監査士（vereidigte Buchprüfer）および帳簿監査会社が所属する団体であり，1961年に公布された

公認会計士法 (Wirtschaftsprüferordnung : WPO) の規制を受けるパブリックな機関である (WPK [2011])。

ドイツにおいて，公認会計士の資格取得には，次の3つの方法がある (IDW [2007], S. 3-7)。(1) 伝統的ルート：大学での8セメスター程度の修業 (最長4年の延長可) および最低3年の実務経験が必要である[5]，(2) 大学での修業のない実務家：税理士または宣誓帳簿監査士としての最低5年の実務経験ののちに公認会計士試験を受けることができる。(3) 欧州経済圏の条約加盟国またはスイスの国籍所有者が，個別・連結財務諸表の監査実施の認可をすでに受けている場合 (指令 2006/43/EG)。

以下では，通常のルートである (1) のケースに限定して検討を行う。

大学を卒業して公認会計士になる (1) のケースには，さらに一般的ルートと新ルートの2つがある (図表5-5)。

一般的に，大学卒業者は，大学での修業 → 最低3年の実務経験 → 公認会計士試験 → 公認会計士への任命と宣誓 → 公認会計士業務の遂行という道を

図表5-5　公認会計士試験合格までのルート

一般的ルート	新ルート
大学での修業 ↓ 実務経験 (最低3年) ↓ 公認会計士試験 ↓ 公認会計士として任命・宣誓	学士課程での修業 ↓ 実務経験 (最低1年間) WPO 第9条第2項に従って，うち6カ月は監査に関与すること ↓ WPO 第8a条のもとでの修士課程の修了 ↓ 公認会計士試験 ↓ 実務経験 (最低2年間) ↓ 公認会計士として任命・宣誓

出典：IDW [2007], S.4 / 7 を一部修正。

たどる (IDW [2007], S.4)。この一般的ルートとは別に，近年，ボローニャ・プロセスとの関連において2004年1月1日には「公認会計士試験改革法 (Wirtschaftsprüfungsexamens-Reformgesetz)」が施行されるとともに，「公認会計士試験単位規則 (Wirtschaftsprüfungsexamens-Anrechnungsverordnung：WPAnrV)」が制定され，2カ年の修士課程修了者に対する公認会計士資格取得に関する特別措置が整備された。これらに基づき，第三者の学位認定機関[6]によって認証された最低3年の学士課程および最低2年の修士課程を経た学生は，WPO第8a条の適用を受けて，最低5年の大学教育課程を経て公認会計士となることができる。新ルートでは，大学卒業者は，学士課程での修業 → 最低1年の実務経験 → 公認会計士試験 → 最低2年の実務経験 → 公認会計士への合格と宣誓という道をたどる (IDW [2007], S.7)。2011年3月21日現在，WPO第8a条の適用を受けているのは次の5校である (WPK [2011])。

- フレセニウス大学　修士課程　監査・税務コース
- マインツ専科大学　修士課程　監査コース
- マンハイム・ビジネス・スクール　会計・税務コース
- ミュンスター専科大学／オスナブリュック専科大学　修士課程　監査・ファイナンス・税務コース
- プフォルツハイム大学　修士課程　監査・税務コース

これらの修士課程は，公認会計士および税理士などの職業人育成を目的とした教育課程であり，修士学位修得にはヨーロッパ単位互換システム (European Credit Transfer and Accumulation System：ECTS) による120単位を履修しなければならない。その内訳は図表5-6のとおりである。

図表5－6　WPO第8a条の修士課程カリキュラム

監　査	ECTS	経営学	ECTS	経済法	ECTS	税　法	ECTS
財務諸表論／会計学	3	原価計算／管理会計／経営学／組織論	6	民法／労働法／国際私法／商法	6	租税通則法／税務裁判所法	3
連結財務諸表論	3					税務会計法	4
IAS/IFRS	2	ファイナンス／投資論	6	会社法	6	所得税／法人税／営業税	7
財務諸表分析	2			コーポレート・ガバナンス／企業集団法／組織変更法	6		
監査論（IT監査を含む）	8	外部報告会計，コーポレート・ガバナンス，企業評価の方法論	8			評価法／相続税法／売上税法	6
特別監査	5					組織変更税法	3
職業法	2			破産法／資本市場法／ヨーロッパ法	6	国際租税法	3
企業評価	3						
	28		20		26		24
小　計								98
卒業論文（監査：16ECTS）＋監査論の1ゼミナール履修（6ECTS）							22
計								120

出典：IDW［2011］．

　また，ドイツにおいて公認会計士試験は年2回行われている。また，公認会計士試験規則（Wirtschaftsprüferprüfungsverordnung：WiPrPrüfV）第4条に定められた試験科目は4教科7科目であり，2011年第1回の日程は図表5－7の通りである。

図表5－7　ドイツにおける公認会計士試験の試験科目（2011年第1回）

試験科目	1日目	配点	2日目	配点
監査，企業評価，職業法	2011年2月1日（5時間）	300	2011年2月2日（6時間）	360
経営学，経済学	2011年2月8日（4時間）	240	2011年2月9日（4時間）	240
経済法	2011年2月3日（5時間）	N/A	—	
税法	2011年2月15日（6時間）	100	2011年2月16日（6時間）	360

出典：WPK［2011］，WiPrPrüfV第4条より作成．

IFRS に関連する問題は，「監査，企業評価，職業法」の内訳項目「会計」のなかに含められており，a）簿記，個別財務諸表，状況報告書，b）連結財務諸表および連結状況報告書，連結会社の関連当事者に関する報告，c）国際的に認められた会計基準，d）特殊ケースのもとでの会計，e）財務諸表分析から出題される（WPO 第4条）。

　具体的に，2011年第1回の「監査，企業評価，職業法」試験内容と配点は，図表5-8の通りである。

図表5-8 「監査，企業評価，職業法」の試験内容と配点

1日目		2日目	
試験内容	配点	試験内容	配点
A．会　計	120	Ｉ．会計／財務諸表論・連結財務諸表論	150
Ｉ．財務諸表論	45		
Ⅱ．連結会計論	45	Ⅱ．国際的に認められた会計基準に従った会計／連結会計	120
Ⅲ．関連当事者	30		
B．監　査	180	Ⅲ．監査の実施	40
Ⅳ．リスク・アプローチによる監査の規定	90	Ⅳ．職業法	50
Ⅴ．連結財務諸表監査に際する特殊事項	25		
Ⅵ．財務諸表監査の枠組みにおける収益の監査	40		
Ⅶ．財務諸表監査の枠組みにおける選択規定	25		
	300		360

出典：WPK［2011］より作成。

　たとえば，2011年第1回の試験では，IFRS に関連する問題は，1日目「A．会計」の「Ⅱ　連結会計」部分において HGB, DRS, IFRS の基準による相違を問う計算問題として，さらに2日目「Ⅱ．国際的会計基準に準拠した会計，連結会計」のなかで IFRS のもとでの会計処理を問う計算問題として出題されている（図表5-9）。

図表5－9　公認会計士試験問題（2011年第1回）

「監査・企業評価・職業法」1日目　A．会計　Ⅱ　連結会計
第2問　（32点）

G-AGは，01年12月31日，B-Ltd.の株式を購入し，100％所有となった。以下には，G-AGとB-Ltd.の非常に単純化した貸借対照表を掲載している。現在の土地の流通価格は920千ユーロである。流動資産には，80千ユーロの秘密積立金が含まれている。

G-AG　貸借対照表
01年12月31日

	借方	貸方
有形固定資産	1,400	
B-Ltd.への出資	1,200	
「差額」	1,400	
資産合計	4,000	
引受済資本金		1,000
準備金		1,000
「差額」		2,000
負債・純資産合計		4,000

B-Ltd.　貸借対照表
01年12月31日

	借方	貸方
土地	800	
流動資産合計	700	
資産合計	1,500	
引受済資本金		500
準備金		300
「差額」		700
負債・純資産合計		2,000

（1）HGB，DRS，IFRSのそれぞれの基準のもとで，どのようなのれんの会計処理が可能であるか。第1年度以降の年度の会計処理について，簡潔かつ網羅的に述べなさい。（17点）
（2）01年12月31日時点のHGB準拠連結財務諸表を作成しなさい。また，適切な仕訳を行いなさい。（15点）

出典：WPK［2011］．

以上のように，ドイツでは，制度へのIFRS導入に伴い，大学教育にも公認会計士試験にもIFRSが組み込まれており，自国基準を基礎としつつIFRSとの比較を行いながら2つの基準を理解するような教育・試験が行われている。

【参考資料】

ドイツの学校制度および公認会計士制度

学年	年齢	伝統的制度（ディプローム）		新制度（学士・修士）		
24	29					
23	28	公認会計士試験 ↑		公認会計士試験 ↑		
22	27					
21	26	実務経験（3年）		実務経験（2年）		
20	25					
19	24					
18	23	6年	大学 — 専門課程	2年	大学	修士課程
17	22			実務経験（1年）		
16	21					
15	20		基礎課程	3年	大学	学士課程
14	19					
13	18					
12	17	8年	中学校・高校（ギムナジウム）	8年	中学校・高校（ギムナジウム）	
11	16					
10	15					
9	14					
8	13					
7	12					
6	11					
5	10					
4	9	4年	小学校（基礎学校）	4年	小学校（基礎学校）	
3	8					
2	7					
1	6					

注1：ドイツでは，ギムナジウムを経て大学に進学するケースが一般的であるが，それ以外の学校を経て大学に進学することも可能である。
　2：2004年にギムナジウムは9年間から8年間に短縮された。
出典：文部科学省［2004］，大野［2009］，IDW［2011］などを参照して筆者作成。

第5章 ドイツにおける IFRS 教育 89

[注]
（1）参考資料を参照。なお，ドイツには，2010/2011年の冬学期の時点で，計418の大学が存在する。内訳は，総合大学105校，専科大学が211校，教育大学6校，神学大学16校，芸術大学が51校，そして行政大学が29校である。また，2009年度（2008/2009年冬学期および2009年夏学期）における高等教育機関の修了者総数は約338,700人であり，そのうち約72,000人（21%）が学士号を修得した（2007年度は約8%，2008年度は13%）（Statistisches Bundesamt Deutschland [2011]）。
（2）ランキング順位は，1位ウィーン大学（オーストリア），2位ザンクトガレン大学，3位マンハイム大学，4位チューリッヒ大学（スイス），5位ウィーン経済大学（オーストリア）である。
（3）ミュンヘン工科大学やバンベルグ大学の例のように，IFRS のみを取り上げる講義もある。
（4）マンハイム大学は，そのほか，経済紙 Handelsblatt の経営学ランキングにおいても3位に選出されている（Handelsblatt [2011]）。Zeit [2011] も参照されたい。
（5）大学での修業が8セメスター以上の場合最低3年の実務経験，大学での就業が8セメスター未満の場合4年の実務経験が必要である（WPO 第9条第1項および第5項）。また，学歴要件と資格取得要件の区別はない（株式会社ビジネスブレイン太田昭和 [2011]，26頁）。
（6）学士・修士課程の設置認可や事後評価は次のような第三者機関によって行われている。Foundation for International Business Administration Accreditation: FIBAA / Akkreditierungs, Certifizierungs- und Qualitätssicherungs Institut: ACQUIN / Agentur für Qualitätssicherung durch Akkreditierung von Studiengängen: AQAS.

参考文献

Baetge, J. [2011], *Konzernbilanzen*, Idw-Verlag; Auflage: 9. Auflage.
Buchholz, R. [2011], *Internationale Rechnungslegung: Die wesentlichen Vorschriften nach IFRS und HGB - mit Aufgaben und Lösungen*, völlig neu bearbeitete Auflage, Schmidt (Erich).
Busse von Colbe, W. / D. Ordelheide / G. Gebhardt / B. Pellens [2009], *Konzernabschlüsse: Rechnungslegung nach betriebswirtschaftlichen Grundsätzen sowie nach Vorschriften des HGB und der IAS/IFRS*, Auflage: 9., vollständig überarbeitete Auflage, Gabler.
Institut der Wirtschaftsprüfer (IDW) [2007], *Der Wirtschaftsprüfer- Wege zum Beruf, Ausbildung durch das IDW*, IDW.
Kagermann, H. / K. Küting / J. Wirth [2002], *IAS-Konzernabschlüsse mit SAP*, Schäffer-

Poeschel.
Küting, K. und C.-P. Weber [2010], *Der Konzernabschluss: Praxis der Konzernrechnungslegung nach HGB und IFRS*, Auflage: 12., völlig neu bearbeitete Auflage, Schäffer-Poeschel.
Martin, K. U. / Quick, R. / Ruhnke, K. [2007], *Wirtschaftsprüfung*, 3. Auflage, Schäffer Poeschel.
Nobes, C. and C. Parker [1995], *Comparative International Accounting, 4th Edition*, Cambridge: Prentice Hall International (UK) Limited.
Pellens, B. / R. U. Fülbier / J. Gassen / T. Sellhorn [2011], *Internationale Rechnungslegung: IFRS 1 bis 8, IAS 1 bis 41, IFRIC-Interpretationen, Standardentwürfe, Mit Beispielen, Aufgaben und Fallstudie* [Gebundene Ausgabe] Auflage: 8., überarbeitete Auflage, Schäffer-Poeschel.
Weißenberger, B. [2007], *IFRS für Controller, Alles was Controller wissen müssen*, Haufe.
Wirtschafatsprüferkammer (WPK) [2011], *Statistische Informationen zu unseren Mitgliedern*, Stand 1. 1. 2011, WPK.
大野亜由未 [2010]「グローバル社会における公教育の責任」広島市立大学国際学部国際社会研究会編 [2010]『多文化・共生・グローバル化：普遍化と多様化のはざま』ミネルヴァ書房, 61-91 頁。
加藤恭彦 [2008]「ドイツにおける大学の学位制度の改革と公認会計士試験制度の多様化」『甲南会計研究』No.2, 207-216 頁。
株式会社ビジネスブレイン太田昭和 [2011]「主要国の公認会計士試験・資格制度に関する調査」金融庁, http://www.fsa.go.jp/news/22/20110627-10/01.pdf
木戸裕 [2005]「ヨーロッパの高等教育改革―ボローニャ・プロセスを中心にして―」『レファレンス』74-96 頁,
http://www.ndl.go.jp/jp/data/publication/refer/200511_658/065804.pdf
潮﨑智美 [2009a]「IFRS 導入に伴う監査領域の拡大―EU およびドイツの事例―」『企業会計』第 61 巻第 4 号, 537-544 頁。
潮﨑智美 [2009b]「ドイツ会計制度改革の本質的特徴―IFRS 導入との関連において―」『国際会計研究学会年報 2008 年度』, 35-47 頁。
文部科学省 [2004]『諸外国の高等教育』国立印刷局。
文部科学省 [2010]『諸外国の教育動向　2009 年度版』明石書店。

【web サイト】(2011 年 7 月末現在)
Financial Times [2011]
　　　http://rankings.ft.com/businessschoolrankings/european-business-school-rankings-2010

Handelsblatt [2011] http://tool.handelsblatt.com/tabelle/?id=29
Institut der Wirtschaftsprüfer (IDW) [2011] http://www.idw.de/
Johann Wolfgang Goethe-Universität (Uni Frankfurt) [2011]
　　http://www.uni-frankfurt.de/
Otto-Friedrich-Universität (Uni Bamberg) [2011] http://www.uni-bamberg.de/
Statistisches Bundesamt Deutschland [2011] http://www.destatis.de/
Technische Universität München [2011] http://portal.mytum.de/welcome/
Times [2011] http://www.timeshighereducation.co.uk/Rankings2009-Top200.html
Universität Mannheim [2011] http://www.uni-mannheim.de/1/startseite/index.html
Wirtschafatsprüferkammer (WPK) [2011] http://www.wpk.de/home/home.asp
Zeit [2011] http://ranking.zeit.de/che2010/de/rankingkompakt?esb=24&hstyp=1

---第6章---

中国におけるIFRS教育

第1節　中国におけるIFRS導入状況

(1)「企業会計準則」とIFRS

　中国の「企業会計準則」(以下,準則とする)は1992年から続々と公布,実施されているが,形式的にも内容的にも国際会計基準(International Accounting Standards：IAS / International Financial Reporting Standards：IFRS,以下,単にIFRSと略称する)を強く意識したなかで制定されたものである。1992年に公布された最初の準則「企業会計準則—基本準則」(2006年2月に改訂,以下,基本準則とする)は,IFRSの概念フレームワークをモデルとして制定されたものである。1997年から2006年にわたって38の「企業会計準則—具体準則」(以下,具体準則とする)が公布され,2007年1月1日より上場企業を対象として実施されているが[1],これも当時の状況下で最大限IFRSに近づけたものである。準則は基本準則,38の具体準則および38の解釈指針で構成されている(図表6-1を参照)。図表6-1からわかるように,準則は各基準のタイトルを形式的に見る限り,必ずしもすべての項目においてIFRSと一対一で対応しているわけではないが,内容的にはIFRSの内容と極めて類似している。

　なぜ準則の整備に1992年から2006年までの長い歳月を要したのかという疑問に答えるには,中国の経済体制の移行と経済発展を振り返らなければならない。1992年に提唱された社会主義市場経済体制への移行の一環として,会計基準も国際会計基準をモデルとして制度改革が行われた。しかし,当時の経済発展段階では,先進国の会計基準を即時導入する環境が整っておらず,IFRS

第6章 中国におけるIFRS教育 93

図表6－1 企業会計準則

準　　則	解釈指針
準則－基本準則	
準則第 1 号－棚卸資産	「準則第 1 号－棚卸資産」の解釈指針
準則第 2 号－長期持分投資	「準則第 2 号－長期持分投資」の解釈指針
準則第 3 号－投資不動産	「準則第 3 号－投資不動産」の解釈指針
準則第 4 号－固定資産	「準則第 4 号－固定資産」の解釈指針
準則第 5 号－生物資産	「準則第 5 号－生物資産」の解釈指針
準則第 6 号－無形資産	「準則第 6 号－無形資産」の解釈指針
準則第 7 号－非貨幣性資産の交換	「準則第 7 号－非貨幣性資産の交換」の解釈指針
準則第 8 号－資産の減損	「準則第 8 号－資産の減損」の解釈指針
準則第 9 号－従業員報酬	「準則第 9 号－従業員報酬」の解釈指針
準則第10号－企業年金基金	「準則第10号－企業年金基金」の解釈指針
準則第11号－株式報酬	「準則第11号－株式報酬」の解釈指針
準則第12号－債務再編	「準則第12号－債務再編」の解釈指針
準則第13号－偶発事象	「準則第13号－偶発事象」の解釈指針
準則第14号－収　益	「準則第14号－収益」の解釈指針
準則第15号－工事契約	「準則第15号－工事契約」の解釈指針
準則第16号－政府補助	「準則第16号－政府補助」の解釈指針
準則第17号－借入費用	「準則第17号－借入費用」の解釈指針
準則第18号－所得税	「準則第18号－所得税」の解釈指針
準則第19号－外貨建取引の換算	「準則第19号－外貨建取引の換算」の解釈指針
準則第20号－企業結合	「準則第20号－企業結合」の解釈指針
準則第21号－リース	「準則第21号－リース」の解釈指針
準則第22号－金融商品の認識と測定	「準則第22号－金融商品の認識と測定」の解釈指針
準則第23号－金融資産の譲渡	「準則第23号－金融資産の譲渡」の解釈指針
準則第24号－ヘッジ	「準則第24号－ヘッジ」の解釈指針
準則第25号－元保険契約	「準則第25号－元保険契約」の解釈指針
準則第26号－再保険契約	「準則第26号－再保険契約」の解釈指針
準則第27号－石油・天然ガスの採掘	「準則第27号－石油・天然ガスの採掘」の解釈指針
準則第28号－会計方針，見積りの変更と誤謬の修正	「準則第28号－会計方針，見積りの変更と誤謬の修正」の解釈指針
準則第29号－貸借対照表の後発事象	「準則第29号－貸借対照表の後発事象」の解釈指針
準則第30号－財務諸表の表示	「準則第30号－財務諸表の表示」の解釈指針
準則第31号－キャッシュ・フロー計算書	「準則第31号－キャッシュ・フロー計算書」の解釈指針
準則第32号－中間財務報告	「準則第32号－中間財務報告」の解釈指針
準則第33号－連結財務諸表	「準則第33号－連結財務諸表」の解釈指針
準則第34号－一株当たり利益	「準則第34号－一株当たり利益」の解釈指針
準則第35号－セグメント別報告	「準則第35号－セグメント別報告」の解釈指針
準則第36号－関連当事者についての開示	「準則第36号－関連当事者についての開示」の解釈指針
準則第37号－金融商品の開示	「準則第37号－金融商品の開示」の解釈指針
準則第38号－準則の初度適用	「準則第38号－準則の初度適用」の解釈指針

出典：財政部会計準則委員会HPより筆者作成。

をモデルにした準則の整備を進めると同時に当時の経済状況に応じた基準作りも進めてきた。基本準則が制定された1992年当時は,「外国投資企業会計制度」「株式制試行企業会計制度」(1998年に「株式制企業会計制度」に改訂),13種の「業種別企業会計制度」が併存していた。経済発展とともにこうした多様な基準の併存による弊害が顕在化し,2002年には1つの「企業会計制度」に収斂された。「企業会計制度」は準則と歩調を合わせながら制定されたもので,2007年には2006に新たに公布された準則[2]に包摂される形で廃止された。以上から中国のIFRSへのコンバージェンスのアプローチは,IFRSをモデルとした準則と中国の現状をベースとして制定されたローカル基準を同時に稼働させ,経済発展とともにローカル基準を徐々に準則に近づけ,最終的には準則つまりIFRSに収斂する二元的アプローチを採っていることがわかる。

(2) 同等性評価

準則は2007年12月6日に,香港の企業会計基準[3]と同等であると認められ,香港で上場している中国企業は準則に基づいて作成した財務諸表をもって香港で資金調達することが可能になった。また,EUからは2009年から2011年末までの経過措置(同等性評価ではないが,中国の企業会計準則に基づいて作成した財務諸表に再調整を行わず,EUの証券市場で上場すること)を経て,2012年1月からは同等性評価が得られた。アメリカとも同等性評価を目指し,2008年4月と2009年5月の2回にわたって中米会計協力に関する備忘録を交わしている。

(3) コンバージェンス

2010年4月1日,中国財政部はコンバージェンスに関するロードマップ『中国企業会計準則の国際財務報告基準への持続的コンバージェンスを実現するための路線図』を公表した(2009年9月にロードマップの意見徴収案を公表)。当該ロードマップでは2011年末までに準則の改訂作業を終えることとなっており,またコンバージェンスに対する中国独自の理解と姿勢が示されている。財政部は「コンバージェンスは,国際財務報告基準に新たな改訂があるたびに,

そのつど中国の会計準則を修正するような受身的な対応を意味するものではない。わが国の会計理論・会計実務に携わる専門家たちがIFRSの基準設定に積極的に参加することによって中国の経済的事情が考慮される国際会計基準作りに貢献することである。」と主張している。

(4) 中国の特殊事情を考慮したIFRS

「IAS24関連当事者」「IFRS第1号初度適用」は，財政部とIASB間の長年の議論と交渉を経て，それぞれ2009年，2010年に中国の特殊事情が勘案される形で修正されている。改訂前の「IAS24関連当事者」では，政府の支配または実質的影響を受ける企業は，政府の支配または実質的影響を受ける他の企業との取引をすべて情報開示しなければならないとされているが，改訂後は実質的支配関係のない国有企業間取引の開示は不要となった。中国の場合国有企業が多く，実質的支配関係のない国有企業間の取引すべてを開示するには膨大なコストがかかり，またそのようの情報は投資家にとって何ら有用な情報とならず，むしろ投資家を混乱させることになる。また，改定前の「IFRS第1号初度適用」のもとでは，たとえば2007年に株式会社に組織改組した国有企業（国有企業グループのなかで優良な組織のみを改組して株式会社化するケースが多い）が翌年の2008年に香港で上場した場合，2007年以前に遡った財務諸表の開示（IFRS上は，IFRS基準に基づいて作成した最低過去2年間の財務諸表の開示が必要である）ができないためIFRS第1号が適用されなかったが，改定後にはこうした中国特有の事情を考慮し，免除規定が設けられている。

第2節　高等教育機関におけるIFRS教育

以下，中国の会計教育において代表的な大学である上海財経大学会計学院 (School of Accountancy of Shanghai University of Finance and Economics)，復旦大学管理学院 (School of Management of Fudan University)，上海国家会計学院 (Shanghai National Accounting Institute, SNAI) のケースをもって，中国におけるIFRS教育

状況を見てみたい。本章で取り上げる上述3大学に関する資料は，2011年3月に各大学を訪問した際に行った実地調査から入手したものである[4]。

(1) 上海財経大学
① 上海財経大学

　上海財経大学は1917年に設立され，会計領域においては厦門（アモイ）大学，中国人民大学と並んでTop 3にランク付けられていたが，最近は市場経済が最も発展している上海の立地的条件に恵まれていることもあり，会計スタッフ数といった規模等において厦門大学，中国人民大学を抜いていると考えられる。上海財経大学は中国の会計領域において最も先端を走る大学の1つであると言っても過言ではない。

② 会計学院学部のコース・テキスト・英語による教育

　上海財経大学は「一流，現代化，国際化」を目標としており，コースの設計は徹底的に会計教育の国際化を目指すものになっている。会計学院には5つのコースが設けられている。会計学コース，公認会計士コース，ACCAコース（Association of Chartered Certified Accountants，英国勅許公認会計士会），米国会計コース，CGAコース（Certified General Accountants，カナダの公認一般会計士）があるが，そのうちACCAコース（1994年から導入），米国会計コース（1989年から導入），CGAコース（2001年から導入）はそれぞれの国の英語版のテキストを利用している。講義の配布資料，宿題も英語を用いており，教員によっては講義の説明も英語で行われる場合がある。受講生はイギリス，米国，カナダの公認会計士試験を受験する場合が多いが，受験生のなかには単科目の成績が全世界のトップに君臨する学生が少なくない。英語で専門科目の授業を受ける場合，母国語である中国語で履修する場合と比較して学生の理解力が劣るのではないかと尋ねたところ，英語で受講する語学力を十分備えているという。

　以下，米国会計コースについて紹介する。米国会計コースのカリキュラムには，基礎会計，中級財務会計，上級会計（英語版），管理会計（英語版），会計監

査（英語版），財務管理学（英語版），原価会計，会計情報システム，財務報告分析，外貨業務会計，証券会社会計，税務会計，国際会計，中国会計と監査，会計理論，株式会社会計などの会計関連科目が設置されている。英語版と表記さ

図表6－2　上海財経大学会計学院学部のカリキュラム

コース	カリキュラム	
	学年	会計関連科目
会計学コース	1	基礎会計，中級財務会計Ⅰ
	2	中級財務会計Ⅱ，原価会計，上級財務会計Ⅰ
	3	会計監査，財務管理学Ⅰ，会計情報システム，上級財務会計Ⅱ，管理会計，会計英語，財務報告分析，外貨業務会計，証券会社会計，国際会計
	4	財務管理学Ⅱ，会計理論，監査理論，株式会社会計
米国会計コース	1	中級財務会計Ⅰ（英語版），基礎会計
	2	中級財務会計Ⅱ（英語版），原価会計（英語版），上級財務会計Ⅰ（英語版）
	3	会計監査（英語版），財務管理学Ⅰ（英語版），会計情報システム，上級財務会計Ⅱ（英語版），管理会計（英語版），財務報告分析，外貨業務会計，証券会社会計，税務会計，国際会計
	4	財務管理学Ⅱ（英語版），中国会計と監査，会計理論，株式会社会計
公認会計士コース	1	中級財務会計Ⅰ，基礎会計
	2	中級財務会計Ⅱ，原価会計，上級財務会計Ⅰ
	3	会計監査，財務管理学Ⅰ，会計情報システム，上級財務会計Ⅱ，管理会計，会計英語，財務報告分析，外貨業務会計，証券会社会計，国際会計
	4	財務管理学Ⅱ，会計理論，株式会社会計
CGA コース	1	中級財務会計（上）FA2 + PS1，基礎会計 FA1
	2	中級財務会計（下）FA2 + PS2，原価会計 MA1，上級財務会計 FA4
	3	会計監査 AU1 + PS3，管理情報システム，管理会計 MA2，企業財務 FN1，上級会計監査 AU2，外貨業務会計，証券会社会計，企業財務 FN2
	4	会計理論 AT1，中国会計と監査，株式会社会計
ACCA 専攻	1	財務会計（ACCA），原価会計（ACCA），基礎会計
	2	会計監査（ACCA），管理情報システム（ACCA），上級会計と監査（ACCA），企業財務（ACCA），
	3	財務戦略（ACCA），外貨業務会計（ACCA），財務報告環境（ACCA），管理会計（ACCA），証券会社会計，国際会計
	4	中国会計と監査，株式会社会計

出典：上海財経大学会計学院 HP より筆者作成。

れている科目は，アメリカの教材を使用している科目である。その他のコースのカリキュラムについては，図表6－2を参照されたい。

上級会計科目で使用される教材は，Floyd A. Beams et al., *Advanced Accounting,* Prentice Hall とその中国語翻訳版の『高級会計学』（上海財経大学出版）である[5]。

③ 小　括

前述したように中国は現代的な会計基準作りを進める当初から国際会計基準をモデルとして基準設定を行っており，大学でもIFRSの科目を特別に設置するのではなく，既存のカリキュラムのなかにIFRSの内容を吸収する方法で進めている。上海財経大学ではIFRSに特化した教育は行わず，会計教育の国際化に注力していることが伺える。

(2) 復旦大学

① 復旦大学

復旦大学は中国を代表する総合大学で，上海に所在している。北京大学，清華大学などと並ぶ名門大学の１つである。

② 管理学院会計学部のカリキュラム・テキスト・英語による教育

管理学院の会計学部では，会計学原理，中級財務会計，上級財務会計，国際会計，財務諸表分析，管理会計，監査論，税収，内部統制等の会計関連科目が設置されている。

復旦大学も上海財経大学と同様に，IFRSに特化した科目は設置せず，アメリカの教材を多用している。また，一部の科目においてはソウル大学校や上海財経大学と同様に英語による講義資料が使われ，受講生は英語で宿題を提出し，教員の説明も英語で行われる場合がある。

以下，国際会計，会計学原理，財務諸表分析の３つの科目について紹介する。

【国際会計】 国際会計は2人の教員が担当している。そのうち1人は教員自らが執筆した中国語の教材を使用し，もう1人の教員はアメリカの教材 Timothy Doupnik et al., *International Accounting*, Mcgraw-Hill College を使用している。

【会計学原理】 会計学原理はアメリカの教材 John J. wild et al., *Principles of Accounting*, McGraw Hill Higher Education とその中国語翻訳版の『会計学原理』（中国人民大学出版）を使用している。

【財務諸表分析】 財務諸表分析は中級財務会計と上級財務会計を履修した学生のみが受講できる科目である。アメリカの教材 K. R. Subramanyam et al., *Financial Statement Analysis*, McGraw Hill Higher Education とその中国語翻訳版『財務報表分析』（中国人民大学出版社）を使用している。

③ 小　括

復旦大学においても上海財経大学のように積極的にアメリカ教材を使用し，また英語による講義を行うことから，IFRSに特化した教育よりも会計教育の国際化を重要視していることが伺える。

(3) 上海国家会計学院
① 上海国家会計学院

中国の国家会計学院は企業や政府の重役，公認会計士等に対し再教育を行うことを目的とした教育機関である。上海，北京，厦門（アモイ）の3つの都市に設立されている。

② プログラムおよびIFRS科目

上海国家会計学院にはEMPAcc（Executive Master of Professional Accounting），EMBA（Executive MBA），MPAcc（Master of Professional Accounting）の3つのプログラムがある。MPAccプログラムのなかにIFRSの科目が設置されている。
IFRS科目は大手監査法人（かつてのBig 4）での勤務経験のある教員が担当し

ている。授業内容の70％は講義形式で，30％はケース・スタディの討論形式で行われている。教員が授業にさまざまな事例を持ち込み，討論させるだけでなく，受講生も自らが職場で直面した実際の問題を講義で議論することも多いという。

図表6－3はIFRS科目のシラバスである。*Wiley IFRS 2009：Interpretation and Application of International Accounting and Financial Reporting Standards 2009,* Wileyをテキストとしている。

図表6－3　上海国家会計学院におけるIFRS科目のシラバス

第1回：中国会計改革と会計基準のコンバージェンス	第10回：収　益
第2回：IASCF（国際会計基準委員会財団）	第11回：工事契約
第3回：国際会計基準の設定とエンフォースメント	第12回：借入費用
第4回：概念フレームワーク	第13回：一株当たり収益
第5回：財務諸表の表示	第14回：所得税
第6回：棚卸資産，固定資産	第15回：会計方針・会計上の見積もりの変更，後発事象
第7回：投資不動産	
第8回：無形資産	第16回：福利厚生
第9回：引当金，偶発負債および偶発資産	第17回：まとめ

出典：上海国家会計学院宋徳亮準教授へのインタビューより筆者作成。

③　小　括

国家会計学院は，企業や政府等において会計業務に携わっている実務家を対象とした教育機関であり，志願者は大学在学時にIFRS教育を受けていない。こういう受講生向けにIFRS科目が設置されていると考えられる。

第3節　中国における公認会計士試験

（1）試験科目・試験日時・配点・出題範囲

中国国内の公認会計士試験は，一次試験の専門試験，二次試験の総合試験および英語試験に分けられる。一次試験は会計，監査，財務コスト管理，企業戦略とリスク管理，経済法，税法の6科目が含まれている（図表6－4を参照）。

そのなかの「会計」科目は中国の企業会計準則を主な出題範囲としている。「監査」科目は「中国公認会計士執務準則」とその他関連のガイドラインを主な出題範囲としている。二次試験は職業能力総合試験の1科目が試験科目となっている（図表6－5を参照）。英語試験では経済，会計，監査，財務に関する英語能力が問われている（図表6－6を参照）。

図表6－4　中国公認会計士一次試験（専門試験）

試験日	時限	試験時間	試験科目	配点
1日目 (2011年9月17日)	1時限	90分（8：30 － 11：00）	監　査	100点
	2時限	90分（13：00 － 15：30）	財務コスト管理	100点
	3時限	120分（17：30 － 19：30）	経済法	100点
2日目 (2011年9月18日)	1時限	90分（8：30 － 11：00）	会　計	100点
	2時限	90分（13：00 － 15：30）	企業戦略とリスク管理	100点
	3時限	120分（17：30 － 19：30）	税　法	100点

出典：中国公認会計士協会HP公開資料をもとに筆者作成。

図表6－5　中国公認会計士二次試験（総合試験）

試験日	時限	試験時間	試験科目	配点
1日目 (2011年9月24日)	1時限	210分（8：30 － 12：00）	職業能力総合試験（第一試験）	100点
	2時限	210分（14：00 － 17：30）	職業能力総合試験（第二試験）	100点

出典：中国公認会計士協会HP公開資料をもとに筆者作成。

図表6－6　中国公認会計士英語試験

試験日	時限	試験時間	試験科目	配点
1日目 (2011年9月24日)	1時限	120分（9：00 － 11：00）	英　語	100点

出典：中国公認会計士協会HP公開資料をもとに筆者作成。

(2) 受験資格

一次試験の受験資格を得るには中国国民であり，大学の学歴（本科（4年制）と専科（2年もしくは3年制）を含む）もしくは会計や会計関連専門分野の中級以上の職業資格[6]を取得する必要がある。二次試験は一次試験全科目を合格したもののみ受験できる。また，英語試験の受験資格としては大学英語6級の水準[7]もしくはそれに準ずる水準を有するもので，二次試験合格後もしくは公認会計士試験受験のいずれかの年度に受験することができる。

(3) 科目合格制度・合否判定

一次試験は部分合格制度を導入しており，単科目合格後の5年間を有効期限とする。また，会計や会計関連専門分野で上級職業資格を有するものは一次試験科目のうち1科目の受験が免除される[8]。一次，二次試験および英語の試験はすべて絶対評価を行い，60%以上を得点したものを合格とする。

(4) 公認会計士試験の国際化

中国は公認会計士試験の国際化および中国公認会計士の国際化を目指し，海外の公認会計士協会と試験科目相互免除制度を導入している。たとえば，中国公認会計士協会はイングランド・ウェールズ勅許会計士協会（The Institute of Chartered Accountants in England and Wales，以下，ICAEWとする）と提携し，試験科目相互免除を実施している。中国の公認会計士試験の全科目を合格したものが勅許会計士（Associate of the Chartered Accountants，以下ACAとする）試験を受ける場合，9科目の試験が免除され，ACA試験に合格したICAEW会員が中国の公認会計士試験を受ける場合，2科目の試験が免除される。香港とも受験科目相互免除制度を実施している。

(5) 日・中における公認会計士試験の主な相違点

中国の公認会計士試験は日本の公認会計士試験と比較して，一次試験と二次試験の2段階に分けられている部分は共通しているが，以下の4点において主

な相違点が見られる。中国の場合，受験資格として大学の学歴もしくは会計や会計関連専門分野の中級以上の職業資格を持つ必要があり，年齢制限が設けられていない日本と比較して実質的にはある程度の年齢制限が設けられていること；日本では設けられていない英語の試験科目が設けられていること；試験の合否は日本のように相対評価ではなく絶対評価で行うこと；海外の公認会計士協会と試験科目相互免除制度を導入していること　等である。

[注]

(1) 準則の適用範囲は，適用初年度の2007年は上場企業（1,570社）であったが，2008年からは非上場の中央国有企業，非上場の商業銀行や商業保険会社に拡大し，2009年からは農村信用社（銀行），省・区・市の国有企業までに拡大した（財政部会計司[2009]，9頁）。
(2) 2006年2月に基本準則と38の具体準則が一斉に公布されたが，そのなかの一部はそれまでにすでに公布されていた既存の基本準則と16個の具体準則を修正する形で公布されている。2006年に公布された基本準則，38の準則および38の解釈指針を合わせて新準則と言われている。2007年1月1日から新準則を適用する企業は既存の準則，「企業会計制度」および「金融企業会計制度」を適用しない。
(3) 香港は2005年からIFRSを導入している。
(4) インタビューに応じてくださった先生方の名前およびその日付は以下の通りである。
2011年3月16日，上海国家会計学院の宋徳亮準教授
2011年3月16日，上海財経大学会計学院の副院長朱紅軍教授
2011年3月16日，復旦大学会計学部の原紅旗教授
(5) 大学院で使用されている教材の1つとしてアメリカの教材 William R. Scott, *Financial Accounting Theory*, Prentice Hall がある。
(6) 会計専門の職業資格とは，初級，中級および上級の会計専門資格を指す。中級の資格試験は，大学以上の学歴および一定期間の会計の実務経験を持つものが受験でき（学歴によって求められる実務年数が異なる），合格したものは監査，会計，税務等の業務に携わることができる。上級の資格試験は，地方によって受験資格が多少異なるが，合格したものは総会計師（国有企業の財務会計責任者）や企業の財務会計責任者になる場合が多い。
　　会計関連専門の職業資格とは，経済，統計，監査等分野の中級以上の資格試験を指す。

（7）英語4級は大学卒業要件として求められるレベル，英語8級は英語専攻の学生が受験する難易度の高いレベルである。6級は4級と8級間のレベルの位置づけとして理解できる。
（8）一次試験の受験免除者として，大学や研究機関の会計および会計関連専門分野の准教授，副研究員などがある。

参考文献

【日本語】

国際会計シンポジウム in 東京［2008］「韓国における国際会計基準（IFRS）の導入」『企業会計』第60巻第3号。

児島幸治翻訳［2009］メアリー・バース教授国際会計基準講演会「国際財務報告基準のアドプションと会計教育・研究に対する影響」『企業会計』第61巻第8号。

佐藤信彦［2007］「会計大学院の現場における会計教育の課題」『企業会計』第59巻第11号。

柴健次［2007］『会計教育方法論』関西大学出版部。

柴健次［2010］「IASB財務諸表フレームワークと会計教育」『企業会計』第62巻第8号。

孫美灵［2006］「移行期中国における会計教育の改革―上海国家会計学院をケースとして―」『経済論叢』第177巻第5・6号。

孫美灵［2007］「移行期中国における会計基準の国際的調和化へのアプローチ」『経済論叢』第179巻第4号。

橋本尚［2009］「IFRS導入によるわが国会計実務および会計教育への影響」『企業会計』第61巻第8号。

藤永弘［2004］『大学教育と会計教育』創成社。

林鍾玉・張韓模［2004］「韓国と中国の会計制度と会計教育に関する比較研究」『佐賀大学文化教育学部研究論文集』。

企業会計基準委員会HP　https://www.asb.or.jp/asb/asb_j/asbj/

日本公認会計士協会HP　http://www.hp.jicpa.or.jp/index.html

【中国語】

財政部会計司［2009］「我国上市公司2008年執行企業会計準則状況分析報告」『会計研究』。

劉国武・陳少華・賈銀芳［2005］「会計教学中批判性思維教学法運用策略分析」『会計研究』。

劉永澤・孫光国［2004］「我国会計教育及会計教育研究的現状与対策」『会計研究』。

劉玉廷［2009］「関于中国企業会計準則与国際財務報告準則持続全面趨同問題」『会計研究』。

孟焰・李玲［2007］「市場定位下的会計学専攻本科課程体系改革―基于我国高校的実践調査証拠」『会計研究』。

潘煜双・張恵忠・劉勇［2009］「会計教育改革：理論探討与経験総結論」『会計研究』。
王愛国［2009］「改革開放 30 年我国会計教育的回顧和展望」『財務与会計』。
財政部会計準則委員会 HP　http://www.casc.gov.cn/
復旦大学管理学院 HP　http://www.fdsm.fudan.edu.cn/Aboutus/index.aspx
上海財経大学会計学院 HP　http://sa.shufe.edu.cn/structure/index.htm
上海国家会計学院 HP　http://translate.google.co.jp/translate?hl=ja&langpair=en%7Cja&u=
　　http://www.snai.edu/en/
中国公認会計士協会 HP　http://www.cicpa.org.cn/

―――――第 7 章―――――

韓国における IFRS 教育

第 1 節　韓国における IFRS 導入状況

(1) IFRS の全面適用

　2007 年 3 月に国際財務報告基準 (International Financial Reporting Standards；以下 IFRS とする) の適用を宣言した韓国では，2009 年から IFRS の任意適用が始まり，2011 年 1 月 1 日から始まる会計年度からは上場企業において全面適用が始まった[1]。この全面適用は韓国基準を部分的に残しつつ IFRS を採択するようなカーブアウト式のアプローチではなく，IFRS を修正せずそのまま導入する全面適用のアプローチである。IFRS 全面採択の趣旨を表すため，韓国では「韓国採択国際会計基準」(Korean International Financial Reporting Standards，以下 K-IFRS とする) と名付けている。

　K-IFRS は IFRS を翻訳して作成したもので，2012 年 1 月末現在 37 の基準と 26 の解釈指針で構成され，その形式および内容において IFRS と同等である。IFRS から K-IFRS への翻訳は基本的に word for word で直訳されているが，韓国語と英語の言語構造上の違いにより直訳が難しい場合は，センテンスを単位として意訳されている (sentence for sentence)。ただし，K-IFRS の適用対象，適用時期といった IFRS 初度適用の国において特有の追加的な説明が必要な場合は，その説明文の番号に「韓」という文字を付けて表示されている。また，韓国にとって必要ではない経過規定といった説明文が削除された場合は，説明文の番号に「韓国会計基準院　会計基準委員会が削除」と表示されている (金融監督院会計制度室 [2009]，53 頁)。図表 7 - 1 は 2012 年 1 月末現在の

K-IFRSを示したものである。K-IFRSの番号とIFRSの番号の対応関係は以下の通りである。IASについてはK-IFRS第1001号〜1099号，IFRSについてはK-IFRS第1101号〜1999号，SIC解釈指針についてはK-IFRS第2001号〜2099号，IFRIC解釈指針についてはK-IFRS第2101号〜2199号で対応している。

(2) IFRS全面適用の背景

韓国がIFRSを全面適用する最も大きな要因の1つに，1997年の通貨危機に端を発する，韓国の企業会計情報の不透明性に対する国際社会の不信感を払拭することにあると考えられる。通貨危機発生後，韓国はIMFや世界銀行の圧力のもと，民間の会計基準設定団体を設立し，当時の国際会計基準をもとに会計基準を改定したものの，国際資本市場における韓国の企業会計情報の信頼度は依然として低く，いわゆるコリア・ディスカウントという現象が起こり，株価が低迷していた。国際資本市場における韓国企業の会計情報の信頼性を高めることがIFRSの採択に至った最大の原因である。

(3) IFRS全面適用による実務上の課題

K-IFRSの導入は韓国のビジネス慣行，実務にそぐわない側面もあり，今後解決すべき課題となっている。特に影響の大きい業種として建設業と造船業が挙げられる。韓国の建設業は工事着工の前に入居者を募集・契約し，事前分譲による収益を工事進行基準によって収益認識していたが，K-IFRSのもとでは工事完成基準を適用しなければならず，事前に受取った分譲金額が負債として計上される。また，韓国の造船業では通常米ドルで受注し，為替レートの変動リスクをヘッジするため為替予約を締結している。K-IFRSのヘッジ会計の下では，ヘッジ手段の再評価が貸借対照表上の負債，資本の急激な増減をもたらす。これら以外にも連結の範囲，原則主義に基づく会計職業人の判断などにおいてまだ問題点を抱えている。

図表7－1　K-IFRSとIFRSの対応関係

K-IFRS		IFRS	
—	財務諸表の作成と表示に関する概念フレームワーク	—	The conceptual framework for financial reporting
第1001号	財務諸表の表示	IAS 1	Presentation of financial statements
第1002号	棚卸資産	IAS 2	Inventories
第1007号	キャッシュ・フロー計算書	IAS 7	Cash flow statements
第1008号	会計方針，会計上の見積りの変更及び誤謬	IAS 8	Accounting policies, changes in accounting estimates and errors
第1010号	後発事象	IAS 10	Events after the reporting period
第1011号	工事契約	IAS 11	Construction contracts
第1012号	法人所得税	IAS 12	Income taxes
第1016号	有形固定資産	IAS 16	Property, plant and equipment
第1017号	リース	IAS 17	Leases
第1018号	収益	IAS 18	Revenue
第1019号	従業員給付	IAS 19	Employee benefits
第1020号	政府補助金の会計処理及び政府援助の開示	IAS 20	Accounting for government grants and disclosure of government assistance
第1021号	外国為替レート変動の影響	IAS 21	The effects of changes in foreign exchange rates
第1023号	借入費用	IAS 23	Borrowing costs
第1024号	関連当事者についての開示	IAS 24	Related party disclosures
第1026号	退職給付制度の会計及び報告	IAS 26	Accounting and reporting by retirement benefit plans
第1027号	連結及び個別財務諸表	IAS 27	Consolidated and separate financial statements
第1028号	関連会社に対する投資	IAS 28	Investments in associates
第1029号	超インフレ経済下における財務報告	IAS 29	Financial reporting in hyperinflationary economies
第1031号	ジョイント・ベンチャーに対する持分	IAS 31	Interests in joint ventures
第1032号	金融商品：表示	IAS 32	Financial instruments: presentation
第1033号	1株当たり利益	IAS 33	Earnings per share
第1034号	中間財務報告	IAS 34	Internal financial reporting
第1036号	資産の減損	IAS 36	Impairment of assets
第1037号	引当金，偶発負債及び偶発資産	IAS 37	Provisions, contingent liabilities and contingent assets
第1038号	無形資産	IAS 38	Intangible assets
第1039号	金融商品：認識及び測定	IAS 39	Financial instruments: recognition and measurement
第1040号	不動産投資	IAS 40	Investment property

第 1041 号	農　業	IAS 41	Agriculture
第 1101 号	韓国採択国際会計基準の初度適用	IFRS 1	Fist-time adoption of international financial reporting standards
第 1102 号	株式報酬	IFRS 2	Share-based payment
第 1103 号	企業結合	IFRS 3	Business combinations
第 1104 号	保険契約	IFRS 4	Insurance contracts
第 1105 号	売却目的で保有する非流動資産及び廃止事業	IFRS 5	Non-current assets held for sale and discontinued operations
第 1106 号	鉱物資産の探査及び評価	IFRS 6	Exploration for and evaluation of mineral resources
第 1107 号	金融商品：開示	IFRS 7	Financial instrument：disclosures
第 1108 号	事業セグメント	IFRS 8	Operating segments
第 1109 号	金融商品	IFRS 9	Financial instruments（2013 年から適用）
	―	SIC 7	Introduction of the Euro
第 2010 号	政府援助：営業活動と個別的な関係がない場合	SIC 10	Government assistance - No specific relation to operating activities
第 2012 号	連結：特別目的事業体	SIC 12	Consolidation-special purpose entities
第 2013 号	共同支配企業：共同支配企業による非貨幣性資産の拠出	SIC 13	Jointly controlled entities - Non-monetary contributions by venturers
第 2015 号	オペレーティング・リース：インセンティブ	SIC 15	Operating leases - incentives
第 2021 号	法人事業税：再評価された非減価償却資産の回収	SIC 21	Income taxes-recovery of revalued non-depreciable assets ※
第 2025 号	法人所得税：企業又は課税上の地位の変化	SIC 25	Income taxes - changes in the tax status of an entity or its shareholders
第 2027 号	リースの方形式を伴う取引の実質の評価	SIC 27	Evaluating the substance of transactions involving the legal form of a lease
第 2029 号	サービス委譲契約：開示	SIC 29	Service concession arrangements：disclosures
第 2031 号	収益：宣伝サービスを伴うバーター取引	SIC 31	Revenue – barter transactions involving advertising services
第 2032 号	無形資産・ウェブサイト費用	SIC 32	Intangible assets – web site costs
第 2101 号	廃棄，現状回復及びそれらに類似する既存の負債の変動	IFRIC 1	Changes in existing decommissioning, restoration and similar liabilities
第 2102 号	共同組合に対する組合員の持分及び類似の金融資産	IFRIC 2	Members' shares in co-operative entities and similar instruments
第 2104 号	契約にリースが含まれているか否かの判断	IFRIC 4	Determining whether an Arrangement contains a Lease
第 2105 号	破棄，現状回復及び環境再生ファンドから生じる持分に対する権利	IFRIC 5	Rights to interests arising from decommissioning, restoration and environmental rehabilitation funds
第 2106 号	特定市場への参加から生じる負債：電気・電子機器廃棄物	IFRIC 6	Liabilities arising from participating in a specific market – waste electrical and electronic equipment

110

第2107号	企業会計基準書 第1029号に規定される修正再表示アプローチの適用	IFRIC 7	Applying the restatement approach under IAS 29 financial reporting in hyperinflationary economies
第2109号	組込デリバティブの再査定	IFRIC 9	Reassessment of embedded derivatives ※
第2110号	中間財務報告と減損	IFRIC 10	Interim financial reporting and impairment
第2112号	サービス委譲契約	IFRIC 12	Services concession arrangements
第2113号	カスタマー・ロイヤリティ・プログラム	IFRIC 13	Customer loyalty programmes
第2114号	企業会計基準書 IAS19号：給付建資産の上限，最低積立要求及びそれらの相互作用	IFRIC 14	IAS 19 - the limit on a defined benefit asset, minimum funding requirements and their interaction
第2115号	不動産の建設に関する契約	IFRIC 15	Agreements for the construction of real estate
第2116号	在外営業活動体に対する純投資のヘッジ	IFRIC 16	Hedges of a net investment in a foreign operation
第2117号	所有者に対する非現金資産の分配	IFRIC 17	Distributions of non-cash assets to owners
第2118号	顧客からの資産の移転	IFRIC 18	Transfer of assets from customers
第2119号	資本性金融商品による金融商品の削減	IFRIC 19	Extinguishing financial liabilities with equity instruments

注1：概念フレームワークは基準書を構成する内容ではない。
　2：※は，IFRSではすでに廃止された基準を表す。
出典：韓国金融監督院国際会計基準のHPおよびIASBのHPをもとに筆者作成（2012年1月31日付）。

第2節　高等教育機関における IFRS 教育

　2011年からの IFRS 全面適用に向けて，一部大学ではすでに 2009 年から IFRS の教育をスタートしており，2011 年からは韓国のすべての大学が IFRS をカリキュラムのなかに取り入れている。韓国の Top 3 の大学にソウル大学校（Seoul National University），高麗大学校（Korea University）[2] および延世大学校（Yonsei University）[3] があるが，以下ソウル大学校経営大学（College of Business Administration of Seoul National University）の事例をもって，韓国における IFRS の教育状況を見てみたい。本章で取り上げるソウル大学校に関する資料は，2011年3月にソウル大学校経営大学を訪問した際に行った実地調査から入手したものである[4]。

(1) 会計関連科目・英語による教育

　ソウル大学校経営大学のカリキュラムのなかには会計原理(日本の基礎会計に相当する),中級会計Ⅰ,中級会計Ⅱ,上級会計,財務管理,原価会計,管理会計,企業財務論,財務諸表分析と企業価値評価,会計監査,税務会計,財務特講,会計学特講等の会計関連科目が設置されている(詳細は図表7－2を参照)[5]。これらの科目のなかで財務会計と関連するものはすでにIFRSをベースとして教えられている。また,グローバル化に対応するため英語で講義する科目もある。専門科目のうち最低7科目を英語で履修することが学部生卒業要件の1つになっている。英語で専門科目の授業を受ける場合,母国語である韓国語で履修する場合と比較して学生の理解力が劣るのではないかと尋ねたところ,英語で受講できる語学力を十分備えているという。韓国公認会計士試験を目指す学

図表7－2　ソウル大学校　経営大学のカリキュラム

学位			専攻	カリキュラム	
学部	修士	博士		学年	会計関連科目

学部	修士	博士	専攻	学年	前期	後期
○				1		会計原理
○				2	中級会計Ⅰ	中級会計Ⅱ,財務管理
○				3	管理会計,財務諸表分析および企業価値評価,会計監査	原価会計,企業財務論,税務会計
○				4	上級会計,財務特講,会計学特講	
	○		会計学専攻		管理会計研究,戦略的原価管理,監査研究,税務会計研究,上級会計セミナー,企業会計と財務報告,財務諸表分析と企業価値評価研究,会計と情報システム,企業税務戦略,会計学研究方法論,会計モデリングと分析,資本市場会計理論,国際会計,財務会計理論研究,会計学特殊問題	
		○	会計学専攻		戦略的原価管理,上級会計セミナー,企業会計と財務報告,会計モデリングと分析,資本市場会計理論,会計学特殊問題,財務会計セミナー,社会および環境会計,業績評価および責任会計	

出典:ソウル大学校経営大学HPをもとに筆者作成。

生は韓国語による授業を履修する傾向があるが,それ以外の学生はグローバル化社会に適応するため,積極的に英語の授業を履修するという。

(2) IFRSのテキスト

以下,会計原理,中級会計Ⅰおよび中級会計Ⅱの3科目を中心に詳細に紹介する。上級会計では会計原理,中級会計Ⅰおよび中級会計Ⅱでの学習内容を踏まえ,さらに専門的な内容を教えている。

会計原理は1年生後期に履修する科目である。簿記一巡の手続きを理解するための基礎概念となる会計の前提条件,会計原則,資産・負債・株主持分・収益・費用・利益の概念および会計の技術的構造を学習することを目的としている[6]。本科目はソウル大学校経営大学郭守根教授が執筆した『Global 会計原理IFRS』(郭守根・宋赫埈著,新英社,2010年)をテキストとしている。本テキストの内容に関しては,付録1の本テキスト目次を参照されたい。

中級会計Ⅰは会計原理の履修を前提とした科目であり,中級財務会計の多様なトピックスを取り扱う。資産,負債,株主持分と関連する会計手続きはもちろん,リース会計,法人税会計,会計変更と誤謬の修正,キャッシュフロー計算書,金融派生商品等も含む[7]。

中級会計Ⅱは会計原理と財務会計の履修を前提とした科目であり,財務会計中級水準以上の理論と応用問題を取り扱い,財務会計全般に対する理解と問題解決能力の習得を目的としている[8]。本科目はソウル大学校経営大学鄭雲午教授等が共同執筆した『IFRS中級会計』第3版(鄭雲午・羅任哲・李明坤・趙盛豹著,経文社,2011年)をテキストとしている。本テキストの内容に関しては,付録2の本テキスト目次を参照されたい。

(3) IFRSを教えるなかで最も難しいと感じる部分は何か

IFRSを教えるなかで最も難しいと感じる部分について尋ねたところ,金融商品であると回答した。韓国ではまだ馴染みのない金融商品についてその会計処理を理解させるのが難しいということであった。その一方でアメリカの大学

で会計教育に携わった経験のある教員からは，細則主義であるアメリカ会計基準の方が原則主義のIFRSより教える内容が多く，難しいので，IFRSを教えることに特に難しさを感じないという意見もあった。つまり，韓国の実務に馴染まない内容を教えるときには苦労するが，アメリカ基準よりは教えやすいということであった（2人の教員が教える科目が異なるので，難しいと感じる部分が異なると考えられる）。

(4) IFRSの原則主義をどのように教えるのか

IFRSは原理原則のみを提供し，IFRS解釈指針委員会も限定的な解釈しか公表しない方針でいる。原則主義のもとでは，企業自らが自社の個別・具体的な問題について考え，判断することが求められる。監査人にも自らの専門的判断の妥当性を説明する能力が求められる。こういった判断力，考える力を養成するために，どのような手法で教えているのかについて尋ねたところ，判断力を養うには会計知識だけではなく経済学，法学，ファイナンス，リスク等に関する総合的な知識が必要で，こうした周辺の知識なしでは，単なるBook Keepingにすぎないと回答した。

第3節　韓国における公認会計士試験

(1) 出題範囲

2011年からのIFRS全面適用を受け，2010年からは公認会計士試験の出題範囲がIFRSの内容に変更されている。

(2) 試験科目・試験日時・配点

韓国の公認会計士試験は一次試験と二次試験に分けられ，一次試験合格者のみが二次試験を受験することができる。一次試験は経営学，経済原論，商法，税法概論，会計学の5科目と英語（英語の筆記試験はTOEIC，TOEFL，TEPSの成績で代替可能である）の科目が含まれている。二次試験は税法，財務管理，会計

監査,原価会計,財務管理の5科目が含まれている。詳細に関しては,図表7 - 3 ～図表7 - 5を参照されたい。

図表7 - 3 韓国公認会計士一次試験

試験日	時限	試験時間	試験科目	配点
1日目 (2011年6月25日)	1時限	110分 (10:00 - 11:50)	経営学	100点
			経済原論	100点
	2時限	120分 (13:40 - 15:40)	商 法	100点
			税法概論	100点
	3時限	80分 (16:30 - 17:50)	会計学	150点
			英語(図表7 - 5を参照)	

出典:金融監督院公認会計士試験HP公開資料をもとに筆者作成。

図表7 - 4 韓国公認会計士二次試験

時 限	試験時間	試験科目	配点
1日目 (2011年6月25日)	1時限	120分	税 法	100点
	2時限	120分	財務管理	100点
	3時限	120分	会計監査	100点
2日目 (2011年6月26日)	1時限	120分	原価会計	100点
	2時限	150分	財務会計	100点

出典:金融監督院公認会計士試験HP公開資料をもとに筆者作成。

図表7 - 5 韓国公認会計士英語試験

種 類		合格点
TOEFL (Test of English as a Foreign Language)	PBT	530点以上
	CBT	197点以上
	IBT	71点以上
TOEIC (Test of English for International Communication)		700点以上
TEPS (Test of English of Proficiency, Seoul National University)		625点以上

出典:金融監督院公認会計士試験HP公開資料をもとに筆者作成。

(3) 受験資格と合否判定

　韓国の公認会計士試験の受験資格に国籍，学歴，年齢および経歴の制限は設けられていないが，大学等で会計学や税務関連科目を12単位以上，経営学科目を9単位以上，経済学科目を3単位以上履修する必要がある。この要件は一次試験と二次試験の両方に適用される条件である。公認会計士法により一定の経験のあるものとみなされた場合，一次試験の免除を受けることができる[9]。一次試験の合否は各試験科目（英語は含まない）において40％以上の得点があり，かつ全科目の合計点において60％以上の得点がある受験者を対象に，全科目合計点をもって相対評価にて決定する。

　二次試験を受けられるものは，上述の履修単位を修得し，一次試験に合格した（二次試験の同年度もしくは一年前の一次試験に合格したものに限る）ものまたは一次試験の受験免除を受けたものである。二次試験の合否は全科目合計点の60％以上の得点を基準として絶対評価で決定する。二次試験には部分合格制度が導入され，一次試験合格者が一次試験合格年度に実施された二次試験を受け，60％以上の得点を得た科目に関しては翌年実施される二次試験にて当該科目の受験が免除される。

(4) 二次試験合格後の実務修習

　二次試験修了後，2年から3年間の実務修習を経てから公認会計士として登録できる。実務修習とは修習機関での基本業務の修習と100時間以上の外部監査実務の研修をさす。修習機関が監査法人，韓国公認会計士協会，金融監督院（外部監査関連業務）の場合は2年間の修習期間，その他法律で決められた機関であれば3年間の修習期間が必要となる。

(5) 日・韓における公認会計士試験の主な相違点

　韓国の公認会計士試験は日本の公認会計士試験と比較して，一次試験と二次試験の2段階に分けられている部分は共通しているが，以下の3点において主な相違点が見られる。韓国の場合，試験の出題範囲がIFRSの内容となってい

ること；受験資格として日本と同様に大学の学歴は求められないが，大学等教育機関での特定科目の履修単位が求められていること；日本では設けられていない英語の試験科目が設けられていること　等である。

〈付録1〉『Global会計原理　IFRS』(郭守根(ソウル大学校経営大学教授)・宋赫埈
　　　　(Duksung女子大学校経商学部会計学科教授)著[2010]新英社)の目次

```
                            目　　次
    第 1 章　会計学入門　・・・17
    第 2 章　会計循環過程Ⅰ(期中の会計処理)　・・・53
    第 3 章　会計循環過程Ⅱ(期末の会計処理)　・・・89
    第 4 章　財務会計の概念フレームワークと財務諸表表示　・・・125
    第 5 章　現金・受取債権・支払債務　・・・163
    第 6 章　棚卸資産　・・・205
    第 7 章　有形固定資産と無形資産　・・・251
    第 8 章　社債と非流動負債　・・・295
    第 9 章　金融資産(持分投資と債権投資)　・・・337
    第10章　資　本　・・・371
    第11章　キャッシュフロー計算書　・・・409
    第12章　財務諸表分析　・・・451
```

〈付録2〉『IFRS中級会計 第3版』(鄭雲午(ソウル大学校経営大学教授)・羅任哲(漢陽大学校経営大学経営学部教授)・李明坤(漢陽大学校経営大学経営学部教授)・趙盛豹(京北大学校経営学部教授)著[2011]経文社)の目次

```
                       目   次
  第 1 部  財務会計の基礎
    第 1 章  財務会計の本質と制度的側面 ・・・3
    第 2 章  財務報告の概念フレームワーク ・・・37
    第 3 章  財務諸表 ・・・83
    第 4 章  会計と貨幣の時間価値 ・・・143
    第 5 章  収益と費用 ・・・179
  第 2 部  資 産
    第 6 章  棚卸資産Ⅰ：流通業企業 ・・・233
    第 7 章  棚卸資産Ⅱ：製造業 ・・・275
    第 8 章  有形固定資産Ⅰ：認識と測定 ・・・301
    第 9 章  有形固定資産Ⅱ：原価償却・毀損・再評価 ・・・341
    第10章  無形資産・投資不動産・売却予定非流動資産 ・・・385
    第11章  金融資産Ⅰ：持分投資と債権投資 ・・・419
    第12章  金融資産Ⅱ：貸出金，受取債権，現金 ・・・467
    第13章  特殊な持分投資と営業権 ・・・507
  第 3 部  負債と資本
    第14章  金融負債 ・・・553
    第15章  引当金負債とその他負債 ・・・635
    第16章  資本取引による資本項目 ・・・677
    第17章  損益取引による資本項目 ・・・735
  第 4 部  特殊テーマ
    第18章  複合金融商品 ・・・795
    第19章  株式報酬 ・・・833
    第20章  一株当たり利益 ・・・879
    第21章  法人税 ・・・921
    第22章  リース ・・・973
    第23章  従業員給与 ・・・1049
    第24章  会計変更と誤謬の修正 ・・・1091
    第25章  キャッシュフロー計算書 ・・・1129
```

[注]

（1）非上場企業には「一般会計基準」が適用されるが，IFRS の選択適用も可能である。
（2）高麗大学校経営大学（Business School）の HP に一部のカリキュラムは公開されているものの，シラバスに関する情報は紹介されていなかった。
（3）延世大学校経営大学（School of Business）の HP 上のカリキュラムおよびシラバス（学部，修士，MBA，博士を含む）を確認する限り，ソウル大学校と同様に IFRS に関する文言は確認できなかった。
（4）インタビューに応じてくださった先生方の名前およびその日付は以下の通りである。
　　2011 年 3 月 11 日，ソウル大学校経営大学の Lee-Seok Hwang 教授
　　2011 年 3 月 12 日，ソウル大学校校経営大学の鄭雲午（Woon-Oh Jung）教授
（5）ソウル大学校経営大学 HP のシラバスによる。
（6）ソウル大学校経営大学 HP のシラバスによる。
（7）ソウル大学校経営大学 HP のシラバスによる。
（8）ソウル大学校経営大学 HP のシラバスによる。
（9）一次試験の受験免除者としては，企業会計や監査および直接税税務会計に関する業務において 3 年以上の実務経験のある 5 級以上の公務員，大学の専任講師または専門大学の助教授として会計学を 3 年以上教授した経験のあるもの，上場企業において財務諸表作成を主要な業務とする仕事に 5 年以上従事した課長や課長に準ずる職務にいる人などがある。詳細は金融監督院　公認会計士試験 HP を参照されたい。

参考文献
【日本語】

国際会計シンポジウム in 東京［2008］「韓国における国際会計基準（IFRS）の導入」『企業会計』第 60 巻第 3 号。

児島幸治翻訳［2009］メアリー・バース教授国際会計基準講演会「国際財務報告基準のアドプションと会計教育・研究に対する影響」『企業会計』第 61 巻第 8 号。

佐藤信彦［2007］「会計大学院の現場における会計教育の課題」『企業会計』第 59 巻第 11 号。

柴健次［2007］『会計教育方法論』関西大学出版部。

柴健次［2010］「IASB 財務諸表フレームワークと会計教育」『企業会計』第 62 巻第 8 号。

杉本徳栄［2007］「韓国の国際財務報告基準（IFRSs）導入のロードマップについて」『企業会計』第 59 巻第 6 号。

橋本尚［2009］「IFRS 導入によるわが国会計実務および会計教育への影響」『企業会計』第 61 巻第 8 号。

藤永弘［2004］『大学教育と会計教育』創成社。
林鍾玉・張韓模［2004］「韓国と中国の会計制度と会計教育に関する比較研究」『佐賀大学文化教育学部研究論文集』。
企業会計基準委員会 HP　https://www.asb.or.jp/asb/asb_j/asbj/
日本公認会計士協会 HP　http://www.hp.jicpa.or.jp/index.html

【韓国語】
In-Ki Joo etc.［2008］「会計専門人材育成のための我が国会計教育強化案」『会計ジャーナル』第17巻第1号。
郭守根・宋赫埈［2010］『Global 会計原理　IFRS』新英社。
金融監督院会計制度室［2009］『国際会計基準の理解と導入準備』。
金融監督院会計制度室［2010］『わかりやすい国際会計基準』。
Suk-Sig Lim etc.［2009］「K-IFRS 適用における実務的問題点およびその対策」『会計ジャーナル』第18巻第4号。
鄭雲午・羅任哲・李明坤・趙盛豹［2011］『IFRS 中級会計第3版』経文社。
Young-Soo Choi［2011］「大学会計教育と会計専門家養成制度：イギリスの事例」『会計ジャーナル』第20巻第3号。
延世大学経営大学 HP　http://ysb.ysb.ac.kr/programs/undergraduate/main.php?anseq=2010000
韓国会計基準院 HP　http://www.kasb.or.kr/
韓国金融委員会 HP　http://fsc.korea.kr/
金融監督院　公認会計士試験 HP　http://cpa.fss.or.kr/kor/cpa/index.action
金融監督院　国際会計基準 HP　http://ifrs.fss.or.kr/fss/ifrs/main.jsp
公認会計士会 HP　http://www.kicpa.or.kr/
高麗大学校経営大学 HP　http://biz.korea.ac.kr/main.jsp
ソウル大学校経営大学 HP　http://cba.snu.ac.kr/

―――――第 8 章―――――
日本における IFRS 教育

第1節　日本における IFRS 導入状況

(1) コンバージェンスの状況
① 経　緯
　2006 年 7 月に企業会計審議会の企画調整部会より「会計基準のコンバージェンスに向けて（意見書）」が公表された。この意見書では，EU の同等性評価等を視野に入れた計画的な対応に関して，2008 年初めまでに相互にコンバージェンスが可能な項目はコンバージェンスを図るとともに，コンバージェンスの達成に時間を要する項目については作業の進捗を示す一定の方向性を示した具体的な行程表を策定する必要性が指摘されている（企業会計審議会 [2006]）。この意見書を踏まえ，同年 10 月に企業会計基準委員会（以下，ASBJ という）より「我が国会計基準の開発に関するプロジェクト計画について―EU による同等性評価等を視野にいれたコンバージェンスへの取り組み―」が公表された。そのなかで，ASBJ は内外の関係者に取組状況等を明示していくことを目的として，コンバージェンスにかかわる会計基準等の開発プロジェクト計画表を取りまとめて公表した（ASBJ [2006]）。
　2007 年 8 月に ASBJ と IASB との間で，会計基準のコンバージェンスを達成する「東京合意」が公表された。東京合意では，2005 年 7 月に公表された欧州証券規制当局委員会（以下，CESR という）による同等性評価の過程で特定された日本基準と IFRS の間の主要な差異を 2008 年までに解消し，残りの差異を 2011 年 6 月 30 日までに解消を図ることとされた（ASBJ [2007a]）。

② 東京合意の達成状況

2007年12月にASBJは，東京合意に基づき3つ（短期・中期・中長期）に区分した，コンバージェンスに対する新たなプロジェクト計画表を公表した（ASBJ [2007b]）。その後，2008年9月にIASBと米国FASBとの間の覚書（以下，MOUという）が見直されたことから，この計画表は更新された。さらに，IASBとFASBとの間の2011年6月末を期限としたコンバージェンス・プログラム完了に向けた多くの会計基準の急速な開発に伴い，わが国のプロジェクト計画表も適宜更新されていった。

2011年6月にASBJとIASBは，「企業会計基準委員会と国際会計基準審議会が東京合意における達成状況とより緊密な協力のための計画を発表」（ASBJ・IASB [2011]）した。これによれば，短期コンバージェンス・プロジェクト（EUによる同等性評価に関連するプロジェクト）項目[1]は，目標通り2008年中に達成されている。また，2011年6月末を目標期日とした日本基準とIFRSとの間の主要な既存の差異のうち，短期コンバージェンス・プロジェクトに含まれない差異に係る中期コンバージェンス・プロジェクト項目についても，概ね達成されている。具体的に言えば，①セグメント情報に関するマネジメント・アプローチの導入（2008年3月），②過年度遡及修正（2009年12月），③包括利益の表示（2010年6月）の項目は，会計基準としてASBJによりすでに公表されており，残りの④企業結合（ステップ2）と⑤無形資産の項目については2011年第3四半期に公開草案を公表予定である。

そして，IASBとFASBのMOUに関連する中長期コンバージェンス・プロジェクト項目（2011年6月30日後に適用となる新たな基準を開発する現在のIASBの主要なプロジェクトから生じる差異に係る分野）については，新たな基準が適用となる際に日本において国際的なアプローチが受け入れられるよう緊密に作業を行うことが述べられている。今までにASBJとIASBは年2回の共同会議を通じてMOU項目を中心に基準開発を行ってきており，それらの状況は図表8－1の通りである。

図表8-1 中長期コンバージェンス・プロジェクト達成状況

項　目	IASBにおける基準開発の状況	ASBJにおける基準開発の状況
金融商品	＜分類及び測定＞ 2009年11月，2010年10月にそれぞれ最終基準を公表 ＜減損＞ 2009年11月に公開草案を公表 2011年1月に補足文書を公表 ＜ヘッジ会計＞ 2010年12月に公開草案を公表 ＜資産及び負債の相殺＞ 2011年1月に公開草案を公表	2010年8月に金融資産の分類及び測定に関する検討状況の整理を公表 2011年2月に金融負債の分類及び測定に関する検討状況の整理を公表
公正価値測定及び開示	2011年5月に最終基準を公表	2010年7月に公開草案を公表
連結の範囲	2011年5月に最終基準を公表	2009年2月に論点整理を公表
リース	2010年8月に公開草案を公表	2010年12月に論点整理を公表
収益認識	2010年6月に公開草案を公表	2011年1月に論点整理を公表
退職後給付	2011年6月に最終基準を公表予定	2010年3月にステップ1として未認識項目の即時認識等に関する公開草案を公表
財務諸表の表示（フェーズB）	2008年10月にディスカッション・ペーパーを公表 アジェンダ協議手続の一環として再検討される予定	2009年7月に論点整理を公表
資本の特徴を有する金融商品	アジェンダ協議手続の一環として再検討される予定	IASB及びFASBの議論を注視し検討
保険契約	2010年7月に公開草案を公表	IASB及びFASBの議論を注視し検討
引当金（IAS37）	アジェンダ協議手続の一環として再検討される予定	2009年9月に論点整理を公表
排出量取引	アジェンダ協議手続の一環として再検討される予定	IASB及びFASBの議論を注視し検討

出典：ASBJのWebサイト参照。

(2) アドプションの状況

① 日本版ロードマップ

2008年10月より企業会計審議会の企画調整部会において国際会計基準の取

り扱いについて議論が行われ，その結果，2009年2月に同部会より「我が国における国際会計基準の取扱いについて（中間報告）（案）」が公表された。そして，同年6月にパブリックコメント等を踏まえ，同部会より「我が国における国際会計基準の取扱いについて（中間報告）」，いわゆる日本版ロードマップが公表された。その後，企業会計審議会の承認を受け，意見書として「我が国における国際会計基準の取扱いに関する意見書（中間報告）」が公表された（企業会計審議会［2009］）。

日本版ロードマップでは，EUの同等性評価と米国SEC公表のロードマップ（2008年11月）など会計基準をめぐる国際的動向を取り上げるともに，わが国の会計基準のあり方として「連結先行」の考え方が示されている。また，IFRSの適用に関して2010年3月期より任意適用を実施すること，そして強制適用については2012年前後に判断し，その判断時期から少なくとも3年ほどの準備期間を経た2015年または2016年から上場会社に一斉または段階的に実施することが述べられている。しかしながら，2011年6月21日に金融担当大臣（自見庄三郎氏）より，その強制適用時期について準備期間を5から7年程度設ける旨の表明がなされたこと[2]から，実質その時期は先送りされることになった。

② 金融庁による改訂内閣府令・告示等の公表

企業会計審議会の日本版ロードマップ公表後，2009年12月に金融庁よりほぼ同内容の「連結財務諸表の用語，様式及び作成方法に関する規則等の一部を改正する内閣府令」が公布され施行された[3]。これにより，特定の会社は，金融商品取引法上の連結財務諸表の作成基準として，指定された国際会計基準を2010年3月31日以後に終了する連結会計年度から，任意適用ができることになった。

その後，金融庁より「連結財務諸表の用語，様式及び作成方法に関する規則に規定する金融庁長官が定める企業会計の基準を指定する件（平成21年金融庁告示第69号）」等の一部改正を通じて，IASBより公表された国際会計基準は随

時指定国際会計基準に含められることになった。また，金融庁による 2010 年 8 月の「連結財務諸表の用語，様式及び作成方法に関する規則等の一部を改正する内閣府令（案）」において，IFRS を任意適用した上場会社の子会社の連結財務諸表に IFRS を任意適用できるとする規定に係る新設案が公表された（連結財務諸表規則第 1 条の 2 第 2 項）。さらに 2011 年 6 月の米国基準による開示の使用期限（平成 28 年 3 月 31 日）を撤廃するという自見担当大臣談話を受け，金融庁は 2011 年 8 月の内閣府令（案）において，金融商品取引法上の連結財務諸表の作成基準として米国基準を平成 28 年 3 月 31 日以降も引き続き使用できるとする改正案を公表した（連結財務諸表規則に第 8 章の新設（案））。

③ IFRS 任意適用企業

ここでは，IFRS を任意適用した連結財務諸表を公表，あるいは公表予定である代表的な日本企業を紹介する[4]。まず，2010 年 5 月 13 日にわが国初の IFRS による 2010 年 3 月期の決算単信と IFRS 適用の連結財務諸表を含む有価証券報告書が，日本電波工業株式会社より公表された（日本電波工業株式会社 Web サイト参照）。その後，HOYA 株式会社より，2011 年 3 月期の IFRS を適用した連結財務諸表を含む有価証券報告書が公表された。HOYA 株式会社では，2010 年 3 月期の連結決算について IFRS 適用の連結財務諸表を日本基準適用のものと並行してすでに作成公表されていたが，本年度より IFRS に一本化されている（HOYA 株式会社 Web サイト参照）。また，同年度，住友商事株式会社より IFRS を適用した 2011 年 3 月期の決算単信と有価証券報告書が公表されている（住友商事株式会社 Web サイト参照）。予定であるが，日本板硝子株式会社では 2012 年 3 月期より IFRS を適用する旨が表明されており，その準備として IFRS による 2011 年 3 月期の開始貸借対照表が作成されている（日本板硝子株式会社 Web サイト 2011 年プレスリリース参照）。

第2節　日本の高等教育機関における IFRS 教育

(1) 学　部
① 対象大学

本項では，原則「国際会計」という用語を含む講義科目を開講している大学を対象とする。対象大学の選出については，平成21年度日本会計研究学会会報にて会計研究者が5名以上所属する大学を取り上げるととともに，当該スタディ・グループメンバーの所属する大学を取り上げた。対象大学は110大学となった。そのうち，「国際会計」を使用した講義科目を持たない30大学を除

図表8-2　対象大学：学部

所属部会（大学数）	大　学　名
北海道部会（6）	小樽商科大学，札幌学院大学，青森中央学院大学，北星学園大学，北海学園大学，北海道情報大学
東北部会（3）	東北学院大学，東北大学，福島大学
中部部会（9）	愛知学院大学，愛知大学，中部大学，富山大学，名古屋市立大学，名古屋経済大学，名古屋大学，南山大学，名城大学
関東部会（34）	青山学院大学，亜細亜大学，神奈川大学，慶応義塾大学，國學院大學，国士舘大学，駒澤大学，埼玉学園大学，静岡産業大学，上智大学，上武大学，成蹊大学，専修大学，大東文化大学，高崎経済大学，高千穂大学，拓殖大学，千葉商科大学，中央大学，東京経済大学，東京理科大学，東洋大学，獨協大学，新潟大学，日本大学，法政大学，明治学院大学，明治大学，明星大学，横浜国立大学，横浜市立大学，立教大学，立正大学，早稲田大学
関西部会（20）	大阪経済大学，大阪産業大学，大阪商業大学，大阪市立大学，追手門学院大学，岡山商科大学，関西大学，関西学院大学，京都産業大学，近畿大学，甲南大学，神戸大学，滋賀大学，同志社大学，広島市立大学，松山大学，桃山学院大学，立命館大学，龍谷大学，流通科学大学
九州部会（8）	大分大学，沖縄国際大学，鹿児島国際大学，九州産業大学，九州情報大学，久留米大学，佐賀大学，福岡大学

き，本項では80大学を取り扱う（図表8－2参照）。この80大学では，「国際会計」や「国際会計論」という科目名が多く用いられていた。なお，対象外とした30大学では「財務会計（論）」や「会計学」などの講義科目のなかで，数回IFRS関連事項を取り扱う，または日本基準との比較においてIFRSを取り扱うケースが多くみられた。

② IFRS教育に充てられる時間数（単位数）・配当年次

対象大学80大学においてIFRS教育に充てられる単位数と配当年次を調査した結果を示したものが，図表8－3である。図表8－3によると，開講されている単位数は2単位が40大学と最も多く，次いで4単位が35大学と多かった。配当年度については3年次が45大学と圧倒的に多く，次いで2年次が24大学と多い。なお，対象大学80大学において国際会計関連の講義を隔年開講している大学は2大学あった。

図表8－3　IFRS教育に充てられる単位数と年次

	4年次	3年次	2年次	1年次	不　明	合　計
2単位		24大学	13大学	2大学	1大学	40大学
4単位 （2単位×2科目 を含む）	1大学	19大学	11大学		4大学	35大学
6単位		2大学			1大学[*1]	3大学
8単位					1大学	1大学
10単位					1大学[*2]	1大学
合　計	1大学	45大学	24大学	2大学	8大学	80大学

なお，上記図表において＊1と＊2を付した（不明と分類した）2大学は，複数年次にわたりIFRS関連科目を開講している。内訳を示すと以下のようになる。
＊1：6単位の内訳は4単位：2年次配当，2単位：3年次配当である。
＊2：10単位の内訳は4単位：2年次配当，4単位：2年次配当，2単位：不明である。
注：1つの大学の複数学部においてIFRS関連科目が開講されている場合，IFRS関連科目を最も多く開講している学部を取り上げて集計を行った。

③ 講義内容

対象大学80大学中，シラバスがWeb上入手できなかった6大学を除き，IFRS関連科目数は115講義であった。115講義の内容については，IFRSにおける具体的な会計処理（会計基準）を取り扱う講義が70講義と，取り扱わない講義が45講義あった。

まず，IFRSの具体的会計処理を取り扱った70講義についてみると，そこで取り扱われたIFRSは図表8－4の通りである。図表8－4によると，財務諸表の表示が39講義と最も多く，次いで金融商品，企業結合，連結及び個別財務諸表，キャッシュ・フロー計算書，収益などが多く取り扱われている。また，資産関連項目（減損・有形固定資産・無形固定資産・リース）や外貨換算を取り扱う講義も多くみられる。

つづいて，具体的会計処理を取り扱わない45講義についてみると，そこでは主に(a)国際会計の概要，(b) IFRSの特徴，(c)概念フレームワーク，(d)事例研究・財務分析を取り上げるケースが多くみられた。ただしこれらの傾向は，1つの講義に単独でみられるだけでなく，たとえば，講義の前半において国際会計の概要やIFRSの特徴について取り上げ，後半に概念フレームワークを取り上げるなど，複数の項目が組み合わされて1つの講義が構成されていることが多い。なお，対象講義の全115講義中82講義は(a)国際会計の概要と(b) IFRSの特徴を取り扱い，36講義は(c)概念フレームワークを，17講義は(d)事例研究を取り扱っている。

具体的に，(a)国際会計の概要とは，各国の会計制度の説明およびその比較検討，たとえば，EU（仏・独）・英・米国・日本などにおける会計制度を取り上げることをさす。または，IASCの設立過程，IASCからIASBへの展開過程やそれらをめぐる世界的動向，そして会計制度目的の変化や会計機能の変化，たとえば意思決定を中心とした会計について取り上げるような講義内容をさす。(b) IFRSの特徴とは，原則主義，比較可能性の重視，公正価値会計，資産・負債アプローチ，連結重視などについて取り上げることを意味する。(c)概念フレームワークとは，「財務諸表の作成及び表示に関するフレーム

図表 8 – 4　IFRS関連講義内容と取扱講義数：学部の場合

基準内容	該当基準番号	取扱講義数
財務諸表の表示	IAS1	39
金融商品（認識・測定・表示・開示含む）	IFRS7, IFRS9, IAS32, IAS39	33
企業結合	IFRS3	29
連結及び個別財務諸表	IAS27	29
キャッシュ・フロー計算書	IAS7	28
収益(工事契約含む)	IAS11, IAS18	28
有形固定資産	IAS16	23
資産の減損	IAS36	23
無形資産	IAS38	23
リース	IAS17	22
外国為替レート変動の影響	IAS21	22
棚卸資産	IAS2	19
法人所得税(税効果会計)	IAS12	17
退職給付制度の会計及び報告	IAS26	17
引当金，偶発債務及び偶発資産	IAS37	15
持分法（関連会社とJV含む）	IAS24, IAS28, IAS31	9
従業員給付	IAS31	12
国際財務報告基準の初度適用	IFRS1	7
事業セグメント	IFRS8	7
株式報酬	IFRS2	6
会計方針，会計上の見積りの変更及び誤謬	IAS8	6
売却目的で保有する非流動資産及び非継続企業	IFRS5	5
借入費用	IAS23	4
1株当たり利益	IAS33	4
投資不動産	IAS40	3
農　業	IAS41	2
保険契約	IFRS4	1
後発事象	IAS10	1
中間財務報告	IAS34	1
鉱物資源の探査及び評価	IFRS6	0
政府補助金の会計処理及び政府援助の開示	IAS20	0
超インフレ経済下における財務報告	IAS29	0

注：各担当教員がIFRS関連科目においてどのような点に重点を置いているのかを調査する目的から，取扱講義数のカウント方法は，科目名が異なっていても担当教員とシラバス内容が同じである場合には1つとして数え，科目名が同じであっても担当教員とシラバス内容が異なる場合は異なるものとして数えている。また，70講義においてIFRSの具体的会計処理について特定できないものもあった。

ワーク」の解説などをさす。最後に，(d) 事例研究・財務分析とは，粉飾決算事例，あるいはIFRS適用した財務報告書の分析について取り上げるなどの講義内容をさす。

④ 使用テキスト

対象講義全115講義中49講義はシラバスにてテキストが指定されていたが，共通したテキストはみられなかった。残りの66講義のうち，31講義は配布資料にて講義が行われていたが，35講義については未定・不明であった。

⑤ 事　例

公認会計士三田会調べによると，公認会計士第2次試験および公認会計士試験大学・年度別合格者数のランキング上位の大学は，2007年度以来，慶応義塾大学が占めている（公認会計士三田会Webサイト参照）。以下，上記大学の商学部における会計関連科目のうちとくにIFRSに関連する科目に焦点をあて取り

図表8－5　慶応義塾大学商学部の会計関連科目（IFRS関連科目を中心として）

種類		科目名	配当年次	単位数
専攻科目	Ⅰ類 専攻核科目	基礎簿記と財務諸表の見方	1年	2単位
	Ⅱ類 専攻基本科目	応用簿記 財務会計論 管理会計論 監査論 企業法	1年 2年 2年 2年 2年	4単位 4単位 4単位 2単位 4単位
	Ⅲ類*	財務会計各論（会計基礎理論） 財務会計各論（会計測定論Ⅰ） 財務会計各論（会計測定論Ⅱ） 財務会計各論（企業結合会計論） 財務会計各論（国際会計論） 財務会計各論（収益費用観・資産負債観の理論的検討）	3年 3年 3年 3年 3年 3年	2単位 2単位 2単位 2単位 2単位 2単位

注：＊Ⅲ類には，別途多くの科目が存在するが省略している。
出典：慶応義塾大学Webサイト参照。

上げる（図表8－5参照）。図表8－5より明らかなように，「国際会計論」が3年次に2単位分開講されていることがわかる。なかでも，IFRS教育の基礎概念の1つである「収益費用観・資産負債観の理論的検討」や「会計測定論」が財務会計各論として開講されている点が特徴的である。

(2) 会計専門職大学院

① 対象会計専門職大学院

現在，日本における会計専門職大学院は18大学である。しかし本項では，Web上科目一覧しか入手できなかった大学（1大学）と講義概要しか入手できなかった大学（1大学）を除く，16大学[5]を中心に取り扱う。

② IFRS教育に充てられる時間数（単位数）

開講科目名としては「国際会計基準（論）」「国際会計（論）」「IFRS」「国際財務報告（基準論）」などが用いられていた。また，IFRS教育に充てられる時間数（単位数）については，4単位が7大学と最も多かった（図表8－6参照）。

図表8－6 IFRS教育に充てられる単位数

単位数	2単位	4単位	6単位	8単位	10単位
大学数 （計18大学）	4大学	7大学	2大学	2大学	3大学

注：大学によってはBATIC試験に向けた講義が開講されているが，ここではIFRS教育に関する講義としてカウントしていない。

③ 講義内容

Web上シラバスが入手可能であった大学院16大学において開講されているIFRS関連科目数は，48講義であった。48講義のうちIFRSの具体的会計処理を取り扱う講義は37講義あり，残りの11講義においては国際会計の概要およびIFRSの特徴，概念フレームワーク，事例研究・財務分析を取り扱っている。これらの48講義における内容について整理したものが，図表8－7であ

第8章 日本におけるIFRS教育　131

図表8-7　IFRS関連講義内容と取扱講義数：会計職大学院の場合

講義内容	該当基準番号	取扱講義数
国際会計の概要とIFRSの特徴		32
金融商品（認識・測定・表示・開示含む）	IFRS7, IFRS9, IAS32, IAS39	26
収益（工事契約含む）	IAS11, IAS18	26
財務諸表の表示	IAS1	25
概念フレームワーク		24
企業結合	IFRS3	23
連結及び個別財務諸表	IAS27	23
有形固定資産	IAS16	21
リース	IAS17	19
資産の減損	IAS36	18
引当金，偶発債務及び偶発資産	IAS37	17
無形資産	IAS38	16
従業員給付	IAS19	14
棚卸資産	IAS2	11
会計方針，会計上の見積りの変更及び誤謬	IAS8	11
持分法（関連会社とJV含む）	IAS24, IAS28, IAS31	10
株式報酬	IFRS2	10
投資不動産	IAS40	10
法人所得税（税効果会計）	IAS12	9
退職給付制度の会計及び報告	IAS26	8
国際財務報告基準の初度適用	IFRS1	8
外国為替レート変動の影響	IAS21	7
事業セグメント	IFRS8	7
事例研究・財務分析		7
売却目的で保有する非流動資産及び非継続企業	IFRS5	6
借入費用	IAS23	6
キャッシュ・フロー計算書	IAS7	5
1株当たり利益	IAS33	4
後発事象	IAS10	3
中間財務報告	IAS34	3
保険契約	IFRS4	2
政府補助金の会計処理及び政府援助の開示	IAS20	2
超インフレ経済下における財務報告	IAS29	2
農業	IAS41	2
鉱物資源の探査及び評価	IFRS6	1

注：学部の場合（図表8-4）と同様の理由から，IFRS関連科目数として科目名が同じであっても担当教員とそのシラバス内容が異なる場合は，異なる科目としてカウントしている。

る。図表 8 - 7 によると国際会計の概要および IFRS の特徴が 32 講義と最も多く，次いで金融商品と収益が 26 講義と多い。また，財務諸表の表示，概念フレームワーク，企業結合，そして連結および個別財務諸表などが多く取り扱われている。

④ 使用テキスト

シラバスにおいてテキストを指定している講義は 48 講義中 22 講義であったが，そのテキストに特記すべき共通性はみられなかった。また，残りの 26 講義中 14 講義は配布資料を用いて講義が行われており，12 講義は未定・不明あるいは未使用であった。

⑤ 事 例

2010 年度公認会計士合格者数の最も多い会計大学院として，早稲田大学大学院 (54 名) が挙げられる。そこで当該大学院の会計研究科における設置科目のうち IFRS 関連科目を中心としてその一覧表を示すと，図表 8 - 8 の通りである。図表 8 - 8 から明らかなように，当該大学院では国際会計専門コースを独自に設け，海外の大学にて講義が提供されている点が特徴的である。また，IFRS に関連するタイトルを持つ講義科目が多く存在するとともに，英語による会計教育にも重きが置かれていることがわかる。

図表 8 － 8　早稲田大学大学院会計研究科の設置科目一覧（IFAS 関連科目を中心として）

	系　統	科目名
基礎科目	財務会計	財務会計 I，財務会計 II，基礎簿記，簿記
コア科目	財務会計	簿記各論，財務会計各論 I，財務会計各論 II
	国際会計専門コース必修 （ハワイ大学提供科目）	Advanced Financial Accounting, Law for the Accountant, Analysis and Decision Making
実務・ 応用科目	財務会計	財務会計トピックス，非営利会計，財務会計英文外書講読，国際会計基準 I，国際会計基準 II，公会計，英文財務諸表及び米国会計基準，財務会計ワークショップ，財務会計基礎ワークショップ，財務会計応用ワークショップ，IFRS ワークショップ，会計実務ワークショップ，非営利・公会計実務ワークショップ，ディスクロージャー実務ワークショップ，国際会計実務ワークショップ，米国会計実務ワークショップ，Financial Accounting Workshop
	英　語	異文化コミュニケーション，Business Communication, Communication for Accounting Professionals, International Business News and Trends, International Negotiation, Professional Presentations
	国際会計専門コース必修 （ハワイ大学提供科目）	Global Accounting, Accounting Theory and Development, Accounting and Tax Research, Advanced Auditing

出典：早稲田大学大学院会計研究科 Web サイト参照。

第 3 節　日本における公認会計士資格試験

(1) 公認会計士試験

　新公認会計士試験制度（2006 年度の試験）により，受験資格の制限がなくなり誰でも公認会計士試験の受験が可能となった。公認会計士になろうとする者は，まず金融庁の公認会計士・監査審査会により毎年行われる公認会計士試験（短答式と論文式による筆記試験）を受験しなければならない（公認会計士法 5 条）。次に，その試験に合格した者は，2 年以上の実務経験（業務補助または実務従事）業務補助等と一般財団法人会計教育研修機構（以下，JFAEL という）などが実施する実務補習を受け，日本公認会計士協会（以下，JICPA という）の修了考査に合格することが義務づけられている（同法 3 条）。そしてその後，内閣総理大臣

の確認を受けて公認会計士名簿に「登録」されることになる(同法17条)。以上,日本の公認会計士試験の流れを要約すると,図表8-9の通りである。

図表8-9 公認会計士試験の流れ

```
公認会計士試験              実務試験

短答式試験 ▶ 論文式試験 ▶  実務補習
                          (必修単位)          ▶ 修了の確認 ▶ 登録 ▶ 公認会計士
                          (日本公認会計士協会による修了考査)              〈CPA〉

                          2年以上の実務経験(試験合格前後不問)
```

出典:JICPA Webサイト参照。

(2) 試験科目と範囲

① 短答式試験

公認会計士試験の短答式試験科目は,公認会計士法8条1項および公認会計士試験規則4条により次のように定められている(図表8-10参照)。

図表8-10 短答式試験の科目と分野・範囲

科目名	規定条項	分野・範囲
財務会計論	公認会計士法8条1項1号 公認会計士試験規則4条1項	・簿記 ・財務諸表論 ・その他,企業等の外部の利害関係者の経済的意思決定に役立つ情報を提供することを目的とする会計の理論
管理会計論	法8条1項2号 規則4条2項	・原価計算 ・その他,企業等の内部の経営者の意思決定及び業績管理に役立つ情報を提供することを目的とする会計の理論
監査論	法8条1項3号 規則4条5項1号	・金融商品取引法及び株式会社の監査等に関する商法の特例に関する法律に基づく監査制度 ・監査諸基準その他の監査理論
企業法	法8条1項4号 規則4条3項	・会社法 ・商法(海商並びに手形及び小切手に関する部分を除く。) ・金融商品取引法(企業内容等の開示に関する部分に限る。) ・その他,監査を受けるべきこととされる組合その他の組織に関する法

出典:公認会計士法と公認会計士試験規則を参考に筆者が作成。

② 論文式試験

論文式試験は，短答式試験に合格した者および短答式による試験を免除された者について行われる。その試験科目は公認会計士法8条2項及び公認会計士試験規則4条により定められている（図表8－11参照）。なお，選択科目についてはあらかじめ1科目選択しておかねばならない（同法8条2項5号）。

図表8－11　論文式試験の科目と分野・範囲

	科目名	規定条項	分野・範囲
必須科目	会計学	法8条2項1号 規則4条1項 規則4条2項	財務会計論：短答式と同様 管理会計論：短答式と同様
	監査論	法8条2項2号 規則4条5項1号	短答式と同様
	企業法	法8条2項3号 規則4条3項	短答式と同様
	租税法	法8条2項4号 規則4条4項	・法人税法 ・租税法総論 ・消費税法 ・相続税法 ・その他の租税法各論
選択科目	経営学	法8条2項5号イ 規則4条5項2号	経営管理及び財務管理の基礎的理論
	経済学	法8条2項5号ロ 規則4条5項3号	ミクロ経済学，マクロ経済学その他の経済理論
	民法	法8条2項5号ハ	民法典第1編から第3編を主とし，第4編及び第5編並びに関連する特別法を含む*
	統計学	法8条2項5号ニ 規則4条5項4号	・記述統計及び推測統計の理論 ・金融工学の基礎的理論

注：＊民法の分野・範囲については2012年度公認会計士試験に関する「出題範囲の要旨について」を参考にした。
出典：公認会計士法と公認会計士試験規則を参考に筆者が作成。

2012年度公認士試験の出題範囲の要旨によれば，IFRS関連項目は「財務会計論」において取り扱われている。ここでは出題項目の例として「財務会計の基礎概念」のなかの「利益概念」および「概念フレームワーク」において，資産・負債アプローチや包括利益などIFRSに関連した用語がみられる。また，「企業会計制度と会計基準」のなかの「会計基準」においては会計基準の国際的コンバージェンスという記述がみられる。このように，間接的であるが，IFRS関連項目は出題範囲に含められている。

(3) 試験日時と試験時間・配点等

試験は，短答式試験が年2回（12月と5月）に実施され，そして論文式試験が年1回（8月）に実施される。2012年度の公認会計士試験は，図表8－12のように実施される。

図表8－12　2012年度公認会計士試験実施日時と試験科目等

試験日時	試験科目	試験時間	配点
第Ⅰ回短答式試験 2011年12月11日 第Ⅱ回短答式試験 2012年5月27日	企業法	10：30～11：30（1時間）	100点
	管理会計論及び監査論	13：00～15：00（2時間）	200点
	財務会計論	16：00～18：00（2時間）	200点
論文式試験 2012年8月17日 ～8月19日	監査論（8/17）	10：30～12：30（2時間）	100点
	租税法（8/17）	14：30～16：30（2時間）	100点
	会計学（8/18）	10：30～12：30（2時間） 14：30～17：30（3時間）	300点
	企業法（8/19）	10：30～12：30（2時間）	100点
	選択科目・1科目（8/19）	14：30～16：30（2時間）	100点

出典：公認会計士・監査審査会Webサイト参照。

(4) 合格者数・合格率

2007年度以降の短答式試験および論文式試験の合格者数と合格率（対受験者数）は，図表8 - 13 の通りである。

図表8 - 13　短答式試験・論文式試験の合格者と合格率（対受験者数）

年　度	短答式試験			論文式試験＊		
	合格者数	受験者数	合格率	合格者数	受験者数	合格率
2011年度	2,231人	32,034人	7.0%	1,447人	4,254人	34.0%
2010年度	2,396人	35,243人	6.86%	1,923人	5,011人	38.4%
2009年度	2,289人	17,371人	13.2%	1,916人	5,361人	35.7%
2008年度	3,515人	16,217人	21.7%	3,024人	7,034人	43.0%
2007年度	2,709人	14,608人	18.5%	2,695人	6,320人	42.6%

注：＊なお，旧2次試験合格者等の短答式試験みなし合格者を除く。
出典：「平成23年公認会計士試験　合格調」参照（公認会計士・監査審査会Webサイト）。

(5) 修了考査

公認会計士になるには，修了考査に合格し実務補習を修了する必要がある（図表8 - 9参照）。修了考査は，公認会計士試験（論文式試験）に合格後に，JFAELが実施する実務補習を履修し必要単位を収めた者に対して受験資格が与えられ，実務補習規則（平成17年内閣府令第106号）に基づき実施される試験である（公認会計士法16条7項・8項）。2011年度の修了考査の試験日時及び試験科目等は，図表8 - 14のとおりである。2007年度以降の修了考査の合格率（対受験者）は，おおむね70％である（図表8 - 15参照）。

図表 8 – 14　2011 年度修了考査の試験日時および試験科目

試験日時	試験科目	試験時間	配　点
2012 年 1 月 8 日	会計に関する理論及び実務	10：00 ～ 13：00（3 時間）	300 点
	監査に関する理論及び実務	14：30 ～ 17：30（3 時間）	300 点
2012 年 1 月 9 日	税に関する理論及び実務	10：00 ～ 13：00（3 時間）	300 点
	経営に関する理論及び実務 （コンピュータに関する理論を含む。）	14：30 ～ 16：30（2 時間）	200 点
	公認会計士の業務に関する法規及び職業倫理	17：20 ～ 18：20（1 時間）	100 点

出典：JICPA Web サイト参照。

図表 8 – 15　修了考査の合格率

年　度	2010 年度	2009 年度	2008 年度	2007 年度
合格者	2,246 名	1,493 名	1,323 名	1,186 名
合格率（対受験者数）	69.4%	69.6%	73.9%	71.8%

出典：JICPA Web サイト参照。

第 4 節　公認会計士試験（論文式試験）合格後の IFRS 教育研修カリキュラム

　本節では，公認会計士試験（論文式試験）合格後の教育研修カリキュラムとして，(1) 論文式試験合格後，JICPA の終了考査の受験資格に必要となる実務補習にて行われる研修，(2) 公認会計士資格取得後受講できる，JICPA（JFAEL や ASBJ 等主催のものを含む）が主催する研修，(3) 監査法人で任意に行われる研修のそれぞれについて，最近の実例を紹介する。

　下記図表 8 – 16 は，前述の図表 8 – 9「公認会計士試験の流れ」に関連して，それぞれの段階で行われる教育研修カリキュラムを，本節の構成に合わせて図示したものである。

図表8－16　公認会計士試験合格後の教育研修カリキュラム

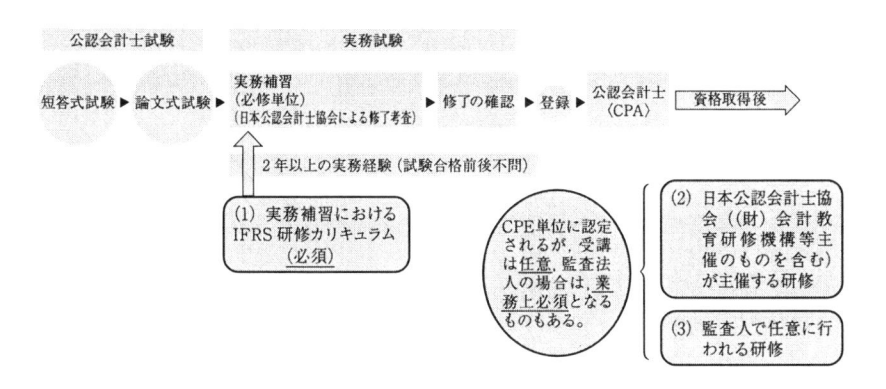

(1) 実務補習におけるIFRS研修カリキュラム（必須）

(2) 日本公認会計士協会（(財)会計教育研修機構等主催のものを含む）が主催する研修

(3) 監査人で任意に行われる研修

CPE単位に認定されるが，受講は任意，監査法人の場合は，業務上必須となるものもある。

(1) 実務補習におけるIFRS研修カリキュラム

図表8－17　実務補習におけるIFRS研修カリキュラム（近畿会の例）

カリキュラム名	時間数	備　考
国際財務報告基準（概論）	3	自己学習（eラーニング）
国際財務報告基準（各論）	3	自己学習（eラーニング）

　実務補習におけるIFRS研修カリキュラムの受講は必須となっており，IFRSに関連する基礎的な知識を学ぶ内容となっている。

図表 8 – 18　JICPA 等が行う IFRS 研修カリキュラム（2011 年 1 月から 2011 年 9 月開催分）

開催主体	形式等	研修名	時間	備考
JFAEL	個別テーマ研修	IFRS 第 9 号「金融商品」	2	JICPA との共催
	個別テーマ研修	IFRS 第 13 号「公正価値測定ガイダンス」	2	JICPA との共催
	個別テーマ研修	IFRS 収益の認識	4	JICPA との共催
	個別テーマ研修	IFRS 第 10 号「連結財務諸表」、IFRS 第 11 号「ジョイント・アレンジメント」	4	JICPA との共催
	個別テーマ研修	IFRS 退職給付	4	JICPA との共催
	個別テーマ研修	IFRS リース	4	JICPA との共催
	セミナー	セミナー「IFRS の主要論点― IFRS における収益認識―」	2	–
	セミナー	セミナー「IFRS の主要論点― IFRS におけるリース―」	2	–
	IFRS セミナー	IFRS における連結会計―子会社の範囲―	2	–
	特別講演会	特別講演会「オーストリアから学ぶ IFRS の実務的導入」	4	–
	特別講演会「IFRS 経理実務セミナー」第 1 回	「アカウンティング・ポリシー策定の留意点～財務諸表の比較可能性を担保して連結経営管理に繋げる～」	2	–
	特別講演会「IFRS 経理実務セミナー」第 2 回	「IFRS 新リース会計・最新情報」	2	–
	特別講演会「IFRS 経理実務セミナー」第 3 回	「住友商事グループにおける IFRS の導入」	2	–
	特別講演会「IFRS 経理実務セミナー」第 4 回	「IFRS 導入における実務対応」	2	–
	特別講演会「IFRS 経理実務セミナー」第 5 回	「1. NYSE 上場のための IFRS 連結財務諸表作成について　2. 金融商品・ヘッジ会計の IASB 最新情報」	2	–
JICPA	春季全国研修会	IFRS 第 7 号「金融商品―開示」	2	–
	春季全国研修会	概念フレームワーク	2	–
	春季全国研修会	IFRS 時代にあるべき三様監査のあり方を考える	2	–
	第 32 回日本公認会計士協会研究大会	【パネルディスカッション】ポスト 2011 ―国際財務報告基準（IFRS）を巡る検討課題	9	–
	e-ラーニング（自己学習）	IAS 1 号に基づく財務報告の概要	2	–
	e-ラーニング（自己学習）	IFRS と IASB の概要	2	–
ASBJ	ASBJ オープン・セミナー 2011	IASB による基準開発の動向と我が国の対応、IASB 個別プロジェクトの解説（連結、公正価値測定など）	3	–
	ASBJ オープン・セミナー	IFRS の最新動向と我が国への導入（第 12 回）	3	–
	ASBJ オープン・セミナー	IFRS の最新動向と我が国への導入（第 11 回）	3	–
	ASBJ オープン・セミナー	IFRS の最新動向と我が国への導入（第 10 回）	3	–
	ASBJ オープン・セミナー	IFRS の最新動向と我が国への導入（第 9 回） IFRS の流れをつくるもの	3	–

(2) JICPA（JFAEL 及び ASBJ 主催のものを含む）が主催する IFRS 研修カリキュラム

上記のように，JICPA 等が主催する研修カリキュラムは，IFRS そのもの（概要や基準）の解説を対象とするのみならず，実務対応にあたっての課題や最新の基準動向にフォーカスしたものが多く含まれる点が特徴的である。

上記の他に，過去に行われた集合研修を CD-ROM 化し，広く受講可能とする取り組みも行われている。

(3) 大手監査法人における IFRS 教育研修カリキュラム

日本の大手監査法人では，各法人により多少の差異はあるものの，おおむね下記のような研修が行われていた。

① 基礎研修：
- ▶ 個別基準の解説にフォーカス（フレームワークについて時間をかけて取り組むという傾向ではない）
- ▶ 概ね 20 〜 40 コースもしくは時間
- ▶ 主として必須研修
- ▶ 多くは E-learning（Web ベースの研修）に対応

② アップデート研修：
- ▶ 基準の改訂等をフォローするための研修
- ▶ 随時または定期的に開催
- ▶ 主として必須研修
- ▶ 多くは E-learning（Web ベースの研修）に対応

③ Workshop 研修／演習ディスカッション形式の研修：
- ▶ 基準の実務へのアプリケーションについて，理解と思考を深めるための研修

▶　主として任意研修
　　▶　集合研修形式

④　業種別研修：
　　▶　研修と言うよりは，業界特有の事項についての意見交換的な要素が強い。
　　▶　主として任意研修
　　▶　集合研修形式

⑤　アドバイザリー向け研修：
　　▶　先行事例研究等の，導入のハウツーに関する内容
　　▶　主として任意研修
　　▶　主として集合研修形式

　上記のうち，必須研修を中心に，業務上必要とされる社内要件と規定されていることが多い。また，教材は，基本的にはグローバルと同一のものを使用していることが多いようである。一方で，より実践的な内容のもの（③④⑤）は，日本独自で開発されている場合がある。フォーマルではなく，必要に応じてアドホックに行われるものも多い。

(4) まとめ

　公認会計士試験合格後のIFRS教育研修カリキュラムとしては，IFRSの基準そのものや最新の動向をダイレクトに理解しようとするタイプのものが基本になる。一方で，例えばフレームワークなどの考え方を徹底的に理解するような内容の研修は少ない。
　これに加えて，IFRSの実務適用における課題，各業界での取引慣行に照らした解釈等の意見交換的な要素が強くなっていくことが特徴的である。特に後者は，実務家として，会計的な知識のみならず，企業のビジネスを理解し，適

確な運用をしていく上で必須の能力につながるものであり，ニーズも高く，重要視されている。

[注]

(1) このプロジェクト項目として，工事契約，関連会社の会計方針の統一，金融商品の時価開示，資産企業結合時の仕掛研究開発の資産計上除去債務，退職給付債務の計算，棚卸資産の評価，賃貸等不動産の時価開示，企業結合（ステップ1）の8つの項目が挙げられている（ASBJ・IASB［2011］）。

(2) 自見担当大臣は「2015年3月期についての強制適用は考えておらず，仮に強制適用する場合であってもその決定から5－7年程度の十分な準備期間の設定を行うこと，2016年3月期で使用終了とされている米国基準での開示は使用期限を撤廃し，引き続き使用可能とする」という意見を表明された（金融庁Webサイト参照）。

(3) 改訂内閣府令の概要は，以下のとおりである。
　・任意適用の対象会社（連結財務諸表規則第1条の2，開示府令第2号様式記載上の注意（59）等）：国際的な財務活動または事業活動を行う国内会社で一定の要件を満たす会社を特定会社といい，指定国際会計基準により連結財務諸表を作成することができる。
　・国際会計基準の指定（連結財務諸表規則第93条，同規則ガイドライン93，告示等）：IASCが公表した国際会計基準のうち，公正かつ適正な手続の下に作成及び公表が行われたものと認められ，公正妥当な会計基準の基準として認められることが見込まれるものを金融庁長官が定め，官報で告示する。
　・並行開示（開示府令第2号様式記載の注意（30）c，d等）：初年度に限り日本基準による要約連結財務諸表（2期分），重要な変更事項（2期分），日本基準による連結財務諸表と指定国際会計基準による連結財務諸表との差異事項（2期分）を概算額で記載する。翌年度以降は直近の連結会計年度において差異事項の記載のみが要請される。なお，これらは監査対象外である。
　・四半期報告書に係る取り扱い（開示府令第4号の3様式記載上の注意（21）g，h，監査証明府令第1条の第11号の2等）：特定会社は，年度の連結財務諸表，または第一四半期の四半期連結財務諸表から指定国際会計基準を適用することができる。
　・連結財務諸表を作成していない特定会社の取扱い（財務諸表規則第127条等）：当該特定会社は，日本基準による財務諸表に加えて，特定国際会計基準による財務諸表を作成することができる。

(4) 東京証券取引所より全上場企業2,283社を対象として2010年9月から10月まで調査が実施され,同年11月に「IFRS準備状況に関する調査結果」が公表された。回答率は68.9%(1,572社)で,時価総額1,000億円以上の大規模な企業から回答率が90%以上であった。調査によると,IFRS対応の準備を進めていると回答した企業は73.6%(1,156社)で,そのうち,任意適用に向けて準備中とした企業は6.2%(97社)であり,残りは強制適用に鑑みて準備中との回答であった。IFRS任意適用に向けて準備している97社は,その適用時期について2015年3月期からが53.6%(52社)と最も多かった(東京証券取引所[2010])。

(5) 16大学とは,愛知大学,愛知淑徳大学,青山学院大学,関西大学,関西学院大学,熊本学園大学,甲南大学,千葉商科大学,中央大学,東北大学,兵庫県立大学,法政大学,北海道大学,明治大学,立命館大学,早稲田大学である。

参考文献

ASBJ[2007a]「企業会計基準委員会と国際会計基準審議会は2011年までに会計基準のコンバージェンスを達成する『東京合意』を公表」プレスリリース,ASBJ。

ASBJ[2007b]「プロジェクト計画表の公表について―東京合意を踏まえたコンバージェンスへの取組み」プレスリリース,ASBJ。

ASBJ・国際会計基準審議会(IASB)[2011]「企業会計基準委員会と国際会計基準審議会が東京合意における達成状況とより緊密な協力のための計画を発表」プレスリリース,ASBJ。

会計大学院コアカリキュラム検討委員会[2010]『会計大学院コアカリキュラム検討委員会成果報告書』会計大学院コアカリキュラム検討委員会。

企業会計基準委員会(ASBJ)[2006]「我が国会計基準の開発に関するプロジェクト計画について―EUによる同等性評価等を視野にいれたコンバージェンスへの取り組み―」プレスリリース,ASBJ。

企業会計審議会[2006]「会計基準のコンバージェンスに向けて(意見書)」企業会計審議会,企画調整部会。

企業会計審議会[2009]「我が国における国際会計基準の取り扱いについて(中間報告)」企業会計審議会。

小賀坂敦[2009]「プロジェクト計画表の更新(2009年9月)について」『季刊 会計基準』第27号,42-51頁。

小賀坂敦[2010]「プロジェクト計画表の更新(2010年4月)について」『季刊 会計基準』第29号,23-29頁。

佐藤信彦[2010]「日本における国際的会計基準の適用」『税経通信』第65巻第3号,17-24頁。

柴健次［2010］「IASB 財務諸表フレームワークと会計教育（特集 IFRS 概念フレームワークとは何か）」『企業会計』第 62 巻第 8 号，1144-1153 頁。

柴健次［2011］「試行錯誤の会計教育研究」『現代社会と会計』（関西大学大学院会計研究科）第 5 号，105-128 頁。

東京証券取引所［2010］「IFRS 準備状況に関する調査結果（概要）」東京証券取引所，1-22 頁（東京証券取引所：http://www.tse.or.jp）。

【Web サイト】
一般財団法人　会計教育研修機構（JFAEL）：http://www.jfael.or.jp/
企業会計基準委員会（ASBJ）：https://www.asb.or.jp
金融庁：http://www.fsa.go.jp
慶応義塾大学：http://www.keio.ac.jp
公認会計士・監査審査会：http://www.fsa.go.jp
公認会計士三田会：http://cpa-mitakai.net/keio_pass.html
住友商事株式会社：http://www.sumitomocorp.co.jp
日本板硝子株式会社：http://www.nsg.co.jp
日本公認会計士協会（JICPA）：http://www.hp.jicpa.or.jp，
日本公認会計士協会（CPE 関連）：http://cpe.jicpa.or.jp/　https://secure.cpe.jicpa.or.jp/
日本公認会計士協会近畿会：https://www.jicpa-knk.ne.jp/
日本電波工業株式会社：http://www.ndk.com/jp
HOYA 株式会社：http://www.hoya.co.jp
早稲田大学：http://www.waseda.jp

第2部

IFRS教育における史的考察の重要性とその課題

第9章

IFRS教育における史的考察の意義とその分析視点

第1節 IFRS教育における史的考察の意義とIFRS教育

　IFRS教育の目的および内容はそれぞれの教育の場によって異なると思われるが，ここでは大学の専門課程または大学院を前提として，IFRS教育における財務報告の史的考察の意義とその分析視点を検討することとしたい。

　これまでの大学の専門課程における会計教育は，どちらかといえば，理論的側面よりも基準の解釈や会計処理の説明など実務的側面に偏向してきたきらいがある。そのような反省も含めてIFRS教育を考えるとき，IFRSの概念や基準を所与のものとして丸呑みさせるのではなく，むしろ広く財務報告システムの発展プロセスおよびそれを支える諸概念の変遷についての考察はもとより，IFRSの考え方をそのなかで相対化して理解させることが重要であるように思われる。

　すなわち，それぞれ時代の社会経済的背景を反映しながら進化してきた財務報告の歴史的変遷をたどり，その歴史の延長線上にある現在のIFRSの財務報告システムがこれまでのものとどのように異なり，その変化の要因がどこにあるのか，また，このような変化が将来にどのような影響を与えるのかを考えさせることは，IFRSはもとより財務報告システム全体およびその役割をより的確に理解し，その動向を見極める能力を高めると考えられる。その意味で，IFRS教育において財務報告の史的考察は重要な視点となろう。もっとも，

IFRS の全体像を教えるだけでも相当な時間を要すると想像されることから，実際の教育の現場においては，ごく限られた時間のなかで IFRS にいたるまでの財務報告の歴史的経緯を解説できるよう，分析視点をしぼることが求められるだろう。

したがって，まず本章において IFRS 教育に重要と思われる史的考察の分析視点を検討したうえで，財務報告の発展プロセスをたどることとしたい。なお，本研究（第2部）は，財務報告の歴史そのものの考察や新たな歴史的事実の発見ではなく，IFRS をより的確に理解させるための歴史教育の検討を目的としており，財務報告の歴史についてのこれまでの研究成果に基づきながら，それをいかに IFRS 教育に活かしていくかに重点を置いている。

第2節　財務報告の歴史とその分析視点

財務報告 (financial reporting) という用語そのものは新しく，FASB が 1978 年に公表した SFAC 第1号において財務諸表 (financial statement) に代えて用いたとされ，それ以降，徐々に世界的に浸透し，近年になってようやく定着してきたといえる。ここで，「財務報告と財務諸表とは，本質的に同じ目的をもつものであるが，ある種の有用な情報は財務諸表によってよりよく提供され，またあるものは財務諸表以外の財務報告手段によってよりよく提供されるかあるいはそれによってのみ提供される」（日本会計研究学会スタディ・グループ [1997]，13-14頁）という。すなわち，財務報告とは，財務諸表よりも広く，財務諸表により伝達される情報はもとより投資家の意思決定に有用となる情報を網羅的に指すものと思われる（安藤 [2010]，3頁）。

ここでの目的は，財務報告の歴史的な発展プロセスのなかで，IFRS の考え方を相対化することにあるが，このように財務報告そのものは最近になってようやく定着した用語であり，歴史的考察の対象としては十分な時間の経過がないようにも思われる。しかし，財務報告の歴史は浅くとも，財務報告が財務諸表の機能をほぼ承継しながら[1]，さらにそれを進化させようとしていること

を踏まえると，これまで会計報告の中心を担ってきた財務諸表や会社法上の計算書類も含めて財務報告の歴史を分析することが妥当であろう。

そこで，財務報告を歴史的に考察する場合，どの時点にまで遡及するか，どの視点から分析していくかが問題となる。

まず，どの時点にまで遡及するかについていえば，財務報告という用語にとらわれることなく，財務諸表や計算書類，ひいては広く会計に置きかえてその歴史を概観するとすれば，さしあたり会計が大きく発展したとされる株式会社の勃興にまでさかのぼって財務報告の歴史を検討することが適切であるように思われる。もっとも，財務報告システムもその発展プロセスも国により大きく異なることから，本報告においては，とりわけアメリカ・フランス・ドイツという3つの地域に焦点をしぼって概観することにする。

次に，財務報告をどの視点で分析するかについていえば，たとえば，各国の財務報告の類型化を試みた所説（日本会計研究学会スタディ・グループ［2005］，平松ほか［2005］）においては，その分析視点として，財務報告の目的または会計の機能，利益の計算構造，資産評価，資本維持概念，測定単位，規制当局，開示規制などが挙げられている。しかし，IFRSにおいても，これまでの他の財務報告システムにおいても，まず財務報告の目的が明示的または暗黙的に提示され，一義的ではないにしても，その目的のもとで諸概念や会計の計算構造が規定されていることを勘案すると，なによりもまずは財務報告の目的を分析の視点としてその歴史をさかのぼることが適切であるように思われる。

したがって，中間報告においては，史的考察の分析視点として，財務報告の目的または会計の機能に焦点をあて，会計の目的がそのときどきの社会的要請に応じてどのように変化してきたかを検討し，最終報告においては，それぞれの目的に対応する形でどのように会計システムが構築されてきた（斎藤［2005］，4-5頁，藤井［1997］，3頁参照）か，財務報告の目的との関係で構成要素の定義・利益の計算構造・資産評価にも言及していきたい。IFRS教育のなかにこのような歴史的視点を取り入れることで，現在のIFRSが提示する会計基準体系の特徴やその諸概念をよりよく理解できると思われる。

[注]

(1) もっとも,財務諸表と財務報告とでは簿記を前提とするか否かで大きく異なるとの考え方もある(安藤英義 [2010], 3頁)。

参考文献

安藤英義 [2010]「巻頭言 簿記会計と財務報告はやがて別物?」『産業経理』69 (4)。
斎藤静樹 [2005]『詳解「討議資料・財務会計の概念フレームワーク」』中央経済社。
友岡賛 [1996]『歴史にふれる会計学』有斐閣アルマ。
日本会計研究学会スタディ・グループ [1997]『会計の理論的枠組みに関する総合的研究:最終報告』日本会計研究学会。
日本会計研究学会スタディ・グループ [2005]『会計利益計算の構造と論理に関する総合研究:最終報告書』日本会計研究学会。
平松一夫・徳賀芳弘編著 [2005]『会計基準の国際的統一』中央経済社。
藤井秀樹 [1997]『現代企業会計論:会計観の転換と取得原価主義会計の可能性』森山書店。

第10章
株式会社制度の成立・発展と財務報告

第1節 受託責任（スチュワードシップ）と情報提供機能

　IFRSは，財務報告の目的を「既存および潜在的な投資家および債権者に対して，彼らが企業に資金提供するさいの意思決定に有用な情報を提供すること」（FASB [2010], par.2）とするが，会計の目的として意思決定有用性という視点をはじめて提唱したのはAAAが1966年に公表した「基礎的会計理論のステートメント」（以下，ASOBATとする）においてであるという（日本会計研究学会スタディ・グループ [1997], 12-13頁）。それ以前はむしろ顛末報告としての受託責任（スチュワードシップ）および株式会社制度が確立してからは利害調整や契約支援をも含む広い意味での受託責任（スチュワードシップ）に主眼が置かれていたといえる。広い意味での受託責任（スチュワードシップ）は現在もなお会計に求められる機能であるが，近年では，会計の情報提供という目的を重視するあまり，会計の本来的機能である利害調整が空洞化しているとの指摘（藤井 [1997], 254頁）もある。

　情報提供機能と，古来，財務報告が担ってきた受託責任（スチュワードシップ）とは，必ずしも対立する概念ではなく，前者が後者を包摂するとの解釈が一般的であろう。しかし，投資意思決定のための情報提供を最優先課題として公正価値会計が提唱されてもなお，財務報告が情報提供と受託責任（スチュワードシップ）の2つの目的を同時に担うことができるかどうかについては明らかで

はなく，現に FASB の概念フレームワーク（2010）は受託責任（スチュワードシップ）という用語を用いていない。この点については次章でも詳述するところである。

受託責任（スチュワードシップ）から情報提供重視へと，会計の目的が時代とともに変化してきた背景になにがあるのか，それぞれの目的が規定する構成要素の定義や利益の測定方法，資産評価はどのように異なるのか，受託責任（スチュワードシップ）は現在もなお会計に求められる機能であるのか，もしそうであるならば，IFRS が投資意思決定のための情報提供を基本目的とするなかで，これらの機能はどのように補完されていくのかなどなど，会計が社会のなかで担ってきた役割をさまざまな観点から分析するとともに，IFRS がそれをどのように継承しようとしているのかを考えることは，IFRS 教育のなかでも取り上げていきたい重要な視点であると思われる。

このような問題意識のもと，以下では，株式会社の成立から証券市場が整備されていくまでの間に，財務報告の目的がどのように変化してきたのか，その発展プロセスを概観することとする。なお，ここでは，IFRS 教育の観点からより容易に理解ができるよう，とりあえず財務報告の目的を受託責任（スチュワードシップ）と情報提供に分類し，受託責任（スチュワードシップ）には顛末報告としての伝統的な役割はもとより広く利害調整機能や契約支援機能をも含めて検討していくことにしたい。

第2節　株式会社制度の確立と財務報告の目的

IFRS 教育における史的考察の起点として，まずは株式会社制度が成立した時期に注目し，当時，財務報告にどのような機能が求められ，その後，どのように変化してきたのか，その時代の社会的経済的背景とともに概観することとしたい。

株式会社制度は，1）各企業は独立して存在し，それ自身の法人としての権利で財産を所有していること，したがって，2）企業はその所有主の生命とは

無関係に存続すること，3）企業を構成する個人は企業の諸活動に対して有限責任を有することの3点の概念に支えられているという（Chatfield [1973], p.77, 加藤・津田 [1978], 98頁）が，株式会社制度における「所有と経営の分離」「事業活動の継続性」「有限責任」のこれら3点こそが会計に大きな影響を与える。所有と経営の分離により，経営に携わらない株主が増大し，そのために経営者が受託した資本を有効に管理する記録技術，およびその管理状況を報告および監査する機能が格段に発展した（田中 [1998] 参照）。さらに，法人としての企業が営む事業活動の継続性は長期投資を可能ならしめ，くわえて会社の債務に対する株主の有限責任が明確化されたことにより，投下資本維持および債権者保護の観点からの資本と利益の区別が重要な課題として提起される。

　株式会社制度はオランダまたはイギリスの東印度会社を端緒とするが，このように所有と経営が完全に分離し，継続企業を前提として，有限責任制度のもとで資本と利益を区別する必要性が明確になったのは，イギリスにおいては1855年有限責任法（Limited Liability Act）・1844年株式会社登録法（Joint Stock Companies Act）・1845年会社条例総則（Companies Clauses Consolidation Act）・1856年および1862年会社法（Company Act）が公布された19世紀中葉とされる（Littleton [1933], pp.205-222, Chatfield [1973], pp.105-108）[1]。株式会社は，会社法のもとで，会計帳簿の作成はもとより定期的決算，標準化された年次貸借対照表の作成，利益からの配当，監査，株主への報告などが法的に義務づけられていたが，このころに財務報告システムが格段に発展した背景の1つにはこのような法的強制力だけでなく，判例や社会的要請にも負うところが大きいという（Littleton [1933], pp.205-222）[2]。

　当時の財務報告の目的は，当初は，伝統的な受託責任（スチュワードシップ）となんら変わりなかったという。財産の委託と受託の関係を基礎として，受託者が委託者に対して受託の顚末を運用成果も含めて報告し，責任を解除してもらう受託責任遂行状況の報告を会計の目的とする会計責任（アカウンタビリティ）および受託責任（スチュワードシップ）は，すでに古代ローマ時代や中世イギリスの荘園において確立されたが，株式会社制度が整備されはじめた当初は，株

主と経営者とはこのような荘園領主と荘園管理人の役割を果たしているにすぎなかった (Chatfield [1973], p.114, 加藤・津田 [1978], 146頁)。しかし, 所有と経営の分離のもと事業活動の継続性と株主の有限責任を前提に株式会社制度が確立されると, とりわけ株主と債権者との間の利害対立がたびたび問題となり, 両者の利害調整という重要な課題が財務報告に課せられることになる。

というのも, 株主有限責任は, 企業の倒産リスクを株主と債権者とに配分し (並木 [1987], 194頁), 株主のリスクを軽減することで投資を促進する制度であるとされる。他方で, このように株主に有利な制度であっても債権者にとっては必ずしもそうではなく, 配当を通じた株主への利益移転や事業リスクの選択, 負債比率の変更などさまざまな局面において株主と債権者との利害は対立する (藤田 [1999] 参照)。そのために, 株式会社制度が確立した当時でも少なくとも債権者は常に資本金に見合うだけの資産が充分に担保されているか, 資本金を食い潰すような配当がなされていないかを財務報告を通じて確認する必要が生じたと考えられる。

すなわち, 会社の債務に対する株主の有限責任は, 株主への配当により資本金が減少しないよう資本維持の問題を提起し, 会社法においても債権者保護の観点から配当は利益を源泉とするよう規制するが, 資産および負債の評価や減価償却の当否など, 利益の測定について必ずしも共通の認識がなかったために, 株主と債権者の利害対立が顕在化し, 利益の測定方法をめぐる判例が数多く出されているという (Littleton [1933], pp.214-218)[3]。もっとも, 期間損益計算の考え方が現在のように確立されるまでには, まだ相当の時間を要することになるが, この19世紀から20世紀にかけての利益の測定方法および資産評価方法の発展プロセスは, とりわけ鉄道会社を題材としてわが国においても数多くの研究がなされている[4]ところである。

こうして株式会社の重要性が増大し, 有限責任という概念が社会的に認知されてからは, 財務報告は, 伝統的な受託責任 (スチュワードシップ) はもとより企業を取り巻く利害関係者の利害対立を調整する役割をも担うにいたったと考えることができる。当然のことながら, 今日の株式会社においてもこのような

利害関係者間の利害対立は認められ，その調整役を財務報告がどのように担っていくのか，連単分離を前提に，IFRS は投資意思決定のための連結財務諸表に特化し，利害調整機能には目を向けないのかなど，IFRS 教育においては各国の事情にてらしながら検討してほしい点である。

第3節　証券市場の発達と財務報告の機能拡大

　受託財産の保全および管理に係る顛末を報告するための財務報告は，株式会社制度の成立を契機として利害調整のための財務報告へと目的を進化させたが，今日でいうところの受託責任（スチュワードシップ）には，このような株主と債権者との間の利害調整はもとより，これとはやや異なる視点であるものの，エージェンシー問題を認識した契約支援機能も広く含んでいると考えられる。債権者と経営者との関係でいえば財務制限条項のように，また，株主と経営者との関係でいえば経営者報酬などのインセンティブ契約のように，利害対立する当事者は契約を通じて相互の利害対立を回避し，エージェンシー費用を最小化することで相互のリスク分担をはかろうとするが，ここで財務報告はそれぞれの契約内容を決定するさいの判断材料を提供するとともに，当該契約が履行されたかどうかを事後的な測定を通じて裁定する役割も担っている。このように財務報告が利害対立の回避や契約履行のチェックに用いられるという意味で，契約支援機能もまた広い意味での受託責任（スチュワードシップ）に含まれる（須田 [2000]，30頁）という。

　このような受託責任（スチュワードシップ）のさらなる拡大ともいうべき契約支援機能の端緒はどこに求めることができるのだろうか。その背景にはなにがあるのだろうか。契約支援機能は法的概念ではなく経済的合理性から遂行されるのであり，財務諸表の開示が法律で要求されない時代にも，契約支援機能は観察されるはずとされる（須田 [2000]，27頁）。そこで，19世紀からさらに時計の針を進め，経済の急成長を背景に財務報告の機能がさらに拡大したと考えられる1920年代および1930年代のアメリカに目を向けてみよう。

たとえば，アメリカにおける経営者と債権者との契約に注目すると，社債発行が大幅に増加した1920年代および1930年代あたりにその1つの源流をみいだせそうである[5]。1930年代以前から普及していたとされる信託証書 (indenture) は，デフォルト時の債権保全めぐりトラスティが社債権者に代わって発行企業と交わす契約書であり，社債権者を保護するとともに，同時に社債発行を促進する役割を担っていた（江頭 [1987], 青山 [1991] 参照）。トラスティの権利・義務など信託証書に係る諸規定は，大恐慌の教訓を経て，1933年証券法（Securities Act of 1933）および1939年信託証書法（Trust Indenture Act of 1939）において詳細に制定されるが，少なくとも今日の信託証書の内容には財務制限条項も含まれ，当該財務制限条項を遵守しているかどうかの監視や担保物件の管理，およびそのために必要な財務情報等の入手はトラスティの役割とされている[6]。

当時の信託証書が契約の実効性を担保するような手段として財務報告の活用を前提としていたかについて確証はえられていない[7]が，トラスティが契約で定められた自らの義務をはたすべく社債の管理を行い，そのためにとりわけ無担保社債については企業の支払能力を財務数値に基づきながら定期的にチェックしていたことは確かであろう[8]。したがって，信託証書がすでに普及していたとされる1920年代および1930年代には，間接的ではあるものの，財務報告の契約支援機能をごく原始的ながら観察でき，アメリカにおける急速な経済成長，企業の大規模化と巨額の資金調達，それに伴う証券市場の発達は，受託責任（スチュワードシップ）を利害調整機能はもとより契約支援機能をも含む広い概念へと発展させる1つの契機となったと考えることができよう。

他方で，財務報告の情報提供機能についても，受託責任（スチュワードシップ）と同様に1920年代および1930年代の証券市場の発達を背景に徐々に進展してきたと考えることはできないだろうか。財務報告の情報提供機能が公式に文書化されたのはASOBATにおいてとされるが，情報提供機能の本質ともいえる投資家の視点から財務報告の役割を位置づける考え方は比較的早くから浸透していたとも推察できる。たとえば，1920年代後半から1930年代にかけての

NYSE を中心とする企業内容の開示に係るさまざまなガイドラインや証券法・証券取引法の制定（弥永［2011］参照）は，投資意思決定のための情報提供という用語こそ用いていないものの，いずれも証券取引における投資家保護の観点からの開示を強く意識していると思われる。

　財務報告の情報提供機能については次章において深く検討することにして，ここでは，証券市場の発達が財務報告にさらなる役割を求め，受託責任（スチュワードシップ）および情報提供機能のいずれの機能をも高める1つの契機となったことを確認しておきたい。

第4節　小　括— IFRS 教育と財務報告の目的—

　受託財産の保全および管理に係る顛末を報告するための財務報告は，株式会社制度の成立を契機として利害調整のための財務報告へと目的を大きく進化させ，1920年代から1930年代のアメリカにおける急速な経済成長と証券市場の発達を背景に，さらにそれを拡大し，利害調整機能や契約支援機能をも含めた広い意味での受託責任（スチュワードシップ）と情報提供機能の両方の役割を担おうとしていたといえる。20世紀初頭といえども今日とくらべて財務報告制度が未整備ななかで，財務報告がその機能を充分に発揮できたかどうかは明らかではないが，少なくともそこでは受託責任（スチュワードシップ）と情報提供機能の2つの目的はけっして対立するものではなく，財務報告が同時に担いうるものとして考えられていたはずである。

　しかし，その後のアメリカにおいては，財務報告をもっぱら情報の観点に純化させる傾向にあり，将来の企業成果の予測に役立つ情報の開発に全力を傾注してきた。IFRS もしかりである。近年，IFRS が意思決定有用性の観点から公正価値会計を強く主張するあまり，反対に，ようやくそれに異論を唱え，財務報告におけるもう1つの重要な機能である受託責任（スチュワードシップ）を主張する論調（Benston［2007］, p.230, Watts［2006］, p.52］）がでてきたが，それまでは，財務報告の最も本来的な機能であるにもかかわらず，受託責任（スチュ

ワードシップ) は副次的に扱われてきた。

　財務報告に求められる機能は投資意思決定のための情報提供だけではない。歴史的にも大きな役割を担い，自らも時代とともに変容してきた受託責任 (スチュワードシップ) をどのように全うしていくのか，IFRS 教育において強調したい点の1つである。そのためには，情報提供機能と受託責任 (スチュワードシップ) との関係を分析するとともに，その後のアメリカにおける財務報告の歴史を詳細に追う必要があろう。それについては次章に委ねることにしたい。

[注]

(1) リトルトンは判例をもとに配当または資本と利益の区別が問題となった時期を判断しており，この種の問題を取り扱った判例は 1860 年代から多くみられるという。
(2) イギリスにおいては，財務報告は，経営者と株主との私的問題にすぎないとの根強い考えがあったとされる。
(3) たとえば，貸借対照表に資産・資本・負債・損益を計上し，かつ営業維持費用および作業費用を支払った後の残高とする判例もあれば，期首と期末の会社の清算価値の差額をもって利益とする判例もあったという (Littleton [1933], pp.215-216 (片野一郎訳 [1978], 320 頁))。
(4) 中村 [1994], 村田 [2001], 澤登 [2009], 佐々木 [2010] ほか。
(5) 企業の資金調達において銀行からの借入が重要な役割を演じた 19 世紀から 20 世紀初頭にかけて，銀行による企業の信用分析が大きく発展した (國部 [1994] 参照) とされ，そのころすでに財務報告が銀行と企業との私的契約を支援する役割を果たしていたという見方もできるかもしれない。
(6) 信託証書の内容を大枠で決定するのは発行会社とアンダーライターであり，トラスティはその具体的な条件内容について関与しない慣行であったが，自己責任を充分に果たすことができる権限が与えられているかなど，内容を確認し，意見を述べることができたという (欧米社債制度調査団・スイス西ドイツ社債制度調査団 [1986], 8 頁)。
(7) 信託証書における純利益や純資産など財務報告を活用した標準的な契約が 1971 年の文献 *Commentaries on Indentures* (American Bar Foundation, 1971) のなかで整理されている (Leftwich [1983], pp.29-31) ことを勘案すると，財務報告を前提とした信託証書が 1970 年代までにある程度の歴史を経ていることは明らかである。
(8) 1928 年 - 1931 年における担保付社債と無担保社債の発行割合は 55.7％と 44.3％とほぼ

同程度であったが，大恐慌時のデフォルト率は担保付社債よりも無担保社債のほうが低かったとされる。その理由は，トラスティによる企業の支払能力のチェックが有効に機能していたためといわれている（青山 [1991], 439-440 頁）。支払能力のチェックに財務データが用いられたことはいうまでもない。

参考文献

Benston, G.J. [2007], "The FASB's Conceptual Framework for Financial Reporting : A critical Analysis" *Accounting Horizons*.
Chatfield, M. [1973], *History of Accounting Thought*. （加藤順介・津田正晃訳 [1978]『会計思想史』文眞堂）
FASB [2010], *Conceptual Framework for Financial Reporting—Chapter 1, The Objective of General Purpose Financial Reporting*, FASB.
Leftwich [1983], "Accounting Information in Private Markets : Evidence from Private Lending Agreements" *Accounting Review*, 58-1.
Littleton, A. C. [1933], *Accounting Evolution To 1900*. （片野一郎訳 [1978]『会計発達史』同文舘）
Watts, R.L. [2006], "What has the invisible hand achieved ?" *Accounting and Business Research*, International Accounting Policy Forum.
青山和司 [1991]「アメリカの社債金融と信託機関：大不況期の社債デフォルトとの関連で」『商学討究』小樽商科大学。
江頭憲治郎 [1987]「アメリカ合衆国信託証書法の概説」『公社債月報』社団法人公社債引受協会。
欧米社債制度調査団・スイス西ドイツ社債制度調査団 [1986]『欧米社債制度調査団報告書―社債制度とその運用の実態―』社団法人公社債引受協会。
國部克彦 [1994]『アメリカ経営分析発達史』白桃書房。
佐々木重人 [2010]『近代イギリス鉄道会計史』国元書房。
澤登知恵 [2009]「19世紀中葉イギリス鉄道会社の複会計システム」『会計』森山書店。
須田一幸 [2000]『財務会計の機能：理論と実証』白桃書房。
田中弘 [1998]『取得原価主義会計論』中央経済社。
中村萬次 [1994]『米国鉄道会計史研究』同文舘。
並木和夫 [1987]「株主有限責任の原則の検討―過少資本の問題を中心として」『法学研究』。
日本会計研究学会スタディ・グループ [1997]『会計の理論的枠組みに関する総合的研究：最終報告』日本会計研究学会。
藤井秀樹 [1997]『現代企業会計論：会計観の転換と取得原価主義会計の可能性』森山書店。
藤田友敬 [1999]「株主の有限責任と債権者保護」『法学教室』。

村田直樹［2001］『鉄道会計発達史論』日本経済評論社。
弥永真生［2011］「商事法における会計基準の受容（12）　アメリカ（1）」『筑波ロー・ジャーナル』筑波大学大学院ビジネス科学研究科企業法学専攻：筑波大学法科大学院，(9)，pp.155-197。

第 11 章
アメリカにおける財務報告

　本章では，特に米国における AAA, AIA (AICPA) および FASB による公表物にみられる財務報告の目的等を辿ることにより，米国における情報提供機能の台頭と，当該機能と受託責任との関係を整理・分析していくことにしたい。具体的にはまず，AAA 会計原則試案［1936］から ASOBAT 基礎的会計理論［1966］までの公表物を取り上げ，次に APB ステートメント 4 ［1970］から概念フレームワークに至るまでの公表物および IASC (IASB) における概念フレームワークにかんする公表物，最後に FASB/IASB における概念フレームワーク改訂のための共同作業による公表物を取り上げる。

　本章において米国を対象としているのは，財務報告の目的が示されている IASB の概念フレームワークが，以下の記述にみられるように，米国からの影響を受けていると考えられるからである。

> 「国際会計基準委員会 (International Accounting Standards Committee, IASC) をはじめ他のいくつかの国の会計基準設定主体も，ほぼ同様のフレームワークを作成しているが，それらはしばしば米国での経験に影響を受けている。したがって FASB の概念フレームワークとその発展過程および FASB の概念フレームワークに先行するいくつかの試みは，米国内のみならず国際的にも，財務諸表や他の財務報告情報の利用や作成，監査に携わる人々に重要な意味をもつものである。(‒傍点筆者)」(Storey and Storey [1998], p. ⅲ；企業財務制度研究会訳［2001］, 1 頁)

第1節　AAA 会計原則試案 [1936] から ASOBAT 基礎的会計理論 [1966] まで

(1) AAA 会計原則試案 [1936] から ASOBAT 基礎的会計理論 [1966] までの公表物

図表 11 - 1 は，AAA 会計原則試案 [1936] から ASOBAT 基礎的会計理論 [1966] までの公表物を整理したものである[1][2]。

図表 11 - 1　AAA 会計原則試案 [1936] から ASOBAT 基礎的会計理論 [1966] までの公表物

年	名　称	発行主体
1936	A Tentative Statement of Accounting Principles Affecting Corporate Reports 「会社報告諸表会計原則試案」（AAA 会計原則試案 [1936]）	AAA
1938	A Statement of Accounting Principles 「会計原則書」（SHM 会計原則 [1938]）	AIA
1940	An Introduction to Corporate Accounting Standards 「会社会計基準序説」（会社会計基準序説 [1940]）	AAA
1940	Accounting Research Bulletins No. 7：Reports of Committee on Terminology 「ARB7「会計用語委員会報告」」（ARB7 [1940]）	AIA
1941	Accounting Principles Underlying Corporate Financial Statements 「会社財務諸表会計原則」（AAA 会計原則 [1941]）	AAA
1941	Accounting Research Bulletins No. 9：Report of Committee on Terminology 「ARB9「会計用語委員会報告」」（ARB9 [1941]）	AIA
1948	Accounting Concepts and Standards Underlying Corporate Financial Statements 「会社財務諸表会計諸概念および諸基準」（AAA 会計原則 [1948 改訂版]）	AAA
1953	Accounting Terminology Bulletins No. 1：Review and Résumé 「会計用語公報1「会計用語公報要約版」」（ATB1 [1953]）	AIA
1957	Accounting and Reporting Standards for Corporate Financial Statements 「会社財務諸表会計および報告諸基準」（AAA 会計原則 [1957 改訂版]）	AAA
1961	Accounting Research Study No. 1：The Basic Postulates of Accounting 「基本的会計公準論」（ARS1 基本的会計公準論 [1961]）	AICPA
1962	Accounting Research Study No. 3：A Tentative Set of Broad Accounting Principles for Business Enterprises「企業会計原則試案」（ARS3 企業会計原則試案 [1962]）	AICPA
1966	A Statement of Basic Accounting Theory 「基礎的会計理論」（ASOBAT 基礎的会計理論 [1966]）	AAA

（2）各公表物にみられる財務報告の目的

上記各公表物にみられる財務報告の目的（機能）に関係する記述としては，以下が挙げられる[3]。

- AAA 会計原則試案［1936］

「これ等の諸表（会社の期間財務諸表－筆者）の目的は，企業の所有する経済的諸財の活用，と，その結果生じた債権者および出資者の持分の変動ならびにその現状とを，財務的に表現することにあるということが，基本的に仮定されている。」（AAA［1936］, p.188；中島訳編［1980］, 89頁）

- SHM 会計原則［1938］

「会計の職能は，次のごとくであるといわれている。

1. 企業のすべての取引を適切に分類し，歴史的な記録を作成すること
2. 定期的に，企業の財政状態および企業の純利益を決定するのに必要な計算と評価を行うこと
3. かかる歴史的な記録，計算および評価に基づいて，企業の資本と利益およびそれらに対する法的持分についてのヨリ重要な事項をすべて示す財務諸表を定期的に作成し，かつ，それによってすべての利害関係者，特に，(a) 企業の経営管理者 (b) 投資家や債権者のような外部集団 (c) 課税および統制のような，そうした事項に関する政府に対して，情報要求を満たすことである。」（Sanders et al. ［1938］, p.4；山本他訳［1979］, 12頁）

- 会社会計基準序説［1940］

「会計の目的は，企業に関する財務上の資料を経営者，出資者および公衆の要請にかなうように蒐集編成して提示することにある。」（Paton and Littleton［1940］, p.1；中島訳編［1958］, 1頁）

「会計の目的を方向づける強力な要因は，企業内の利益獲得努力である。」（Paton and Littleton［1940］, p.24；中島訳編［1958］, 42頁）

- ARB7［1940］

「会計（Accounting）とは財務的な性質──少くとも一部は－を有する取引

および出来事を，意味のある方法で，また貨幣の名目で，記録・分類・総合する技術およびその結果である。」(AIA [1940], p.58；渡辺・上村訳参照 [1959]，171頁)

■ AAA 会計原則 [1941]

「会社の毎期の財務諸表の目的は，信頼するに足る判断を下すに当つて必要な，情報を提供することである。会社の経済的な諸財の取得の起源およびその費消と，その会社の債権者および出資者の持分がこれらによつて蒙つた変化との知識はこの目的に不可欠である。」(AAA [1941], p.134；中島訳編 [1980]，106頁)

■ ARB9 [1941]・ATB1 [1953]

「会計 (Accounting) とは財務的な性質―少くとも一部は―を有する取引および出来事を，意味のある方法で，また貨幣の名目で，記録・分類・総合するとともに，その結果を解釈する技術である。」(AIA [1941], p.67；AIA [1953], par.9；渡辺・上村訳 [1959]，171頁)

■ AAA 会計原則 [1957改訂版]

「会計の主要な役割は企業の諸活動の理解に不可欠な情報の蒐集ならびに伝達である。」(AAA [1957], p.536；中島訳編 [1980]，191頁)

■ ARS1 基本的会計公準論 [1961]

「会計の職能は，(1) 特定の実体によって保有されている資源を測定すること，(2) これらの特定実体に対する請求権および持分権 (interest) を反映させること，(3) これらの資源，請求権および持分権の変動を測定すること，(4) 特定の期間にその変動を割り当てること，(5) 上記の諸事項を，公分母としての貨幣数値で表現することである。」(Moonitz [1961], p.23；佐藤・新井共訳 [1962]，58頁)

■ ARS3 企業会計原則試案 [1962]

「財務諸表 (financial statements) は，財政状態ならびに経営成績を示すことを目的としているものであり，これには付属明細表，企業活動の特別な側面についての表〔例えば，キャッシュ・フローの分析表〕，基礎資

料の組み替え表〔例えば資金運用表〕ならびに補助財務諸表〔例えば，物価水準の変動を加味した表〕が含まれる。(-〔　〕は訳者訳注-筆者)」
(Sprouse and Moonitz [1962], p.8；佐藤・新井共訳 [1962], 119-120頁)

■　ASOBAT 基礎的会計理論 [1966]

「会計を，情報の利用者が事情に精通して判断や意思決定を行なうことができるように，経済的情報を識別し，測定し，伝達するプロセスである，と定義する。……このような会計の定義は，他の会計理論の報告書に見られるものよりも広い。会計情報が必ず取引資料のみにもとづかなければならないということはない。」(AAA [1966], p.1；飯野 [1969], 2頁)

「会計の目的はつぎにかかげる色々の目的に対して情報を提供することである。

1. 限りある資源を利用することについて意思決定を行なうこと。これはもっとも重要な意思決定の領域を確定しまた目的や目標を決定することをふくむ。
2. 組織内にある人的資源および物的資源を効率的に指揮，統制すること。
3. 資源を保全し，その管理について報告すること。
4. 社会的な機能および統制を容易にすること。」(AAA [1966], p.4；飯野 [1969], 5-6頁)

(3) AAA 会計原則試案 [1936] から ASOBAT 基礎的会計理論 [1966] へと至るまでにみられる特徴

　AAA 会計原則試案 [1936] から ASOBAT 基礎的会計理論 [1966] へと至るまでにみられる財務報告の目的（機能）にかんする特徴としては，意思決定有用性アプローチが提示されたということと情報提供機能の側面が強調されたということが挙げられる。また，財務報告の目的（機能）以外にみられる特徴としては，資産の定義が原価から経済的便益へと変化していったということが挙げられる。ここで資産の定義に着目するのは，IFRS 教育において，財務報

告の目的（機能）の変容が，財務諸表の構成要素や会計処理方法自体の変容に繋がっていくということを，具体的な例を用いて示す必要があると考えられるからである[4]（資産の定義は一例にすぎず，他の例を用いても良いと思われる[5]）。

① 意思決定有用性アプローチの提示と情報提供機能の強調

ASOBAT 基礎的会計理論 [1966] では，会計は「情報の利用者が事情に精通して判断や意思決定を行なうことができるように，経済的情報を識別し，測定し，伝達するプロセスである……（-傍点筆者）」（AAA[1966], p.1；飯野 [1969], 2頁）とされ，「会計（または財務報告）の基本目的を「経済的意思決定を行ううえで有用な情報を提供すること」と規定する会計理論である」（藤井 [2007], 28頁）意思決定有用性アプローチが採用されている[6]。この意思決定有用性アプローチは ASOBAT 基礎的会計理論 [1966] において公式的にはじめて提起された（藤井 [2007], 28頁）といわれている。第10章では，1920年代後半から1930年代にかけてのディスクロージャーに係るさまざまなガイドライン，法律や代表的な文献のなかで，投資家の視点が認識され，当時より財務報告の情報提供機能が徐々に浸透していったことが指摘されているが，ここに至りそれが，公式的に示されたわけである。

ASOBAT 基礎的会計理論 [1966] までの各公表物にみられる財務報告の目的（機能）を確認してみると，このように会計情報の利用者の意思決定に資するという視点から定義されたものは，ほとんどみられない。わずかに AAA 会計原則 [1941]（134頁；中島訳編 [1980], 106頁）において「会社の毎期の財務諸表の目的は，信頼するに足る判断を下すに当つて必要な，情報を提供することである。………（-傍点筆者）」という記述がみられ，ASOBAT 基礎的会計理論 [1966] 公表以前にもこのような考え方が存在していたことがわかるのみである。もっとも，中島訳編 [1980]（81-82頁）では，AAA 会計原則 [1957改訂版] について，「会計の機能をいちじるしく広くこれまでの伝統にとらわれずに理解し，経済的側面の表示にとくに主眼をおこうとする態度がうかがえる。そして，委員の顔ぶれをみると，モウツ，ディヴィッドスン，ムーニッ

ツ，ヴァッター，など，このような経済的観点を強く主張するひとびとが支配的であつたことに気がつく」ということ「しかし，そのことは決して，このときの委員たちの考え方がまつたく先走つた，特殊な考え方だということを意味するわけではない。というのは，そのうちのムーニッツ教授がA.I.C.P.A.の新調査部長に就任したからでもあろうが，その会計研究叢書（Accounting Research Study）第1号および第3号における，会計公準と基本的諸原則との討論は，この1957年改訂版の考え方をほぼ同じ方向に一歩すすめたものであるという印象をうけるからである。この57年改訂版は，その意味においては，米国の会計基準史の大きな転機を画したものとさえいえるのである」ということが指摘されている。

意思決定有用性アプローチを提示したASOBAT基礎的会計理論［1966］以来，会計の報告（情報提供）の側面が強調されはじめたという（安藤［1988］，45頁；安藤編著（万代著）［1996］，277頁）。第10章では，歴史的に古くから受託責任の側面が重視されてきたということを確認したが[7][8]，ここに至り，情報提供機能の側面が強調され，受託責任の側面のみならず情報提供機能の側面にも焦点があてられることになったわけである。

② **資産の定義にみられる変化－原価から経済的便益へ**

資産の定義にみられる変化としては，資産を原価とみる考え方[9]から経済的便益（用役可能性・経済的効益）とみる考え方へと変化したということが挙げられる[10][11]。

資産を原価とみる考え方としては，以下が挙げられる。

■　AAA会計原則試案［1936］
　「(1) 或る与えられた時点に於いて物的な資産を会計士が評価するという場合には，取得原価の中のどの部分が消費された，消滅した，あるいは失われた効用を反映するものとして除去されるべきか，又どの部分が次期以降の営業活動に正当に見合う分として繰延べられるべきかを決定

することを意味している。(-傍点筆者)」(AAA [1936], p.188；中島訳編 [1980], 89-90頁)

■ 会社会計基準序説 [1940]
「「資産」が事実上「未決状態の対収益賦課分」(revenue charges in suspense) であり，次期以降に費用または経費として収益と対応せしめられるのを待っているのだということは見逃してはならない。(-傍点筆者)」(Paton and Littleton [1940], p.25；中島訳編 [1958], 43頁)

■ ARB9 [1941]
「複式簿記により記録された会計の帳簿の締切にさいして，会計諸基準または諸原則にしたがって適正に繰越されるまたは繰越されるであろう (損失以外の) 借方残高である。………それは，財産権または取得した価値を表わすか，または財産権を生みだした・あるいは将来に適正に割当ることのできる・支出を表わしている。かくて，設備，受取勘定，棚卸資産，および繰延費用はすべて，貸借対照表の分類においては資産である。」(AIA [1941], pp.70-71；渡辺・上村訳参照 [1959], 176-177頁)

■ AAA会計原則 [1948改訂版][12]
「資産即ち企業の経済的諸財は，有形無形の財産上の権利である。最も共通的な意味において有用と考えられる財務諸表は，ある企業の資産の起源および処分を，その資産の取得時に確定され記録された原価によって報告する。(-傍点筆者)」(AAA [1948], p.340；中島訳編 [1980], 122頁)

■ ATB1 [1953]
「会計の帳簿の締切にさいして，会計諸基準または諸原則にしたがって適正に繰越されるまたは繰越されるであろう借方残高 (かかる借方残高が事実上負債側にたいする控除的残高でないかぎり) ―それが財産権または取得した価値を表わすか，または財産権を生みだした・あるいは将来に適正に割当ることのできる・支出を表わすことにもとづいて―によって表わされるものである。かくて，設備，受取勘定，棚卸資産，および繰延費用はすべて，貸借対照表の分類においては資産である。」(AIA [1953],

par.26；渡辺・上村訳［1959］，176-177頁）

また，資産を経済的便益（用役可能性・経済的効益）とみる考え方としては，以下が挙げられる[13]。

■ AAA会計原則［1957改訂版］[14]
「資産とは，特定の会計的実体の中で企業の諸目的に充用されている経済的諸財である。資産は予想される業務活動に利用しうるあるいは役立ちうる，用役潜在分の総計額である。（－傍点筆者）」（AAA［1957］，p.538；中島訳編［1980］，194-195頁）

■ ARS3企業会計原則試案［1962］
「資産（assets）は，期待される将来の経済的効益（expected future economic benefits）で，これに対する権利が，なんらかの当期もしくは過年度の取引の結果，企業によって取得されているものである。（－傍点筆者）」
（Sprouse and Moonitz［1962］，p.8；佐藤・新井共訳［1962］，120頁）

このような変化の背景には，1960年代から1970年代におけるインフレーションの進行と時価をめぐる活発な議論があるように思われる[15]。そのような議論の片鱗は，図表11－1において確認した公表物においてもみられる[16]。たとえばAAA会計原則［1941］では，AAA会計原則試案［1936］における「原価および価値」の諸原則の「価値」的色彩が一掃され，原価の当初の測定および分類の原則が相当の比率を占めるに至った（中島訳編［1980］，72頁）が，その後のAAA会計原則［1948改訂版］では，「原価基準について，価格変動に関するとり上げ方に微妙な変化がうかがわれ（－傍点筆者）」（中島訳編［1980］，76頁），そこでは，取得原価のみの会計に限定しようという考え方はやや薄くなり，この程度の価格変動のもとでは，という限定がだんだん重要な意味を持つようになったという（中島訳編［1980］，76-77頁）。また，原価以外のものによる評価に対してこれほどの関心が示されたのは，AAA会計原則［1948

改訂版]が最初であり(中島訳編[1980], 134頁)[17], その後AAA会計原則[1957改訂版]では,「価格変動の修正につき,個別価格的変動に関する修正も認めた」(中島訳編[1980], 81頁)という[18]。

第2節 APBステートメント4[1970]から米国とIASCの概念フレームワークに至るまで

(1) APBステートメント4[1970]から米国とIASCの概念フレームワークに至るまでの公表物

図表11－2はAPBステートメント4[1970]から概念フレームワークに至るまでの公表物を整理したものであり,図表11－3はIASCにおける概念フレームワークにかんする公表物を整理したものである。

図表11－2 APBステートメント4[1970]から概念フレームワークに至るまでの公表物

年	名称	発行主体
1970	APB Statement No. 4: Basic Concepts and Accounting Principles underlying Financial Statements of Business Enterprises 「APBステートメント4「営利企業の財務諸表の基礎にある基本概念および会計原則」」(APBステートメント4[1970])	AICPA
1973	Objectives of Financial Statements 「財務諸表の目的」(トゥルーブラッド報告 財務諸表の目的[1973])	AICPA
1974	FASB Discussion Memorandum: Conceptual Framework for Accounting and Reporting: Consideration of the Report of the Study Group on the Objectives of Financial Statements 「討議資料「会計および報告の概念フレームワーク:財務諸表の基本目的に関するスタディ・グループ報告書の検討」」(FASB討議資料[1974])	FASB
1975	FASB Discussion Memorandum: Criteria for Determining Materiality 「討議資料「重要性を決定するための諸規準」」(FASB討議資料[1975])	FASB
1976	Tentative Conclusions on Objectives of Financial Statements of Business Enterprises 「営利企業の財務諸表の基本目的に関する中間報告」(FASB中間報告[1976])	FASB
1976	FASB Discussion Memorandum: An Analysis of Issues Related to Conceptual Framework for Financial Accounting and Reporting - Elements of Financial Statements and their Measurement 「討議資料「財務会計および財務報告の概念フレームワーク:財務諸表の構成要素およびそれらの測定」」(FASB討議資料[1976])	FASB

第11章　アメリカにおける財務報告　173

年	名称	発行主体
1977	Exposure Draft：Objectives of Financial Reporting and Elements of Financial Statements of Business Enterprises 「公開草案「営利企業の財務報告の基本目的および財務諸表の構成要素」」（FASB 公開草案 [1977]）	FASB
1978	Concepts Statement No. 1：Objectives of Financial Reporting by Business Enterprises 「SFAC1「営利企業の財務報告の基本目的」」（SFAC1 [1978]）	FASB
1979	revised Exposure Draft：Elements of Financial Statements of Business Enterprises 「改訂公開草案「営利企業の財務諸表の構成要素」」 （FASB 改訂公開草案 [1979]）	FASB
1980	Concepts Statement No. 2：Qualitative Characteristics of Accounting Information 「SFAC2「会計情報の質的特徴」」（SFAC2 [1980]）	FASB
1980	Concepts Statement No. 3：Elements of Financial Statements of Business Enterprises 「SFAC3「営利企業の財務諸表の構成要素」」（SFAC3 [1980]）	FASB
1980	Concepts Statement No. 4：Objectives of Financial Reporting by Nonbusiness Organizations 「SFAC4「非営利組織体の財務報告の基本目的」」（SFAC4 [1980]）	FASB
1983	Exposure Draft：Proposed Amendments to FASB Concepts Statements 2 and 3 to Apply Them to Nonbusiness Organizations 「公開草案「非営利組織体に FASB 諸概念ステートメント第2号および諸概念ステートメント第3号を適用するための修正提案」」（FASB 公開草案 [1983]）	FASB
1984	Concepts Statement No. 5：Recognition and Measurement in Financial Statements of Business Enterprises 「SFAC5「営利企業の財務諸表における認識と測定」」（SFAC5 [1984]）	FASB
1985	revised Exposure Draft：Elements of Financial Statements 「改訂公開草案「財務諸表の構成要素」」（FASB 改訂公開草案 [1985]）	FASB
1985	Concepts Statement No. 6：Elements of Financial Statements—a replacement of FASB Concepts Statement No. 3 (incorporating an amendment of FASB Concepts Statement No. 2) 「SFAC6「財務諸表の構成要素（財務会計の諸概念に関するステートメント第3号の改訂版）」」（SFAC6 [1985]）	FASB
2000	Concepts Statement No. 7：Using Cash Flow Information and Present Value in Accounting Measurements 「SFAC7「会計測定におけるキャッシュ・フロー情報および現在価値の使用」」（SFAC7 [2000]）	FASB

図表11－3　IASC（IASB）における概念フレームワークにかんする公表物

年	名称	発行主体
1988	Exposure Draft：Framework for the Preparation and Presentation of Financial Statements 「財務諸表の作成及び表示に関するフレームワーク」（IASC 公開草案 [1988]）	IASC
1989	Framework for the Preparation and Presentation of Financial Statements 「財務諸表の作成及び表示に関するフレームワーク」＊2001年に IASB により承認 （IASC 概念フレームワーク [1989]）	IASC

(2) 各公表物にみられる財務報告の目的

上記各公表物にみられる財務報告の目的（機能）に関係する記述としては，以下が挙げられる。

■ APBステートメント4号［1970］

「会計は，サービス活動である。その機能は，経済的意思決定を行なう上に——とりうべきいくつかの行為の方向のうちから，合理的な選択を行なう上に——役立つように意図された，経済単位に関する計数的情報（主として，本質において財務的な情報）を提供することである。」(AICPA [1970], par.40 ; 川口訳［1973］, 26頁)

「財務会計と財務諸表の基本目的は，財務諸表の利用者（特に所有主と債権者）が，経済的意思決定を行なう上に有用な，企業に関する計数的財務情報を提供することである。この目的の中には，経営者が管理責任[19]やその他の経営者責任を果たす上で示した手腕を評価するに際して利用可能な情報を提供することも含まれている。」(AICPA [1970], par.73 ; 川口訳［1973］, 42頁)

■ トゥルーブラッド報告 財務諸表の目的［1973］

「財務諸表の基本目的は，経済的意思決定の役に立つ情報を提供することである。」(AICPA [1973], p.13 ; 川口訳［1976］, 7-8頁)

「会計責任とは，受託者責任を内包する広範な用語である。受託者責任は，資源を効率的に管理・運用すること，ならびに，資源の保全と費消の計画を実施することをいう。経営者の受託責任を報告することが，財務諸表の主要な目的として長い間認められてきた。」(AICPA [1973], p.25 ; 川口訳［1976］, 29頁)

「会計責任は，保管を任された資産の保全を内容とする受託者責任の次元を超えるものである。それは，これらの資産の運用と他の資産への転換とを含み，また，それらを使用しないという意思決定をも含む。経営者は，資産については，その原価ばかりでなく，その価値についての会計

責任も負っている。企業の経営者は，また，インフレとデフレの経済的影響力や技術的革新と社会的変動に備えるためにとった諸行為に対しても，会計責任を負っている。」(AICPA [1973], p.25；川口訳 [1976], 30頁)[20]

「会計責任は，企業目標の達成の程度を期間的に測定した結果を報告することを含んでいる。かような理由により，収益力を評価・判定するのに役立つ測定値は，同時に，経営者の会計責任を明らかにするためにも有用である。」(AICPA [1973], p.26；川口訳 [1976], 31頁)

■ FASB 中間報告［1976］

「営利企業の財務諸表は，財務会計の制約のもとで，現在および将来の投資者および債権者が合理的な投資意思決定および与信意思決定をおこなううえで有用な情報を提供するべきである。財務諸表は，経営・経済活動および財務会計について一定の理解をもち，財務諸表の学習に十分な時間と努力を積極的に傾注しようとする投資者および債権者にとって理解可能なものでなくてはならない。」(FASB [1976a], par.8；FASB [1976b], p.25；津守監訳［1997］, 35頁)

「受託責任概念はしばしば，資産の保全と同義とされる。そのため，受託責任について報告する財務諸表と，投資者および債権者に有用な情報を提供する財務諸表とは，いずれの目的を選ぶかという，選択が必要な正反対のものであると，時には考えられてきた。しかし，受託責任のそのような考え方は，多少，時代遅れであり，受託責任により経営者が意味していることを反映していない。財務諸表の2つの目的は，最初に現れた時にそうであったかもしれないほど，矛盾するものではない。」(FASB [1976a], par.182)

「受託責任概念は，単に資源の保全を重視するというものから，経営者の有効性や業績を重視するというものへと変化した。そのため，現在では，投資者および債権者の意思決定に注目するものも経営者の受託責任に注目するものも，一般に，同じ財務諸表情報—稼得利益および企業の経済的資源と経済的責務の情報を重視している。」(FASB [1976a], par.187)

■ FASB 公開草案［1977］

「財務報告は，現在および将来の投資者および債権者が合理的な投資意思決定および与信意思決定を行う上で有用な情報を提供するべきである。当該情報は，経営活動と経済活動について一定の理解をもち，当該情報の学習に相当な努力を行おうとする者にとって理解可能なものでなくてはならない。」(FASB［1977］, par.23)

「経営者は，所有者（株主）にたいして企業の受託責任について報告するために財務報告をもちいる。かつて受託責任概念は，資源の保全と同義であった。現代的視点において，受託責任概念は，資源の利用，ならびにインフレーションとデフレーションおよび技術的変動時と社会的変動時において，資源の用役や価値を維持または増加させる責任をも含む。すなわち，受託責任は現在，業績や収益性と本質的に同じと考えられている。稼得利益情報は，一般に，受託責任報告の中心である。」(FASB［1977］, par.98)

■ SFAC1［1978］SFAC2［1980］

「財務報告は，現在および将来の投資者，債権者その他の情報利用者が合理的な投資，与信およびこれに類似する意思決定を行うのに有用な情報を提供しなければならない[21]。」(FASB［1978］, par.34；平松・広瀬訳［2002］, 26頁)

「受託責任を指向する基本目的であっても，意思決定とは無関係ではない。会計に受託者の効率性，有能性，誠実性という広義の受託責任をとりいれることは，株主またはその他の財務的利害関係者集団（例えば，社債権者）が企業の経営者を評価するのに役立つ。しかし，利害関係者集団が受託責任の結果に基づいて意思決定を行う可能性がない場合には，会計に受託責任をとりいれることは無意味であるといえる。」(FASB［1980a］, par.28；平松・広瀬訳［2002］, 74頁)

「財務報告は，企業の経営者が出資者（株主）に対して，当該企業に委託された資源の利用について，その受託責任をどのように遂行したのかに

ついての情報を提供しなければならない。企業の経営者は，企業資源の管理および保全のためのみならず，その効率的かつ有効的利用のため，さらにインフレーションまたはデフレーションならびに技術的および社会的変動のような経済社会における諸要因の好ましくない経済的影響からできるだけかかる資源を保全するために，定期的に出資者に対して説明する義務を負っている。経営者は，企業の有価証券を一般大衆から募集するかぎり，将来の投資者および一般大衆に対して広範な会計責任を自主的に受け入れている。」(FASB [1978], par.50；平松・広瀬訳 [2002], 36頁)

「稼得利益情報は，一般に，経営者の受託責任または会計責任を評価するための中心である。経営者，出資者その他の情報利用者は，経営者がその受託責任の遂行状況を説明する場合には，企業の業績または収益性を重視する。」(FASB [1978], par.51；平松・広瀬訳 [2002], 36頁)

■ IASC 公開草案 [1988]

「財務諸表の目的は，企業の財政状態，経営成績及び財政状態の変動に関して，経済的意思決定を行う広範な潜在的利用者に対して有用な情報を提供することにある。」(IASC [1988], par.9；日本公認会計士協会訳 [1988], 11頁)

「財務諸表は，また，経営者の受託責任又は経営者に委ねられた資源に対する会計責任の結果も表示するであろう。さらに，経営者の受託責任又は会計責任を評価したいと望む利用者は，経済的意思決定を行うために，そのような評価を行う。かかる意思決定には，例えば，利用者が企業に対する投資を保有又は売却するかどうか，あるいは経営者を再任又は交代させるかどうかなどがある。」(IASC [1988], par.11；日本公認会計士協会訳 [1988], 11頁)

■ IASC 概念フレームワーク [1989]

「財務諸表の目的は，広範な利用者が経済的意思決定を行うにあたり，企業の財政状態，業績及び財政状態の変動に関する有用な情報を提供することにある。」(IASC [1989], par.12；企業会計基準委員会・財務会計基準機構監訳 [2010], B1535頁)

「財務諸表はまた，経営者の受託責任又は経営者に委託された資源に対する説明責任の結果も表示する。経営者の受託責任又は説明責任の評価をしたいと考える利用者は，経済的意思決定を行うために，それらの評価を行う。」(IASC [1989], par.14；企業会計基準委員会・財務会計基準機構監訳 [2010], B1535 頁)

（3）APB ステートメント 4 [1970] から米国と IASC の概念フレームワークに至るまでにみられる特徴

　APB ステートメント 4 [1970] から米国と IASC の概念フレームワークに至るまでにみられる財務報告の目的（機能）にかんする特徴としては，意思決定有用性アプローチが継承されていったのと同時に，受託責任の意味自体に変容がみられるようになったということ，その受託責任は情報提供機能に包摂されるものと位置づけられるようになってきたということが挙げられる[22]。また，財務報告の目的（機能）以外にみられる特徴としては，経済的便益という資産の定義が定着したということが挙げられる。

①　意思決定有用性アプローチの継承と情報提供機能への重点の移行

　ASOBAT 基礎的会計理論 [1966] で提示された意思決定有用性アプローチは米国の概念フレームワークに至るまでの公表物によって継承され[23]，一般的になり[24]，その概念フレームワークにおいて正式に採用されることとなった。一方，米国での経験に影響を受けた (Storey and Storey [1998], p. iii；企業財務制度研究会訳 [2001], 1 頁) IASC においても，IASC 概念フレームワーク [1989] が公表され，そこでは米国の概念フレームワークと同様に意思決定有用性アプローチが採用されることとなった[25]。

　意思決定有用性アプローチが継承され一般的になるにつれ，受託責任の意味自体に変容がみられるようになった。たとえば，トゥルーブラッド報告財務諸表の目的 [1973] では，受託責任を会計責任と言い換え，「会計責任は，保管を任された資産の保全を内容とする受託者責任の次元を超えるものである。そ

れは，これらの資産の運用と他の資産への転換とを含み，また，それらを使用しないという意思決定をも含む。……」(AICPA [1973], p.25；川口訳 [1976]，30頁) と説明されており，その見解は FASB 中間報告 [1976]，FASB 公開草案 [1977]，そして SFAC1 [1978] へと引き継がれていくことになる。特に FASB 中間報告 [1976] (pars.183-187) では，「受託責任の進化─保全 (custodianship) 対 業績 (performance)」と題するセクションがもうけられ，受託責任の変容が詳細に論じられ，「受託責任概念は，単に資源の保全を重視するというものから，経営者の有効性や業績を重視するというものへと変化した」(FASB [1976a], par.187) と述べられている。第 10 章で指摘されているように，株式会社の重要性が増加し，有限責任という概念が社会的に認知されて以降，受託責任は特に利害調整機能とつながってきたものであるが，ここに至り，利害調整機能のみならず情報提供機能ともつながるようになってきた可能性があるのではないかと考えられる。

そのような変容に伴い，受託責任と情報提供機能の関係にも変容がみられるようになった。たとえば ASOBAT 基礎的会計理論 [1966] では，両機能が並列的に示されていたのに対してトゥルーブラッド報告財務諸表の目的 [1973] では情報提供機能が基本的な機能，受託責任はそれに包摂される機能と位置づけられるようになった。そしてその関係は，SFAC1 [1978] や IASC 概念フレームワーク [1989] にも引き継がれることとなるのである[26][27]。

安藤編著 (藤井著) [1996] (254 頁) では，「会計がその機能の重点を，利害調整機能から情報提供機能へと漸次移行させてきたこと」は「会計の情報化[28]」と呼ばれ，そのような現象は 1970 年代以降，「金融システムの証券化」を背景に進行してきたという (安藤編著 (藤井著) [1996], 254 頁)[29]。そして，新井編著 (安藤著) [1989] (168 頁) では，その「「会計の情報化」の最も大きな特徴は，それが会計の本来的機能である利害調整機能の「空洞化」をともなっていることにある」(安藤編著 (藤井著) [1996], 254 頁) と指摘されているというが，APB ステートメント 4 [1970] から概念フレームワークに至るまでにみられる情報提供機能への重点の移行のなかに，まさにその「空洞化」の兆候がみられるので

ある。

② 資産の定義―経済的便益の定着

本章第1節で確認したように，AAA会計原則［1957改訂版］やARS3企業会計原則試案（1962）では，資産を原価とみる考え方ではなく経済的便益（用役可能性・経済的効益）とみる考え方が示されていた[30]。その考え方は概念フレームワークに至るまでの間に一般的となり，SFAC6［1985］やIASC概念フレームワーク［1989］において正式に採用されることとなる。

各公表物の資産の定義は以下の通りである。

- APBステートメント4号［1970］
 「資産（Assets）－一般に認められた会計原則に準拠して認識，測定される企業の経済的資源である。資産には，資源ではないが，一般に認められた会計原則にしたがって認識，測定されるある種の繰延費用も含められる。」（AICPA［1970］, par.132；川口訳［1973］, 60頁）
- トゥルーブラッド報告 財務諸表の目的［1973］
 「資産（対応さるべき潜在的給付が，未だ実現していない状態の犠牲）」（AICPA［1973］, p.35；川口訳［1976］, 45頁）
- FASB討議資料［1976］
 「「資産・負債中心主義的利益観に適合する資産の定義」資産とは（APBステートメント第4号par.57のように広義に定義すれば）経済的資源の財務的表現である。資産は，企業に影響をおよぼす過去の取引あるいは事象の結果として，特定の企業に対して，直接・間接に正味現金の流入になると期待されている現金および将来の経済的効益である。」（FASB［1976b］, p.4；津守監訳参照［1997］, 6頁；津守［2002］, 398頁）
 「上記A-1の定義につぎの一句を追加：企業の経済的効益ではないが，期間利益を適切に測定するために原価と収益を対応させるのに必要なある種の"繰延費用"を含む。」（FASB［1976b］, p.5；津守監訳参照［1997］,

6-7頁；津守［2002］，398頁）
- ■ FASB 公開草案［1977］
 「資産とは，経済的資源の財務的表現であり，現金と将来の経済的効益，すなわち企業に影響をおよぼす過去の取引もしくは事象の結果として，ある特定の企業に対して法律上もしくは衡平法上保証されている便益(beneficial interest) である。」(FASB［1977］，par.47；津守［2002］，398頁）
- ■ FASB 改訂公開草案［1979］
 「資産とは，特定の企業に影響をおよぼす過去の取引あるいは事象の結果として，当該企業によって獲得または統制されている，発生の可能性の高い将来の経済的効益である。」(FASB［1979］，par.17；津守［2002］，398頁）
- ■ SFAC3［1980］
 「資産とは，過去の取引もしくは事象の結果として，特定の実体によって獲得または統制されている，発生の可能性の高い将来の経済的効益である。」(FASB［1980b］，par.19；津守［2002］，399頁）
- ■ SFAC6［1985］
 「資産とは，過去の取引または事象の結果として，ある特定の実体により取得または支配されている，発生の可能性の高い将来の経済的便益である[31]。」(FASB［1985b］，par.25；平松・広瀬訳［2002］，297頁）
- ■ IASC 公開草案［1988］
 「資産 (asset) とは，過去の事象の結果として企業が支配し，かつ，将来の経済的便益が当該企業に流入することが期待される資源をいう。」(IASC［1988］，par.49 (a)；日本公認会計士協会訳［1988］，35頁）
- ■ IASC 概念フレームワーク［1989］
 「資産とは，過去の事象の結果として企業が支配し，かつ，将来の経済的便益が当該企業に流入すると期待される資源をいう。」(IASC［1989］，par.49 (a)；企業会計基準委員会・財務会計基準機構監訳［2010］，B1541頁）

上記のうち，APB ステートメント 4 号［1970］では資産を経済的資源とし

たうえで，そのような資源ではない繰延費用も含まれるとされており，そのような計算擬制的項目（what-you-may-call-its）を資産に含めることにより，資産と経済的資源の関係が切断されている（Storey and Storey [1998]，p.50；企業財務制度研究会訳 [2001]，70 頁）。それにより，資産を原価とする考え方と経済的資源とする考え方の両方を並存させようとしている点が特徴的である（FASB 討議資料 [1976] も同じような定義となっている）。

第 3 節　FASB/IASB における概念フレームワーク改訂のための共同作業による公表物

（1）FASB/IASB における概念フレームワーク改訂のための共同作業による公表物

図表 11 - 4 は FASB/IASB における概念フレームワーク改訂のための共同作業による公表物を整理したものである。

図表 11 - 4　FASB/IASB における概念フレームワーク改訂のための共同作業による公表物

年	名　称	発行主体
2006	Preliminary Views : Conceptual Framework for Financial Reporting : Objective of Financial Reporting and Qualitative Characteristics of Decision-Useful Financial Reporting Information 「予備的見解：財務報告に関する概念フレームワーク―財務報告の目的及び意思決定に有用な財務報告情報の質的特性」（FASB/IASB 予備的見解 [2006]）	FASB/IASB
2008	Exposure Draft : Conceptual Framework for Financial Reporting : The Objective of Financial Reporting and Qualitative Characteristics and Constraints of Decision-Useful Financial Reporting Information 「公開草案：財務報告に関する概念フレームワーク―財務報告の目的及び意思決定に有用な財務報告情報の質的特性」（FASB/IASB 公開草案 [2008]）	FASB/IASB
2010	Concepts Statement No. 8 : Conceptual Framework for Financial Reporting—Chapter 1, The Objective of General Purpose Financial Reporting, and Chapter 3, Qualitative Characteristics of Useful Financial Information (a replacement of FASB Concepts Statements No. 1 and No. 2) 「SFAC8「第 1 章 一般目的財務報告の目的：第 3 章 有用な財務情報の質的特性」」（SFAC8 [2010]）	FASB
2010	The Conceptual Framework for Financial Reporting 2010 「財務報告に関する概念フレームワーク」（IASB 概念フレームワーク [2010]）	IASB

（2）各公表物にみられる財務報告の目的

上記各公表物にみられる財務報告の目的（機能）に関係する記述としては，以下が挙げられる。

■ FASB/IASB 予備的見解［2006］

「外部向け一般目的財務報告の目的は，現在及び潜在的な投資家，債権者及びその他の者が，投資，与信及び類似の資源の配分に関する意思決定を行う場合に有用となる情報を提供することである。」（FASB［2006］，par.OB2；IASB［2006］，par.OB2；企業会計基準委員会訳［2006］，15 頁）

「企業の責任者は所有者（株主）に対して企業の経済資源の保護保管状況及びそれらの効果的な使用及び利益が増加する方法での使用に対して責任を負う。経営者の受託責任には，可能なかぎりインフレーション，デフレーション，技術的及び社会的変化など経済の要因の好ましくない経済的影響から企業の資源を保護することも含まれる。経営者は，企業が確実に法令及び契約条項を遵守することについても責任を負う。経営者の受託責任の履行は正味キャッシュ・インフローを創出する企業の能力に重要な影響を及ぼすことになるので，経営者の受託責任は，資源配分に関する意思決定を行うことになる財務報告書の利用者にとっては重要な事項となる。」（FASB［2006］，par.OB27；IASB［2006］，par.OB27；企業会計基準委員会訳［2006］，23-24 頁）

「……OB2 に述べられている財務報告の目的には，経営者の受託責任を評価する上で有用となる情報の提供も含まれる。」（FASB［2006］，par.OB28；IASB［2006］，par.OB28；企業会計基準委員会訳［2006］，24 頁）

「経営者がその受託責任をどのように果たしているかを評価する上で有用となる情報を提供することは，資源配分の意思決定を行うときに有用となる情報を提供するという全体的な目的の引き続き一部とすると結論付けた。」（FASB［2006］，par.BC1.36；IASB［2006］，par.BC1.36；企業会計基準委員会訳［2006］，34 頁）

■ FASB/IASB 公開草案［2008］
「一般目的財務報告の基本目的は，現在および将来の株主および間接金融による資金提供者（lenders）その他の債権者が，資金提供者（capital providers）としてその能力を最大限に用いて意思決定を行ううえで有用となる企業に関する情報を提供することにある。資金提供者の意思決定に有用な情報は，資金提供者以外の財務報告利用者にとっても有用なものといえよう」（FASB［2008］，par.OB2；IASB［2008］，par.OB2；日本会計研究学会特別委員会［2009］，66-67頁）。

「経営者は，資金提供者に対して，企業の経済的資源の保全保管，およびそれらの効果的かつ収益性のある使用について責任を負う。経営者の受託責任には，物価変動，技術的変化，および社会的変化などの経済要因による好ましくない経済的影響から可能なかぎり企業の資源を保護することも含まれる。経営者はまた，企業が確実に法令と契約条項を遵守することについても責任を負う。そのような受託責任の履行における経営者の業績は，しばしば受託責任とよばれ，特に，現在の投資家にとって，経営者を交代させるか再任させるか，経営者報酬をいくらにするか，および経営者方針などについての株主提案にかかる投票をどうするかについての所有者としての意思決定を行う際に，重要である。受託責任の履行における経営者の業績は，通常，正味キャッシュ・インフローを創出する企業の能力に影響を及ぼすため，経営者の業績はまた，企業に資金提供をすることに興味を有する潜在的な資金提供者にとっても興味がある。」（FASB［2008］，par.OB12；IASB［2008］，par.OB12）

■ SFAC8［2010］/IASB 概念フレームワーク［2010］
「一般目的財務報告の目的は，現在のおよび潜在的な投資者，融資者および他の債権者が企業への資源の提供に関する意思決定を行う際に有用な，報告企業についての財務情報を提供することである。それらの意思決定は，資本性および負債性金融商品の売買または保有，ならびに貸付金および他の形態の信用の供与または決済を伴う。」（FASB［2010］，par.

OB2；IASB［2010］，par.OB2；企業会計基準委員会・財務会計基準機構監訳［2011］，p.A26）

（3）FASB/IASB における概念フレームワーク改訂のための共同作業による公表物にみられる特徴

　FASB/IASB における概念フレームワーク改訂のための共同作業による公表物にみられる財務報告（機能）にかんする特徴としては，情報提供機能の側面がさらに強調されるようになったということ，および信頼性にかわり表現の忠実性が中心的な質的特徴とされるようになったということが挙げられる[32]。

① 情報提供機能のさらなる強調[33]

　FASB/IASB における概念フレームワーク改訂のための共同作業による公表物では，意思決定有用性アプローチが採用されているという点，情報提供機能が基本とされる一方で受託責任がそれに包摂されるものと考えられているという点では，これまでと同様である[34]。しかし，SFAC8［2010］/ IASB 概念フレームワーク［2010］では，受託責任という用語自体が用いられていないという点において（FASB［2010］, par.BC1.28；IASB［2010］, par.BC1.28），これまでとは異なる（一方，FASB/IASB 予備的見解［2006］[35]と FASB/IASB 公開草案［2008］では，これまでと同様に受託責任という用語が用いられている）。この点について SFAC8［2010］/ IASB 概念フレームワーク［2010］では，その用語こそないものの，受託責任が意味することについては表現していると説明されてはいる（FASB［2010］, par.BC1.28；IASB［2010］, par.BC1.28）[36]。しかし，その用語自体が用いられないということが何を意味するのか，慎重に検討しなくてはならないようにも思われる。

　たとえば本章第2節において，APB ステートメント4［1970］から米国とIASC の概念フレームワークに至るまでの過程で受託責任の意味自体に変容がみられ，その変容として，利害調整機能のみならず情報提供機能にもつながるようになってきた可能性が考えられることを指摘したが，ここに至り，受託責

任の意味がさらに揺らいでいる可能性も考えられる。APB ステートメント４ [1970] から米国と IASC の概念フレームワークに至るまでの過程でみられた変容は，情報提供機能とのつながりであったが，それは，あくまでも利害調整機能とのつながりを保ったうえでのことであった。一方で，FASB/IASB における概念フレームワーク改訂のための共同作業による公表物にみられる揺らぎは，情報提供機能とのつながりは保つ一方で，利害調整機能とのつながりが切断されてしまう恐れも捨てきれないようなものなのではないかとも考えられるのである。

② 質的特性―信頼性から表現の忠実性へ

（旧）概念フレームワークから SFAC8 [2010] / IASB 概念フレームワーク [2010] に至るまでの特徴としては，信頼性にかわり表現の忠実性が中心的な質的特性とされるようになったということが挙げられる。この議論に関連する質的特性を挙げると，以下の通りである[37]。

- SFAC2 [1980]
  意思決定に固有の基本的特性として，目的適合性と信頼性が挙げられている（FASB [1980a], pars.32-33；平松・広瀬訳 [2002], 76-78 頁）。
  情報が信頼しうるものであるための要素・特性として，検証可能性，表現の忠実性，および中立性が挙げられている（FASB [1980a], pars.32-33；平松・広瀬訳 [2002], 76-78 頁）。
- IASC 概念フレームワーク [1989]
  「４つの主要な質的特性は，理解可能性，目的適合性，信頼性及び比較可能性である。」（IASC [1989], par.24；企業会計基準委員会・財務会計基準機構監訳 [2010], B1537 頁）
  「情報が信頼性を有するためには，それが表示しようとするかあるいは表示することが合理的に期待される取引その他の事象を忠実に表現しなければならない。」（IASC [1989], par.33；企業会計基準委員会・財務会計基準

機構監訳［2010］，B1538頁）
■ FASB/IASB 予備的見解［2006］
「意思決定に有用となる財務報告情報の特性は，「目的適合性」，「表現の忠実性（忠実な表現－筆者）」，「比較可能性」と「理解可能性」である。」（FASB［2006］，par.QC7；IASB［2006］，par.QC7；企業会計基準委員会訳［2006］，40頁）
「忠実な表現」の構成要素として，以下が挙げられている。
「検証可能性・中立性・完全性・比較可能性（首尾一貫性を含む）・理解可能性」（FASB［2006］，pars.QC23-QC41；IASB［2006］，pars.QC23-QC41；企業会計基準委員会訳［2006］，45-51頁）
■ FASB/IASB 公開草案［2008］
「財務情報が有用であるためには，目的適合性と忠実な表現という基本的特性を有していなくてはならない。」（FASB［2008］，par.QC2；IASB［2008］，par.QC2）
表現の忠実性に必要とされるのは，完全性・中立性・重大な誤謬のないことであることが示されている（FASB［2008，par.QC7；IASB［2008］，par.QC7）。
補強的な質的特性として，比較可能性，検証可能性，適時性，理解可能性が挙げられている（FASB［2008］，par.QC15；IASB［2008］，par.QC15）。
■ SFAC8［2010］/IASB 概念フレームワーク［2010］
「基本的な質的特性は，目的適合性と忠実な表現である。」（FASB［2010］，par.QC5；IASB［2010］，par.QC5；企業会計基準委員会・財務会計基準機構監訳［2011］，A32頁）
「目的適合性のある財務情報は，利用者が行う意思決定に相違を生じさせることができる。……財務情報は，予測価値，確認価値またはそれらの両方を有する場合には，意思決定に相違を生じさせることができる。」（FASB［2010］，pars.QC6-QC7；IASB［2010］，pars.QC6-QC7；企業会計基準委員会・財務会計基準機構監訳［2011］，A32-A33頁）。
「完璧に忠実な表現であるためには，描写は3つの特性を有する。それ

は「完全」で「中立的」で「誤謬がない」ということである。」(FASB [2010], par.QC12；IASB [2010], par.QC12；企業会計基準委員会・財務会計基準機構監訳 [2011], A33頁)。

「「比較可能性」,「検証可能性」,「適時性」, および「理解可能性」は, 目的適合性があり忠実に表現されている情報の有用性を補強する質的特性である。」(FASB [2010], par.QC19；IASB [2010], par.QC19；企業会計基準委員会・財務会計基準機構監訳 [2011], A35頁)。

安藤 [2011] (3頁) では, 従来の「関連性（目的適合性 - 筆者）」と「信頼性」がエンジンとブレーキというように表現され, この用語の変更案（「信頼性」にかわり「忠実な表現」が用いられるようになったこと - 筆者）に対して, 多くの反対意見が寄せられたこと,「その中には, この用語の変更にブレーキ軟化の危険を感じ取った反対論者が少なくなかったに違いない」(安藤 [2011], 3頁) ということが指摘されている[38]。まさにその「ブレーキ軟化」が懸念される信頼性から忠実な表現への移行の意味について, 受託責任の意味の揺らぎとあわせて, 慎重に検討する必要があるように思われる。

第4節　小　括— IFRS 教育と米国における財務報告の目的（機能）

本節では, おもに米国における財務報告の目的（機能）等を辿ってきた。その要点をまとめると, 以下の通りである。

第11章　アメリカにおける財務報告　189

図表11－5　米国における財務報告の目的（機能）等の変遷

公表物	特　徴
■AAA会計原則試案［1936］から ASOBAT基礎的会計理論［1966］までの公表物	・意思決定有用性アプローチの提示 ・情報提供機能の強調 　→ 受託責任（つながり：利害調整機能）＋情報提供機能 ・資産の定義の変容（原価 → 経済的便益）
■APBステートメント4［1970］から概念フレームワークに至るまでの公表物 ■IASC（IASB）における概念フレームワークにかんする公表物	・意思決定有用性アプローチの継承・定着 ・情報提供機能のさらなる強調 　→ 受託責任の意味の変容（つながり：利害調整機能＋情報提供機能） 　→ 情報提供機能（基本）＋受託責任（情報提供機能に包摂） ・資産の定義（経済的便益の定着）
■FASB/IASBにおける概念フレームワーク改訂のための共同作業による公表物	・情報提供機能（基本）＋受託責任（情報提供機能に包摂） 　→ 受託責任という用語自体の消滅・・・意味の揺らぎ？ ・質的特性（信頼性 → 忠実な表現）

　既述したように，IASB（IASC）の概念フレームワークは「米国での経験に影響を受けて」(Storey and Storey [1998], p.ⅲ；企業財務制度研究会訳［2001］，1頁）いる。そのため，IFRS教育において米国における財務報告（機能）の歴史的変遷に触れることは，現行IFRSにおける思考の相対化した理解を促すことにつながる。それはまた，利害調整機能等と情報提供機能等の関係やそれらと受託責任との関係のみならず，取得原価主義会計と時価との関係[39]，財務諸表の構成要素（たとえば本章で挙げたような資産）の意味の相対的な理解を促すことにもつながる。それにより，IFRSで示されている現行の会計処理方法を表面的に暗記させるのではなく，なぜそのような会計処理方法が示されているのかという，その奥にある基礎概念まで理解させ，さらにはその特徴や問題点までを理解させたうえで，IFRSを学習させることが可能となるように思われる。
　新井［1973］（16頁）では，「今日ほど，原価主義と時価主義，伝統的会計理

論と新しい会計理論，制度会計と情報会計などといった形で，新旧の理論をめぐって会計界の議論が沸騰しまた花盛りの時期はなかったように思われるが，われわれは，このような時期においてこそ，新旧の取捨選択を性急に行なうことなく，何ゆえに古いものがこれまでに存続してきたか，何ゆえに新しいものが生まれ，または生まれようとしているか，何ゆえに古いものが消え去らなければならないか，あるいは逆に何故に古いものが生き続けるかなどについて冷静に考えるべきであると思う」と述べられている。米国における財務報告（機能）の歴史のなかにはまさにその「新旧」が見え隠れしている。IFRS教育においてもそれらの学習をとおして，「何ゆえに古いものが消え去らなければならないか，あるいは逆に何故に古いものが生き続けるかなどについて冷静に考え」ながら，決してIFRSの（その時々の）会計基準をスナップショット的に鵜呑みにさせることのない教育が必要であるように思われる。

[注]

(1) 各公表物の日本語訳について，翻訳書がある場合にはそのタイトルを付している（以下も同じ）。
(2) これ以前のものとしては，1934年に公表されたAIA会計五原則があるが，そこでは財務報告の目的が示されているわけではないため，本稿では取り上げない。なお，「米国の近代的なディスクロージャー制度は，空前のブームに沸いた資本市場が一転して崩壊の危機に瀕した1920年代末と，証券諸法によってその建て直しが図られた30年代に始まるといわれ」（斎藤［2010a］，68頁），「1930年代以降の米国の会計学界では，企業会計の側から，大恐慌が生じた原因を究明し，これを解決すべく努力が重ねられていった」（日本会計研究学会スタディ・グループ（木戸田著）［2005］，19頁）という。図表11－1で示した公表物は，そのような努力の成果である。これらの公表物の論理については，たとえば椛田［2005a；2005b；2005c；2006］が詳しい。なお，米国における会計理論の歴史については，たとえばPrevits and Merino［1979］，中野常男［1992］や大石桂一［2000］が詳しい。
(3) 日本語訳について，翻訳書がある場合には基本的にその日本語訳を用いている（以下も同じ）。
(4) そのためには，たとえば，椛田［2010］（46頁）で「将来の理論研究の1つの課題は，

受託責任目的や会計責任概念を丹念にしかも歴史的に分析し，これと個別の会計基準—例えば，資本会計や資産の公正価値基準等—を擦り合わせる作業が必要であろう」と指摘されているように，その変容について詳細に辿っていくという研究が必要とされるであろう。たとえば O'Connell［2007］（p.220）で指摘されているように，「文献上，一般に認められた受託責任の定義は存在せず，受託責任の概念自体が，さまざまな解釈のもとで現れる」なかで，そのような作業は，簡単ではないが非常に重要なものであるように思われる。

（5）資産は，学生にとってイメージを持ちやすい例であるため，資産を最初に具体例として用い，その後，他の例につなげていくという方法もあるかもしれない。たとえば斎藤・徳賀編集（鈴木著）［2011］（71頁）では，会計情報における資産の位置づけについて，「資産は財務諸表によって提供される会計情報の基礎として位置づけられる。貸借対照表に記載される負債は資産と反対の性格を有し，純資産は資産と負債の差額として表される。さらに，純資産の期末と期首の残高の差は包括利益となり，特にその実現したものは純利益として損益計算書で示される。このように，財務諸表を通じて伝達される会計情報は，資産からの派生概念であるといっても過言ではない」と説明されている。

（6）日本会計研究学会スタディ・グループ（西田・奥村著）［1997］（12-13頁）においても ASOBAT 基礎的会計理論［1966］で意思決定有用性アプローチが提唱されたことが指摘されている。

（7）受託責任を，利害調整機能と情報提供機能という視点からのみみた場合，ここでいう受託責任は，特に利害調整機能とつながるものであると考えられる。ただし，受託責任と利害調整機能とは，つながる部分もあるが，完全には一致するものではないことに注意する必要があるだろう。

なお，本書には含めていないが，本書のベースとなった日本会計研究学会 スタディ・グループ（山内著）［2011］（第10章）では，「財務報告の目的（機能）とその意義」として，財務報告の目的（機能）を，利害調整機能・契約支援機能・事後情報としての役割（意思決定後情報としての役割）と，情報提供機能・意思決定支援機能・事前情報としての役割（意思決定前情報としての役割）とに分けて確認した上で，伝統的な学説を整理している。

（8）O'Connell［2007］（p.215）では，「我々の領域は，何世紀にもわたり，唯一の会計目的としての「受託責任」とともに進化してきた」と述べられている。また，安藤編著（藤井著）［1996］（259頁）では，「会計が，企業（より一般的には実体 entity）をめぐる利害関係者の利害調整を主目的とした利益計算システムとして生成・発展してきたことは，すでに多数の先行研究によって，歴史的・経験的事実として確認されているところである」と述べられている。

(9) 斎藤［1984］(5-6頁）では，1917年の Uniform Accounting においても，仔細に読めば，監査手続きを除く利益計算のルールについては，むしろ原価配分と原価評価の原則を明示的にうたっていたこと，1920年代はじめから40年ごろまでのアメリカでは，資産の原価評価が，すでに支配的なルールとなっていたことが指摘されている。一方実務では，かなりの数の会社が，資産を再評価することにより，原価評価の原則から一時的に離脱していたこと，とりわけ1920年～30年代には，かならずしも会社の組織変更などを契機としない資産簿価修正がアメリカ企業の間に広く行きわたり，のちに見るような「資産再評価運動」とも言うべき状況を創り出していたことが指摘されている（斎藤［1984］，5-6頁）。「実務上，そのような動きが後退し，資産原価評価がいったん定着していくのは，1930年代なかばになってからである」（斎藤［1984］，6頁）という。また藤井［2007］(21頁）では，「原価主義が1つのまとまった近代的会計思想として成立したのは，1930年代から1940年代にかけて順次公表された生成期会計諸原則においてであった。その意味で，生成期会計諸原則こそは，近代的な会計思想としての原価主義の原点をなすものであったといえるであろう」と説明されている。

資産評価基準として歴史的原価を採用，測定単位として名目貨幣単位を採用することにより測定される伝統的会計的利益概念（上野［1995］，22頁；日本会計研究学会スタディ・グループ（木戸田著）[2005]，14頁）は，「ドイツでも米国でも，ほぼ1920年代から1940年代にかけて提唱された。米国では，1929年に勃発した大恐慌への反省から，未実現利益を排除することを企業会計の果たす会計機能として位置づけつつ，ペイトン（Paton），リトルトン（Littleton），およびギルマン（Gilman）などの研究者が，このような利益概念を提唱した。ドイツでは，売却時価によってすべての財産を評価すべしとする商法学者との厳しい論理的対峙の中から，フィッシャー（Fischer）やシュマーレンバッハ（Schmalenbach）などの研究者が，このような利益概念を提唱した」（日本会計研究学会スタディ・グループ（木戸田著）[2005]，14頁）という。なお，石川［2008］(16頁）では，静態論から動態論への展開の歴史的モーメント（促すもの）として，「19世紀の鉄道業に代表される産業資本主義の確立と発展」が指摘されている。

(10) 藤井［2007］(25頁）では，「用役可能性とは，FASBの用語でいえば「将来の経済的便益」(future economic benefits)」であることが指摘されている。

(11) なお，斎藤・徳賀編集（鈴木著）[2011]（72頁）では，資産の定義の変遷について，「財産（property）から原価（cost）を経て経済的な資源（economic resource）へと歴史的に推移してきたいわれる（Storey［1981］－引用注形式筆者修正）」こと，「20世紀初期までは，資産を財産と理解する考え方が主流であった」こと，「資産を原価と理解する主張は，米国ではAAA［1936］(AAA会計原則試案［1936］－筆者）を契機とし（Storey［1981］－引用注形式筆者修正），AAAが会計実務に影響を及ぼした1930年

代から40年代にかけて受け入れられるようになり，1950年代から70年代にかけて広く普及したといわれている（Storey and Storey［1998］，p.69 ‐ 引用注形式筆者修正）」ことが指摘されている。

(12) なお，斎藤・徳賀編集（鈴木著）［2011］（74頁）では，「AAAが「経済的資源」という用語を使って資産に明確な定義を与えたのは，1948年（AAA会計原則［1948改訂版］‐筆者）になってからである」こと，「ここでは，資産の期間損益計算における未費消原価の側面よりも，未だ実現していない有用サービスが将来実現することによって回収されるはずの未回収投下資本としての側面が重視されるようになってきている」こと，「この考え方はその後，サービス潜在能力（service potentials）に関連づけて展開された」ことが指摘されている。

(13) 藤井［2007］（25頁）では，「用役可能性説を公式的にはじめて提唱したのは1957年改訂会計原則であったが，それをより全面的に展開したのは1962年会計原則試案であった」ことが指摘されている。

(14) AAA会計原則［1957改訂版］ではさらに，「「資産」の評価についての考え方が従来の取得原価本位の費用配分的評価観から，予想現金収入割引額的資産観に変っている」（中島訳編［1980］，81頁）。

(15) 石川［2008］（17頁）では，1970年代のインフレーション期に「個別価格変動会計」や「物価（貨幣価値）変動会計」といった時価会計が登場したことが指摘されている。また，藤井［2007］では，「ペイトンが，第二次世界大戦後の物価高騰を目の当たりにして，1940年序説でみせた原価主義擁護の立場を放棄し，時価評価指向を漸次強めていったのは周知のとおりである」（藤井［2007］，24頁）ことが指摘されている。また，田中［2002］（26，241頁）では，「1960年代から70年代は，会計学界で時価主義会計が盛んに研究された時期である。それは，……各国においてじわじわと押し寄せてきたインフレーション（クリーピング・インフレーション）に対する会計的な対応として考えられたものであった」こと，「エドワーズとベル，チェンバース，アメリカ会計学会（AAA）のASOBAT（「基礎的会計理論に関するステートメント」）などの主張が世界中の会計学者をとりこにした。しかし，こうした理論を実践した国も企業もなかった」ことが指摘されている。このような物価変動会計についてはWhittington［1983；辻山訳2003］，榊原［1986］，辻山［1991］，加古［1994］，上野［1995］，日本会計研究学会スタディ・グループ［2005］（第1部）や加古［2008］（357-378頁）等が詳しい。

(16) 斎藤［2010b］（199頁）では，「「利益の実現」に加え，「原価の配分」および「収益と費用の対応」というキーワードを確立したアメリカの会計基準は，特に第二次世界大戦後，減価償却や在庫評価などで価格変動によるバイアスを排除しようとするチャレンジに直面する。インフレ環境下での企業所得概念の再検討が進められ，AIA等によ

る組織的な研究成果が現れたのもこの時期である（－傍点筆者）」と述べられている。
(17) ただし，AAA会計原則［1948改訂版］では，「原註において，この当時の価格水準変動なら基礎概念の修正を必要とするほどではないと主張」（中島訳編［1980］，134頁）されている。
(18) もっとも，「少なくとも1980年代半ばまでは，時価は異端の評価基準とされていた」（藤井［2007］，19頁）という。
(19) これは，引用邦訳によると管理責任となっているが，受託責任（stewardship）のことである。
(20) FASB中間報告［1976］（pars.185-186）では，トゥルーブラッド報告 財務諸表の目的［1973］において，伝統的な「受託責任」のかわりにより広い意味での「会計責任」という用語が用いられていること，そこでの会計責任は「経営者の視点による受託責任（management's view of stewardship）」と同じものであるということが指摘されている。また，FASB公開草案［1977］（note, 26）においても同様に，トゥルーブラッド報告 財務諸表の目的［1973］において，「受託責任」のかわりに「会計責任」という用語が用いられている点が指摘されている。
(21) これが基本目的とされている（FASB［1978］，par.32；平松・広瀬訳［2002］，25頁）。
(22) 椛田［2010］（43頁）では，「この段階―『基礎』からFASB・SFACにいたる段階―では，受託責任目的は止揚され，投資意思決定目的を重視した新しい理論的枠組みの中で位置づけられ，相対的真実性概念ではなくて有用性概念のもとで再編成されているのである（『基礎』とは，ASOBAT基礎的会計理論［1966］のこと－筆者）」ことが指摘されている。
(23) もっとも，トゥルーブラッド報告財務諸表の目的［1973］が公表された当時，会計の中心目的は受託責任遂行状況の報告にあり，それがとりもなおさず財務報告の基本目的であると考えられていたため，意思決定アプローチは広く受け入れられていたわけではなかったという（Zeff［1999］，pp.106-107；日本会計研究学会特別委員会［2009］，63-64頁）。ただし，APBステートメント4［1970］では，「「これまでAICPAにより承認されてこなかった」「経済的な意思決定のための有用な［会計］情報の提供（Schattke［1972］，p.238－引用注形式筆者修正）」という目的観を導入したことに，制度的な意義がある」（椛田［2008］，88頁）という。
(24) 藤井［2007］（28頁）では，意思決定有用性アプローチが，ASOBAT基礎的会計理論［1966］で公式的にはじめて提起された後，トゥルーブラッド報告財務諸表の目的［1973］やSFAC1に継承されていったということが指摘されている。また，日本会計研究学会スタディ・グループ（西田・奥村著）［1997］（12-13頁）では，ASOBAT基礎的会計理論（1966）で提唱された意思決定有用性アプローチはAPBステートメント4において初めて公式に認められ，トゥルーブラッド報告財務諸表の目的［1973］でそ

の「目的論」が全面的に展開されたということが指摘されている。
(25) 英国や日本の概念フレームワークについてもこの考え方が採用されている。英国の概念フレームワークについては菊谷［2002］や岩崎［1996］が詳しい。日本の概念フレームワークについては，斎藤編著［2005］が詳しい。
(26) トゥルーブラッド報告財務諸表の目的［1973］では，基本目的から「受託責任の報告」が除外され，基本目的である経済的意思決定ないしは投資意思決定のための副次的情報とされている（日本会計研究学会スタディ・グループ（西田・奥村著）［1997］，10頁）。また，SFAC1［1978］においても「受託責任役割は意思決定役割に従属しそれに包摂され」（日本会計研究学会スタディ・グループ（西田・奥村著）［1997］，12頁）ている。
(27) 世界的にみてみると，安藤［2001］（116頁）では，「FASB概念ステートメントは，情報提供会計」，EC第4号指令，フランス商法，ドイツ商法およびイギリス会社法は「利害調整会計が支配的であり情報提供会計が補足的」（安藤［2001］，117頁），IASCフレームワークおよびASB公開草案は「情報提供会計が主であり利害調整会計が従」（安藤［2001］，117頁），企業会計原則は「情報提供会計と利害調整会計のバランスがとれている」（安藤［2001］，117-118頁）と指摘されている。また，万代［2000］では，「EU会社法指令は利害調整職能を重視した会計と位置づけられるのに対して，（FASB－筆者）概念フレームワークは情報提供職能を専らとした会計と位置づけられる」（万代［2000］，196頁），「ドイツ商法会計は，基本的には配当可能利益の計算を軸とした，株主と債権者との間の利害調整を目的としていると位置づけられるが，しかし時代によっては情報提供職能が前面に出てきたと解さざるを得ない場合もある」（万代［2000］，25頁）ことが指摘されている。また，日本における概念フレームワーク（討議資料）では，「会計が伝統的に果たしてきた利害調整の役割は，財務報告の目的それ自体とはせずに，目的たる情報提供が行われた上での情報の1つの利用局面の問題であると整理されている」（斎藤編著（川村著）［2005］，38頁）という。
(28) 具体的には安藤［1988］を参照。
(29) 安藤編著（万代著）［1996］（277頁）においても指摘されている。
(30) 「用役可能性説と意思決定有用性アプローチという2つの理論的源流を有している」（藤井［2007］，25頁）といわれる資産負債アプローチが，この時代にFASB討議資料［1976］において提示されている。なお，斎藤［2010b］（193頁）では，アメリカにおける近代的な会計基準の歴史について，「29年の大恐慌のあと，証券市場規制の一環として会計基準の整備が進んだ30年代にバランスシートから損益計算書へ重点が移り，その後，貯蓄貸付組合（S&L）の破綻を契機に資本市場が混乱した80年代以降，逆に収益・費用から資産・負債への重点移行が続いている」と説明されることが多いこと，「かつては情報価値の面（直接金融の拡大に伴う投資家の情報ニーズ－筆者）で資産・

負債から収益・費用に重点が移り，最近は定義を整備するうえで反対方向のシフトが生じているとみれば，一見して同じ道を往復している議論にも，それなりに首尾一貫した思想がある」(斎藤[2010a]，111頁))ということが指摘されている。
(31) 津守[2002](408-409頁)では，支配は統制，経済的便益は経済的効益と訳されている。
(32) FASB/IASBにおける資産の定義は現在，その見直しのための共同プロジェクトが行われているところであるため，ここでは取り上げないことにしたい。なお，資産の定義の変容として，たとえば斎藤・徳賀編集 (鈴木著)[2011](78-79頁)では，「共同プロジェクトによる資産の定義の見直しは，資産が将来キャッシュフロー獲得能力のある経済的資源であることを変更するわけではない」という一方で，これまで資産の定義で求められてきた「過去の取引その他の事象の結果として，経済的資源を有する企業がその便益に対して権利を有したり利用できることという特徴は，IASBとFASBの共同プロジェクトでは求められていない」ということが指摘されている。
(33) 藤井[2009](46-47頁)では，有用な投資情報の提供を財務報告の基本目的とし，受託責任情報の提供は当該目的に包摂されるとするFASB/IASB予備的見解[2006]の提案に対して，Big 4がコメントレターにおいて異口同音に反対意見を表明したことが説明されている。さらに，Big 4の提案では受託責任情報の提供を財務報告の独立した固有の目的とすることが求められており，その提案は，歴史的会計情報の意義の再評価と表裏の関係にあるということが指摘されている (藤井[2009]，48頁)。
(34) 大日方[2011](87頁)においても，「従来通り，投資家にたいする情報提供機能が重視され，受託責任の解除などの利害調整機能は，どちらかというと下位に位置づけられている」ことが指摘されている。
(35) FASB/IASB予備的見解[2006]では，「受託責任遂行状況報告も財務報告の基本目的とすることが議論されたが，経営者の業績と企業全体の業績とを区別することが非常に困難であり (IASB[2006]，par.BC1.37 - 引用注形式筆者修正)，それを実行するためには別の計算書を要するがそれは一般目的財務報告書の範囲外となること，経営者の報酬の決定に役立つ情報を提供するという特定の目的は，財務報告の目的ではないこと (IASB[2006]，par. BC 1.41 - 引用注形式筆者修正) 等の理由により財務報告の基本目的とはされなかった」(日本会計研究学会特別委員会[2009]，67頁) という。
(36) 受託責任については，「財務報告の目的では，財務報告の利用者が，資源配分の意思決定に加えて経営者が提供された資源を効率的かつ効果的に用いたかどうかについての意思決定を行うということが認識されている (－傍点筆者)」(FASB[2010]，par. BC1.28；IASB[2010]，par.BC1.28) という。
(37) これ以前の文献で挙げられていた質的特性につながるものとしては，以下が挙げられる。
■ ASOBAT基礎的会計理論[1966]
会計情報のための4つの基本的な基準として，目的適合性，検証可能性，不偏性

および量的表現可能性が挙げられている（AAA［1966］, p.8；飯野訳［1969］, 12-13頁）。
- ■ APBステートメント4号［1970］
　　　「質的目的とは，適合性，理解性，検証性，中立性，適時性，比較性，完全性である。」(AICPA［1970］, par.23；川口訳［1973］, 19頁)
- ■ トゥルーブラッド報告 財務諸表の目的［1973］
　　　質的特性として，適合性と重要性，形式と実質，信頼性，偏向からの解放，比較性，継続性および理解性が挙げられている（AICPA［1973］, pp.57-60；川口訳［1976］, 73-79頁）

(38) 一方，安藤［2012］(23-24頁)では受託責任について，「IASB・FASB新概念フレームワークは，本文において財務報告目的における受託責任の実質的な副次性を述べながら，附録「結論の根拠」では受託責任を持ち上げて，主目的の資源配分の決定と同等に扱っているかのようである」ことが指摘されている。

(39) たとえば，Ijiri［1967］(p.67)では，「利害調整機能において歴史的原価評価 (historical cost valuation) は，重要な役割を果たす。……」ことが指摘されている。また，新井［1973］(23頁)では，「取得原価主義会計が伝統的会計理論においてなぜ採られてきたかという問題を考えてみると，それは(1)代理人会計機能と(2)分配可能利益の算定機能の二大機能を果たすためであった」と述べられており，さらに，「取得原価主義会計の二大機能のうち，代理人会計機能は，その受託責任概念の拡大とともに，今日のいわゆる情報会計または意思決定会計という社会的会計機能へと発展拡大し，これに即した情報面の充実のためにその計算構造も原価中心型から価値中心型へ，また原価—実現主義から時価—発生主義のタイプへと変移して行くものと考えられる」(新井［1973］, 27頁)と主張されている。また，広瀬［1995］(320-321頁)では，「かりに管理責任を前者の意味（名目的顛末報告－筆者）の意味に解するならば，受託資本の増減計算を検証可能な取引記録に基づいて明らかにできる取得原価主義会計システムに依存しなければ，管理責任の遂行状況を報告することは困難である」こと，「管理責任を後者の意味（実質的・実体的顛末報告－筆者）に解するならば，一般物価水準の上昇に伴う購買力の下落に着目して，受託貨幣資本の購買力を実質的に維持できるような会計システム（一般物価水準変動会計システム）か，または企業の操業能力を同一水準に維持するために必要な資産に投下されている貨幣資本を，当該資本の個別価格の変動を考慮しつつ十分に維持しうる会計システム（時価主義会計システム）かいずれかの物価変動会計システムに依存しなければ，管理責任の遂行状況を報告することは困難である」ことが述べられている。

参考文献

AAA [1936], "A Tentative Statement of Accounting Principles Affecting Corporate Reports," *Accounting Review*, Vol.11, No.2, pp.187-191.（中島省吾訳編 [1980]『増訂 A.A.A. 会計原則：原文・解説・訳文および訳註』中央経済社）

AAA [1941], "Accounting Principles Underlying Corporate Financial Statements," *Accounting Review*, Vol.16, No.2, pp.133-139.（中島省吾訳編 [1980]『増訂 A.A.A. 会計原則：原文・解説・訳文および訳註』中央経済社）

AAA [1948], "Accounting Concepts and Standards Underlying Corporate Financial Statements –1948 Revision," *Accounting Review*, Vol.23, No.4, pp.339-344.（中島省吾訳編 [1980]『増訂 A.A.A. 会計原則：原文・解説・訳文および訳註』中央経済社）

AAA [1957], "Accounting and Reporting Standards for Corporate Financial Statements – 1957 Revision," *Accounting Review*, Vol.32, No.4, pp.536-546.（中島省吾訳編 [1980]『増訂 A.A.A. 会計原則：原文・解説・訳文および訳註』中央経済社）

AAA [1966], *A Statement of Basic Accounting Theory*, AAA.（飯野利夫訳 [1969]『アメリカ会計学会 基礎的会計理論』国元書房）

AAA Committee on Concepts and Standards for External Financial Reports [1977], *Statement on Accounting Theory and Theory Acceptance*, AAA.（染谷恭次郎訳 [1980]『アメリカ会計学会・会計理論及び理論承認』国元書房）

AAA [1991], "Committee on Accounting and Auditing Measurement 1989-90," *Accounting Horizons*, Vol.5, No.3, pp.81-105.

AIA [1934], *Audits of Corporate Accounts: Correspondence between the Special Committee on Co-operation with Stock Exchanges of the American Institute of Accountants and the Committee on Stock List of the New York Stock Exchange 1932-34*, AIA.

AIA [1940], *Reports of Committee on Terminology*, Accounting Research Bulletins No.7, AIA.

AIA [1941], *Report of Committee on Terminology*, Accounting Research Bulletins No.9, AIA.

AIA [1953], *Review and Résumé*, Accounting Terminology Bulletins No. 1, AIA.（渡辺進・上村久雄訳 [1959]『アメリカ公認会計士協会 会計研究公報・会計用語公報』神戸大学経済経営研究所）

AICPA APB [1970], *Basic Concepts and Accounting Principles underlying Financial Statements of Business Enterprises*, Statement of the Accounting Principles Board No. 4, AICPA.（川口順一訳 [1973]『アメリカ公認会計士協会 企業会計原則』同文舘）

AICPA [1973], *Objectives of Financial Statements*, Report of the Study Group on the Objectives of Financial Statements, AICPA.（川口順一訳 [1976]『アメリカ公認会計士

第11章 アメリカにおける財務報告 199

協会 財務諸表の目的』同文舘)
ASB [1995], *Statement of Principles for Financial Reporting*, Exposure Drafts, ASB.
ASB [1999], *The Statement of Principles for Financial Reporting*, ASB.
Camfferman, K. and S. A. Zeff. [2010], *Financial Reporting and Global Capital Markets: A History of the International Accounting Standards Committee 1973-2000*, Oxford University Press.
Chatfield, M. [1974], *A History of Accounting Thought*, The Dryden Press. (津田正晃・加藤順介訳 [1978] 『会計思想史』文眞堂)
Deinzer, H. T. [1965], *Development of Accounting Thought*, Holt, Rinehart & Winston. (法政大学会計学研究室訳 [1973] 『会計思想史』法政大学出版局)
FASB [1974], *Conceptual Framework for Accounting and Reporting: Consideration of the Report of the Study Group on the Objectives of Financial Statements*, Discussion Memorandum, FASB.
FASB [1975], *Criteria for Determining Materiality*, Discussion Memorandum, FASB.
FASB [1976a], *Tentative Conclusions on Objectives of Financial Statements of Business Enterprises*, FASB.
FASB [1976b], *An Analysis of Issues Related to Conceptual Framework for Financial Accounting and Reporting: Elements of Financial Statements and their Measurement*, Discussion Memorandum, FASB. (津守常弘監訳 [1997] 『FASB 財務会計の概念フレームワーク』中央経済社)
FASB [1977], *Objectives of Financial Reporting and Elements of Financial Statements of Business Enterprises*, Exposure Draft of a Proposed Statement of Financial Accounting Concepts, FASB.
FASB [1978], *Objectives of Financial Reporting by Business Enterprises*, Statement of Financial Accounting Concepts No. 1, FASB. (平松一夫・広瀬義州訳 [2002] 『FASB 財務会計の諸概念 [増補版]』中央経済社)
FASB [1979], *Elements of Financial Statements of Business Enterprises*, Revised Exposure Draft, FASB.
FASB [1980a], *Qualitative Characteristics of Accounting Information*, Statement of Financial Accounting Concepts No. 2, FASB. (平松一夫・広瀬義州訳 [2002] 『FASB 財務会計の諸概念 [増補版]』中央経済社)
FASB [1980b], *Elements of Financial Statements of Business Enterprises*, Statement of Financial Accounting Concepts No. 3, FASB.
FASB [1980c], *Objectives of Financial Reporting by Nonbusiness Organizations*, Statement of Financial Accounting Concepts No. 4, FASB. (平松一夫・広瀬義州訳 [2002] 『FASB

財務会計の諸概念 [増補版]』中央経済社)
FASB [1980d], *Concepts Statements 2 and 3 to Apply Them to Nonbusiness Organizations*, Exposure Draft, FASB.
FASB [1984], *Recognition and Measurement in Financial Statements of Business Enterprises*, Statement of Financial Accounting Concepts No. 5, FASB. (平松一夫・広瀬義州訳 [2002]『FASB 財務会計の諸概念 [増補版]』中央経済社)
FASB [1985a], *Elements of Financial Statements*, Revised Exposure Draft, FASB.
FASB [1985b], *Elements of Financial Statements*, Statement of Financial Accounting Concepts No. 6, FASB. (平松一夫・広瀬義州訳 [2002]『FASB 財務会計の諸概念 [増補版]』中央経済社)
FASB [1985c], *Elements of Financial Statements—a Replacement of FASB Concepts Statement No. 3 (Incorporating an Amendment of FASB Concepts Statement No. 2)*, Statement of Financial Accounting Concepts No. 6, FASB. (平松一夫・広瀬義州訳 [2002]『FASB 財務会計の諸概念 [増補版]』中央経済社)
FASB [1999], *The Framework of Financial Accounting Concepts and Standards*, Special Report, FASB.
FASB [2000], *Using Cash Flow Information and Present Value in Accounting Measurements*, Statement of Financial Accounting Concepts No. 7, FASB. (平松一夫・広瀬義州訳 [2002]『FASB 財務会計の諸概念 [増補版]』中央経済社)
FASB [2006], *Conceptual Framework for Financial Reporting: Objective of Financial Reporting and Qualitative Characteristics of Decision-Useful Financial Reporting Information*, Preliminary Views, FASB.
FASB [2008], *Conceptual Framework for Financial Reporting: The Objective of Financial Reporting and Qualitative Characteristics and Constraints of Decision-Useful Financial Reporting Information*, Exposure Draft, FASB.
FASB [2010], *Conceptual Framework for Financial Reporting—Chapter 1, The Objective of General Purpose Financial Reporting, and Chapter 3, Qualitative Characteristics of Useful Financial Information (Replacement of FASB Concepts Statements No. 1 and No. 2)*, Concepts Statement No. 8, FASB.
Have, O. T. [1976], *The History of Accountancy*, translated by A.van Seventer. (三代川正秀訳 [2001]『新訳 会計史』税務経理協会)
IASB [2006], *Preliminary Views on an Improved Conceptual Framework for Financial Reporting: the Objective of Financial Reporting and Qualitative Characteristics of Decision-Useful Financial Reporting Information*, Discussion Paper, IASB. (企業会計基準委員会訳 [2006]『ディスカッション・ペーパー:改善された財務報告に関する概念

第11章 アメリカにおける財務報告 201

フレームワークについての予備的見解 財務報告の目的及び意思決定に有用な財務報告情報の質的特性』企業会計基準委員会)
IASB [2008], *An Improved Conceptual Framework for Financial Reporting: Chapter 1: The Objective of Financial Reporting, Chapter 2: Qualitative Characteristics and Constraints of Decision-Useful Financial Reporting Information*, Exposure Draft, IASB.
IASB [2010], *The Conceptual Framework for Financial Reporting*, IASB. (企業会計基準委員会・財務会計基準機構監訳 [2011]『国際財務報告基準 (IFRS) 2011』中央経済社)
IASC [1988], *Framework for the Preparation and Presentation of Financial Statements*, Exposure Draft, IASC. (日本公認会計士協会訳 [1988]『財務諸表の作成表示に関する枠組 (案)』日本公認会計士協会)
IASC [1989], *Framework for the Preparation and Presentation of Financial Statements*, IASC. (企業会計基準委員会・財務会計基準機構監訳 [2010]『国際財務報告基準 (IFRS) 2010』中央経済社)
Ijiri, Y. [1967], *The Foundations of Accounting Measurement; A Mathematical, Economic and Behavioral Inquiry*, Prentice Hall.
Kohler, E. L. [1970], *A Dictionary for Accountants 4th*, Prentice Hall. (染谷恭次郎訳 [1989]『会計学辞典』丸善)
Littleton, A. C. [1933], *Accounting Evolution to 1900*, American Institute Publishing CO. (片野一郎訳 [1978]『リトルトン会計発達史 増補版』同文舘)
Moonitz, M. [1961], *The Basic Postulates of Accounting*, Accounting Research Study No.1, AICPA. (佐藤孝一・新井清光共訳 [1962]『アメリカ公認会計士協会 会計公準と会計原則』中央経済社)
O'Connell, V. [2007], "Reflections on Stewardship Reporting," *Accounting Horizons*, Vol.21, No. 2, pp.215-227.
Ohlson, J. A., S. Penman, R. Bloomfield, T. E. Christensen, R. Colson, K. Jamal, S. Moehrle, G. Previts, T. Stober, S. Sunder, and R. L. Watts. [2010], "A Framework for Financial Reporting Standards: Issues and a Suggested Model," *Accounting Horizons*, Vol.24, No.3, pp.471-485.
Paton, W. A. and A. C. Littleton. [1940], *An Introduction to Corporate Accounting Standards*, American Accounting Association Monograph No. 3, AAA. (中島省吾訳 [1958]『会社会計基準序説 改訳版』森山書店)
Previts, G. J. and B. D. Merino. [1979], *A History of Accounting in America: an Historical Interpretation of the Cultural Significance of Accounting*, Wiley. (大野功一・岡村勝義・新谷典彦・中瀬忠和訳 [1983]『アメリカ会計史：会計の文化的意義に関する史的解釈』同文舘)

Sanders, T. H., H. R. Hatfield, and U. Moore. [1938], *A Statement of Accounting Principles*, AIA.（山本繁・勝山進・小関勇訳 [1979]『SHM 会計原則』同文舘）
Schattke, R. W. [1972], "An Analysis of Accounting Principles Board Statement No. 4," *The Accounting Review*, Vol.47, No. 2, pp.233-244.
Sprouse, R. T. and M. Moonitz. [1962], *A Tentative Set of Broad Accounting Principles for Business Enterprises*, Accounting Research Study No. 3, AICPA.（佐藤孝一・新井清光共訳 [1962]『アメリカ公認会計士協会 会計公準と会計原則』中央経済社）
Storey, R. K. [1981], "Conditions Necessary for Developing a Conceptual Framework," *Journal of Accountancy*, Vol.151, Issue 6, pp.84-96.
Storey, R. K. and Storey, S. [1998], *Special Report - The Framework of Financial Accounting Concepts and Standards*, Financial Accounting Series, FASB.（企業財務制度研究会訳 [2001]『COFRI 実務研究叢書 財務会計の概念および基準のフレームワーク』中央経済社）
Whittington, G. [1983], *Inflation Accounting:An Introduction to the Debate*, Cambridge University Press.（辻山栄子訳 [2003]『会計測定の基礎：インフレーション・アカウンティング』中央経済社）
Woolf, A. H. [1912], *A Short History of Accountants and Accountancy*, GEE & CO.（片岡義雄・片岡泰彦訳 [1977]『ウルフ会計史』法政大学出版局）
Zeff, S. A. [1999], "The Evolution of the Conceptual Framework for Business Enterprises in the United States," *Accounting Historians Journal*, Vol. 26, No. 2, pp.106-107.
Zimmerman, V. K. [1954], *British Backgrounds of American Accountancy*, University Microfilms.（小澤康人・佐々木重人訳 [1993]『近代アメリカ会計発達史：イギリス会計の影響力を中心に』同文舘）
新井清光 [1973]「取得原価主義会計の再検討（伝統的会計理論の再検討〔日本会計研究学会第 31 回大会統一論題〕(特集))」『會計』第 103 巻第 1 号, 15-36 頁。
新井清光 [1978]『会計公準論（増補版）』中央経済社。
新井清光編著 [1989]『企業会計原則の形成と展開』中央経済社。
新井清光 [1996]『新版財務会計論（第 3 版）』中央経済社。
安藤英義 [1988]「簿記および会計の空洞化」『企業会計』第 40 巻第 9 号, 43-48 頁。
安藤英義編著 [1996]『会計フレームワークと会計基準』中央経済社。
安藤英義 [2001]『簿記会計の研究』中央経済社。
安藤英義編著 [2007]『会計学論考（歴史と最近の動向)』中央経済社。
安藤英義 [2011]「巻頭言 IASB・FASB 共通の新概念フレームワークと「信頼性」」『産業経理』第 70 巻第 4 号, 3 頁。
安藤英義・田中建二・古賀智敏編集 [2011]『企業会計と法制度（体系現代会計学）第 5 巻』

中央経済社。
安藤英義 [2012]「財務会計と財務報告の間」『企業会計』第 64 巻第 4 号, 17-24 頁。
石川純治 [2008]『変貌する現代会計』日本評論社。
岩崎勇 [1996]「会計の概念的枠組の展開—イギリスの「財務報告原則書」を中心として」『會計』第 150 巻第 4 号, 502-517 頁。
上野清貴 [1995]『会計利益概念論』同文舘。
大石桂一 [2000]『アメリカ会計規制論』白桃書房。
大日方隆 [2011]「会計機能から見た会計基準の論点」『企業会計』第 63 巻第 1 号, 86-92 頁。
加古宜士 [1994]『物価変動会計論』中央経済社。
加古宜士 [2008]『財務会計概論 第 7 版』中央経済社。
椛田龍三 [2005a]「会計理論における古典的・真実利益アプローチと意思決定・有用性アプローチの論理 (1)」『大分大学経済論集』第 56 巻第 5 号, 66-87 頁。
椛田龍三 [2005b]「会計理論における古典的・真実利益アプローチと意思決定・有用性アプローチの論理 (2)」『大分大学経済論集』第 57 巻第 1 号, 23-47 頁。
椛田龍三 [2005c]「会計理論における古典的・真実利益アプローチと意思決定・有用性アプローチの論理 (3)」『大分大学経済論集』第 57 巻第 2 号, 29-51 頁。
椛田龍三 [2006]「会計理論における古典的・真実利益アプローチと意思決定・有用性アプローチの論理 (4)」『大分大学経済論集』第 58 巻第 3 号, 1-21 頁。
椛田龍三 [2007]「会計における概念フレームワークとコンバージェンス」『大分大学経済論集』第 58 巻第 5 号, 1-30 頁。
椛田龍三 [2008]「会計理論における古典的・真実利益アプローチと意思決定・有用性アプローチの論理 (5)」『大分大学経済論集』第 60 巻第 1 号, 73-97 頁。
椛田龍三 [2009]「経済社会の変容と時価会計」『会計理論学会年報』第 24 号, 15-25 頁。
椛田龍三 [2010]「米国における資本会計の変容と受託責任目的」『産業經理』第 70 巻第 3 号, 35-48 頁。
川西安喜 [2010]「共通の概念フレームワークの新章「一般目的の財務報告の目的」と「有用な財務情報の質的特性」」『会計・監査ジャーナル』第 22 巻第 12 号, 51-59 頁。
企業会計基準委員会・財務会計基準機構監訳 [2004]『国際財務報告基準 (IFRS) 2004』レクシスネクシス・ジャパン。
企業会計基準委員会 [2006]『討議資料 財務会計の概念フレームワーク』企業会計基準委員会。
企業会計基準委員会・財務会計基準機構監訳 [2009]『国際財務報告基準 (IFRS) 2009』中央経済社。
企業会計基準委員会・財務会計基準機構監訳 [2010]『国際財務報告基準 (IFRS) 2010』中央経済社。

菊谷正人［2002］『国際的会計概念フレームワークの構築：英国会計の概念フレームワークを中心として』同文舘。
黒澤清［1984］「企業会計原則の歩み」『企業会計』第36巻第1号，4-11頁。
小島男佐夫［1987］『会計史入門』森山書店。
斎藤静樹［1984］『資産再評価の研究』東京大学出版社。
斎藤静樹編著［1994］『企業会計における資産評価基準』第一法規。
斎藤静樹編著［2005］『詳解「討議資料・財務会計の概念フレームワーク」』中央経済社。
斎藤静樹［2010a］『会計基準の研究 増補版』中央経済社。
斎藤静樹［2010b］『企業会計とディスクロージャー 第4版』東京大学出版社。
斎藤静樹・徳賀芳弘編集［2011］『企業会計の基礎概念（体系現代会計学）第1巻』中央経済社。
榊原英夫［1986］『規範的財務会計論（原価主義・時価主義・価値主義会計論の検討）』同文舘。
桜井久勝［2009］「会計の国際的統合と概念フレームワーク（特集 会計の国際的統合と会計学上の概念）」『企業会計』第61巻第2号，178-185頁。
佐藤信彦［1995］「FASBによる収益費用利益観・資産負債利益観と損益法・財産法」『経済集志（日本大学）』第64巻第4号，849-856頁。
田中弘編著［1998］『取得原価主義会計論』中央経済社。
田中弘［2002］『時価主義を考える［第3版］』中央経済社。
辻山栄子［1991］『所得概念と会計測定』森山書店。
角ヶ谷典幸［2009］『割引現在価値会計論』森山書店。
津守常弘［2002］『会計基準形成の論理』森山書店。
津守常弘［2008］「「財務会計概念フレームワーク」の新局面と会計研究の課題」『企業会計』第60巻第3号，324-334頁。
友岡賛［1996］『歴史にふれる会計学』有斐閣。
友岡賛［2006］『会計の時代だ（会計と会計士との歴史）』筑摩書房。
中野常男［1992］『会計理論生成史』中央経済社。
日本会計研究学会スタディ・グループ［1975-76］『会計責任に関する研究 新しいディスクロージュア・システムの研究』日本会計研究学会。
日本会計研究学会スタディ・グループ［1991］『貸借対照表能力に関する研究 第1年度中間報告』日本会計研究学会。
日本会計研究学会スタディ・グループ［1997］『会計の理論的枠組みに関する総合的研究 最終報告』日本会計研究学会。
日本会計研究学会スタディ・グループ［2005］『会計利益計算の構造と論理に関する総合研究 最終報告書』日本会計研究学会。

日本会計研究学会スタディ・グループ［2006］『財務情報の信頼性に関する研究 最終報告』日本会計研究学会。
日本会計研究学会スタディ・グループ［2009a］『会計制度の成立根拠と GAAP の現代的意義 中間報告書』日本会計研究学会。
日本会計研究学会スタディ・グループ［2009b］『日本の財務会計研究の棚卸し―国際的な研究動向の変化の中で 中間報告書』日本会計研究学会。
日本会計研究学会スタディ・グループ［2011］『中間報告 IFRS の教育に関する研究』日本会計研究学会。
日本会計研究学会特別委員会［2009］『財務報告の変革に関する研究 最終報告』日本会計研究学会。
濱田弘作［1986］『アメリカ会計発達史』白桃書房。
平林喜博編著［2005］『近代会計成立史』同文舘。
広瀬義州［1995］『会計基準論』中央経済社。
広瀬義州編著［2011］『財務報告の変革』中央経済社。
藤井秀樹［1997］『現代企業会計論：会計観の転換と取得原価主義会計の可能性』森山書店。
藤井秀樹［2007］『制度変化の会計学：会計基準のコンバージェンスを見すえて』中央経済社。
藤井秀樹［2009］「企業会計のグローバル化と制度分析の視点（特集 企業会計のグローバル化に向けて）」『企業会計』第 61 巻第 1 号，42-50 頁。
万代勝信［2000］『現代会計の本質と職能：歴史的および計算構造的研究』森山書店。
山浦久司［1993］『英国株式会社会計制度論』白桃書房。
山地秀俊［1994］『情報公開制度としての現代会計』同文舘。
渡邉泉［2008］『歴史から学ぶ会計』同文舘。
渡辺和夫［1992］『リトルトン会計思想の歴史的展開』同文舘。
渡邊陽一［1984］『貸借対照表論：その生成と発展』森山書店。

第12章
欧州大陸における財務報告──フランス

第1節　はじめに

フランスにおける会計規制の伝統は，17世紀から続いている。Colasse and Standish [2004] によれば，1999年までのフランスの会計規制は，図表12-1におけるような発展段階を経ている。

図表12-1　フランスにおける会計規制の発展

年度	題　　名
1673	コルベール王令*発布
1807	ナポレオン商法典
1867	会社に関する法律
1947	PCG制定
1957	新版PCG制定
1965	税法改訂（「税申告に必要とされる会計情報について」1965年デクレ第65-968号）
1966	商事会社に関する法律制定
1982	PCG改定
1985	EU第7指令による「連結計算に関する規則」の改定
1996	CNC（国家会計審議会）創設
1999	PCG分割（CRC99-03（PCG）とCRC99-02［商事会社および公企業に関する連結計算書類］，CRC99-07［銀行に関する連結規則］）

注：*原文はOrdonnance de Colbert。
出典：Colasse and Standish [2004] より筆者作成。

こうした会計規制の発展は，それぞれの時代の社会経済的状況と，そこから発生する会計へのニーズを反映しつつ行われてきたものと考えられる。そこで，本章では，第2節において会計規制の変遷を紹介し，当時の社会経済的状況と，そうした状況のなかでどのような会計機能が必要とされたのかを検討したい。第3節においては，フランスにおけるIFRSの初度適用以降の変遷に注目し，IFRS適用範囲の拡大への試行に対して，会計とその諸関連制度はどのような影響を及ぼしたのかという点について検討している。第4節では，第2節，第3節から得られた知見をまとめている。

第2節　フランスにおける会計規制の歴史

1673年コルベール王令では，第2条，第3条において，証拠となる帳簿の備付けと，その証拠力の担保が要求された。第8条においては，財産目録の作成，2年ごとの棚卸表示を要求し，第9条では，破産時にそうした財産目録が物的証拠機能を持つことを示している。当時は，詐欺的破産者が増大しつつあり，商業発展への悪影響を懸念すべき事態に至っていた。詐欺の抑制と，訴訟時の物的証拠機能として財産目録，日記帳，記録を備えることが商人に求められたために，こうした法が整備された。この時代における会計への主要なニーズは，物的証拠機能の提供にあったと考えられる[1]。こうした証拠の集合としての機能は，現在の商法典においても求められている（Code de Commerce 123-23条第1項，第2項）ものである。

1807年に制定されたナポレオン商法典においても，財産目録の作成規定は維持され，さらに，1年ごとの改定が要求されることとなった。ナポレオン商法典は「世界で初めて，『株式会社』の形態を成文法の中に認めた」（山浦[1997]，40頁）法典であり，株主の有限責任が明文化されている。この点をもって，フランス会計におけるニーズが一部，分化したとみなし，投資家保護が考慮されはじめたとすることはもちろん可能であるが，訴訟時における物的証拠機能の拡充も図られている点から，依然としてこの点におけるニーズも強かっ

たとみなすことができるだろう。

　1867 年から，会計へのニーズは著しい拡張を遂げる。企業の共同出資者，経営に参画しない純粋な投資家，従業員，さらに一般的な第三者といった範囲までを含めた利害関係者に対する保護機能の提供が会計に求められることとなったのである[2]。

　1867 年「会社に関する法律」では，会計情報の開示に関する経営者責任についての規定[3]が定められ，1945 年には，従業員を対象とした会計情報の公告[4]が義務づけられた。1967 年には，経営への参画を行わない投資家の権利を守るための追加的な法定公告手続きが，上場企業に対して要求された[5]。会計には，多様な利害関係者に対する保護を支援する機能が求められるようになったわけである。

　また，1947 年には，経済計画を目的とした，統一的な会計基準として PCG が制定され，会計に対するニーズが，マクロレベルでの社会会計への対応まで拡大している。1965 年 10 月 28 日には，税制の改訂が起こり，税務申告時に会計報告は PCG のルールに基づいて行われる必要があるとされた。

　この時点において，フランス会計に対するニーズは，国家統計，株主，債権者，従業員，税務当局のそれぞれの立場から提示されるようになった。こうした国内の多様なニーズに，同時に対応するための当該時点における完成形として PCG および会計諸制度が形成されたのである。

　一方で，1950 年代後半からは欧州諸国内の経済的取引の発展に伴い，会計の国際化への対応ニーズも大きくなっていた。1978 年に EU 第 4 指令（EC 会社法第 4 号指令「一定の会社形態の財務諸表」）が公表され，1983 年には第 4 指令をフランスへ導入するための法律が制定された。第 4 指令は，1978 年に採用され，1982 年の PCG に反映された。連結計算書に関する第 7 指令は 1983 年に採用され，1986 年の PCG の改定に反映された (Colasse, [2007], p. 109)。これらの改定の結果，フランスの会計規制には 2 つの大きな基準が併存する状況となった。最も重要な基準は PCG であり，個別決算のみに関連する会計ルールと，個別決算と連結決算に影響する会計ルールが含まれている。もう 1 つの基

準は，会計規制委員会（Comité de la Réglementation Comptable，以下，CRC）により公表された CRC 規則第 99-02 号「商事会社および公企業に関する連結計算書類」であり，こちらは連結決算のみに関連するルールによって形成されている。

さらに，2002 年 7 月 19 日には，EU 規則「IFRS 2005」が採択されたが，その際にフランスは選択的導入を行った。その結果，IFRS の適用は上場企業の連結決算に限られ，個別決算には PCG が適用され続けることとなった。こうした結果，現在のフランスの会計報告制度は図表 12 − 2 のような複雑な状況となっている。

図表 12 − 2　フランスの会計報告の状況

使用する会計基準	子会社のない企業	非上場の親会社	上場の親会社
	PCG	単独計算書：PCG	単独計算書：PCG
		連結計算書：CRC 規則第 99-02 号	連結計算書：IFRS

出典：Dufils et Lopater, [2005] より筆者作成。

こうした複数の会計基準が入り混じる，いわゆる連単分離状況は，会計的にみて望ましい状況とはいえないため，フランス政府も解消を図ってきた。ただ，IFRS を単独計算にもそのまま適用するという政策（アドプション型）は難しいと考えられた。まず，IFRS において認められる会計的選択肢が多すぎたため，現行の税制における租税の平等を保てない危険性があった。また，商法に規定されるある種の法的義務には，会計上の計算に基づいて課されるものがあるが（たとえば，最低資本金の義務や，業務上横領の認定など），会計基準の根本的な変化は，そうした法制度との間に矛盾を発生させる危険性もあった。

IFRS をそのままでは単独決算に適用できなかった結果として，これまでフランス政府の戦略は，基本的には，個別決算に関連する国内会計基準を段階的

にIFRS基準へ調和化させること(コンバージェンス型)であったといえる。概念的調和化を目指す過程で,3つのCRC規則が公表された。すなわち,「資本あるいは負債に関する規則」(2001年)[6],「資産の償却および減損に関する規則」(2002年)[7],「資産の定義および認識,測定に関する規則」(2004年)[8]である。これら3つの規則は,それまでのPCGの,所有概念に基づく資産と負債の定義とは大きく異なるものであった。

　以上見てきたように,フランス会計規制の歴史においては,会計規制はニーズに対応する形で発展を遂げてきた。1673年のコルベール王令から,1966年「商事会社に関する法律」制定までは,国内の多様な利害関係者のニーズに対応する発展形態であった。1982年からは,EU域内での調和化ニーズに応えることが要求され,2004年からはIFRSとの調和化が求められることとなった。Colasse[2007]では,1970年代〜2000年代は2つの時期に分けることができ,それぞれ「EU域内調和化時代」と「IFRSへのコンバージェンス時代」であったとしている。

第3節　フランス会計制度とIFRS

　2004年から,IFRSとの調和化が求められるのと同時に,フランスでは多くの利害関係者から,PCGの急速な国際的調和化への危惧が表明され始めた。

(1) 単独計算基準の国際化(コンバージェンス型)をめぐる問題

　1999年のPCGは,現行会計基準であるが,会計基準庁(ANC)による数度の改定が加えられている(図表12-3参照)。2001年から,IFRSへのコンバージェンスを目的としてPCGの概念的な部分が変更された。まず,2001年には「資本あるいは負債に関する規則」によって,引当金の定義が変わった。従来は,税制が認めるか否かによって引当金が設定されていたが,IFRSの考え方が導入された。引当金と偶発負債との区分も同時に変更された。2002年の「資産の償却及び減損に関する規則」によって,減損の概念が導入され,2004年

図表 12 － 3　フランスにおける 2000 年代の調和化

2001/1/17	「資本あるいは負債に関する規則」
2001/10/27	第 4 と第 7 指令の改定（測定方法の見直し，2001/65 指令）
2002/7/19	「IFRS　2005」EU 規則
2002/12/27	「資産の償却及び減損に関する規則」
2003/05/06	第 4 と第 7 指令の現代化
2004/12/24	「資産の定義及び認識，測定に関する規則」

出典：Colasse, [2007], p. 109.

の「資産の定義及び認識，測定に関する規則」によって「コンポーネント」の認識が導入され，コンポーネント別の償却が採用された。

　この 2004 年の「資産の定義及び認識，測定に関する規則」は，大きな議論を引き起こした。まず，コンポーネントの定義が不明確であるとみなされた。また，小規模な企業がこの基準を適用できる能力を持っているのかが問題になった。税務当局にとっては，コンポーネントの認識と償却期間などのチェックが実質的に不可能であるという問題点があった。結局，コンポーネント会計は採用されたものの，実務上ではあまり使われていないことが知られている。

　IFRS 初度適用時において，上場企業から多くの不満の声があったこともあり，フランスのコンバージェンスに対する姿勢は変化した。現在では，フランスの大勢は，IFRS 適用範囲の拡大に関しては反対であり，そのため，2004 年以降は国内基準のコンバージェンスは進んでいない。

(2) 単独計算基準の国際化（アドプション型）をめぐる問題

　IFRS の適用範囲を個別決算へと拡大するアドプション型によって単独計算基準を国際化する考え方についても，フランス国内から 3 つの大きな批判が提起された。

① 税務申告における問題

フランスでは個別決算における利益数値を課税ベースとした税額計算が行われる。したがって、会計基準の変更は、税務当局と、企業にとって極めて重大な問題である。IFRSの導入に伴う会計基準の改変によって、それ以前に行われていたいくつかの会計処理は排除されることとなり、逆に否認されていたいくつかの会計処理が容認されることとなった。

基本的には、IFRSへの調和化は、これまで税務当局に反対されることはなく、むしろ税務官庁自ら税制の変更を推し進めてきたとされる[9]。だが、収益の認識に関する変更が必要となるようであれば、そこには非常に大きな困難が生じると予想されている。

フランス法務省税法担当部副担当者Paul Perpère氏は、国際会計基準の割引現在価値概念が、フランスの歴史的原価主義との間で概念的矛盾を引き起こすことを指摘しており、財務諸表のどの要素に割引現在価値による測定を課すか、そしてどのような割引率を用いるのかを、税務当局は非常に重要であると考えていると述べている[10]。

② 実務適用における問題

フランス産業連盟Agnès Lépinay女史は、国際会計基準への調和化を一時的に停止することを求めた[11]。その理由としては、IFRSが変化し続けているため企業にとって基準に適応するコストと時間がかかりすぎること。そして、ECが現在行っている、欧州全域に適用可能な法人税の課税ベースに関する検討の結果を待ちたいということであった。また、これまでのフランス会計システムでは、財務会計と管理会計を近づけることで、会計情報作成コストを削減してきた流れがあるのだが、このIFRSへの調和化はそうした流れに逆行するものであるとし、費用が無駄になる危険性があるこうした調和化への適応を加盟企業に勧めることはできないと述べた。

③ 周辺諸制度との適合問題

　IFRS が個別決算へとその適用範囲を拡大する場合には，会社法においても大きな変更が必要となると考えられる。だが，フランスでは会計法の伝統より，商法の伝統がより高い地位を占めており，会計を原因として会社法に変更が引き起こされるとは考えにくい。

　フランス法務省市民法担当部長 Marc Guillaume 氏は，IFRS が導入されても，フランス法務省は現在のフランスの法的枠組みの考え方を変更する予定はない旨をインタビューに対して答えている[12]。その理由は，商法の伝統として，重要な取引先から従業員まで，あるいは，社会的な利害またはそれ以外の利害までをもその管轄としているためである。つまり，より多様な利害を対象とする商法が，会計の専門的な問題を根拠として変化することはないということである。また，商取引に関する刑法が変わることも同様の理由からほとんどありえないだろうと Guillaume 氏は述べている。

(3) 中小企業版 IFRS の導入，非上場企業の連結計算書作成の国際化をめぐる問題

　2009 年に IASB は中小企業版 IFRS を公表した。EU は，その適用について検討を行ったが，加盟国間でかなり意見が分かれた。フランスは 2008 年において，IFRS を非上場企業の連結に適用しようという案があったにもかかわらず，最終的には反対派となった。会計基準庁は EU に宛てて以下のような説明を行った。すなわち，中小企業版 IFRS は中小企業の情報ニーズと適合しておらず，「フランス企業の望む会計基準は，簡単で，安定していて，確定決算主義が維持されるような，会社法と矛盾しない会計基準である」と主張した。この結果，現在ではフランス会計基準庁は，IFRS を使用しない形での EU 内の会計調和化を支持している。

第4節　まとめ

　本章では，欧州大陸における財務報告についてフランスを題材として，その歴史的変遷について検討した。第2節においては，現在までの会計報告についての概説を行い，まずフランス会計制度が国内の多様な利害関係者の情報ニーズに対応する形で発展を遂げてきた過程を明らかにした。そして，関連諸制度との間の，緊密な情報連携の一応の完成形がPCGであることを述べた。IFRSは，そうした連携関係に影響を与えないように，上場企業の連結計算書作成のみに導入され，その結果一応の導入成功を見たわけである。だが，2つの概念的，実務的に異なる会計基準が併存する環境は，会計的に見て望ましくないため，連単分離状況は解消される必要がある。第3節では，連単分離の解消を目的として，IFRSが個別計算書作成へとその適用範囲を拡大しようとすることに関して，フランス国内において生じた，税務，実務，周辺諸制度からの反発を紹介した。

　第2節，第3節から判明するのは，PCGとフランス国内制度とがいかに緊密に連携しているかということである。こうした状況下でとりあえずにでもIFRSを導入するためには連単分離以外に道はなかったわけである。だが，連単分離を解消し，単独計算書の作成へとIFRSの適用範囲を拡大してゆくためには，やはり，PCGと関連諸制度との間に構築された，情報の連携関係を断ち切るしかなく，それはフランスが300年以上にわたって作り上げてきた会計制度を丸ごと覆すことを意味している。フランス国内において，段階的にこうした試みは行われてきたが，単独計算基準の国際化ではアドプション型，コンバージェンス型ともに，関連諸制度との連携が崩れる点からの強固な反対を受けており，中小企業版IFRSの導入による非上場企業の連結計算書作成の国際化においても，会社法と矛盾しない会計基準を求める国内の声は強固であった。つまり，連単分離以外にIFRSを導入する方法はなかったが，それは問題の先送りにすぎなかったため，結局は，先送りした問題が，連単分離の解消の

障害となってあらわれているというのがフランス財務報告の現況であろう。

しかしながら，IFRS の導入は金融サービス行動計画（Financial Services Action Plan；FSAP）という EU の市場統合政策の一部であり，EU は EU 指令を通じて各国の国内法体系を変化させることが可能である。だが，その場合においても国内利害関係者からの激しい反対は当然に予測され，IFRS の適用に伴う問題は，いずれにせよ，その解決までに非常に長い調整時間がかかることが予想されるのである。

[注]

（1）もちろん，すべての歴史上の出来事においてと同様に，フランス会計規制史においても，こうした出来事の発生年度自身にはそれほど大きな意味はない。1673 年のコルベール王令の発布は，その年度を含む何年かの幅において，会計の証拠機能を重視する流れが発生していたことを示すであろうが，1674 年にはそうした流れが消えうせたことを意味するわけではないし，1672 年まで，そうした思想が存在しなかったことを意味するわけでもない。
（2）P. Dufils, C. Lopater [2005], p.29.
（3）Loi du 24 juillet 1867（1867 年 7 月 24 日付法律）.
（4）Droit d'information des salariés, 1945.
（5）Décret du 23 mars 1967（1967 年 3 月 23 日付命令）.
（6）Règlement 2000-06 du CRC relatif aux passifs.
（7）Règlement 2002-10 du CRC relatif à l'amortissement et à la dépréciation des actifs.
（8）Règlement 2004-06 du CRC relatif à la définition, la comptabilisation et l'évaluation des actifs.
（9）P. Perpère, Price Waterhouse Coopers [2006], p.24.
（10）P. Perpère, Price Waterhouse Coopers [2006], p.24.
（11）A. Lépinay, Price Waterhouse Coopers [2006], p.23.
（12）M. Guillaume, Price Waterhouse Coopers [2006], p.20.

参考文献

Colasse, B. [2007] *Introduction a la Comptabilite,* Paris：Economica.
Colasse, B. and Standish, P. [2004], "The Development and decline of Law in French

Accounting Regulation", *Journal of Management and Governance*, Vol.8, pp.407-429.
Dufils, P. and Lopater, C. [2005], *Mémento Pratique Francis Lefebvre, Comptable 2006*, Paris : Editions Francis Lefebvre.
Price Waterhouse Coopers [2006], "Convergence future vers les IFRS", *BCF France*, April 2006, pp17-26.
山浦瑛子 [1997] 『フランス会計論』創成社。

第13章

ドイツにおける財務報告

　本章では，まず，ドイツにおいて正規の簿記の諸原則（Grundsätze ordnungsmäßiger Buchführung：GoB）論において展開されてきた簿記，財務諸表または会計の目的・機能を明らかにしたあと，その目的と密接に結びつく企業会計法に焦点を当てて，ドイツにおける企業会計法の伝統的枠組みとその変化を検討する[1]。ドイツの例を検討することを通じて，とりわけ大陸型会計に属する国々おいては，各国の会計や財務報告の目的だけでなく企業会計法の枠組みなどとの関わりにおいてIFRSと自国基準とを比較し，基準間の相違が何に起因しているのかに立ち戻りながらIFRS教育を行う必要性があることを示したい。

第1節　ドイツにおける会計の機能

　ドイツにおいて，簿記，財務諸表または会計の目的・機能は，古くから，GoB論のなかで目的論的演繹の立場から議論されてきた[2]。たとえば，Leffson［1964］は，簿記の主目的が「証拠書類」，財務諸表の主目的が「説明責任」であるとし，後者の副次的目的として「配当可能利益計算」「税金計算の基礎」および「債権者保護」を挙げている。また，Baetge［1986］は，財務諸表の目的を「証拠書類」「説明責任」および「資本維持」とし，それらのもとに掲げられる諸原則を体系化している。そのほか，「情報（提供）」「管理」「支払額計算」や「利益計算」等があるが，多くの論者によって挙げられた目的・機能やその分類区分はさまざまであり，統一した見解は見られない。また，これらの目的・機能が階層構造として示されることもある。このGoB論での議論は，ドイツ会計基準委員会（Deutsches Rechnungslegungs Standards

Committee : DRSC) が 2002 年に公表した概念フレームワーク草案「正規の会計の諸原則（Grundsätze ordnungsmäßiger Rechnungslegung: GoR)」にも受け継がれている。そこでは，会計の目的を「証拠書類」「情報提供」および法的または実質的な利益処分の基礎としての「利益計算」としたうえで，情報提供機能を，過去の事象に関する報告という意味での会計の「説明責任機能」と意思決定の基礎構築という意味での会計の「予測機能」とに区分している[3]。このように，近年ドイツにおいても，会計基準の国際的コンバージェンスを背景として，(とりわけ連結財務諸表における) 情報提供機能が以前にも増して重視される傾向にある。しかしながら，それは「会計」の機能についての議論であって，「財務報告」の機能についての制度的議論は未だ十分に行われていない。

　ここにおいて，これらの機能をドイツの企業会計法の枠組みとの関わりにおいて捉えようとするならば，とりわけ配当可能利益計算，課税所得（税金）計算，情報提供との関係に留意が必要であろう。伝統的にドイツ会計では，これらの機能は同列的な位置づけにあるのではなく，まず配当可能利益計算および課税所得計算が会計の主要な機能として選択され，それらの機能のもとに重視される慎重性の原則および基準性の原則が情報提供機能を制限してきた[4]。また，通説よれば，ドイツにおいては個別財務諸表が配当可能利益計算，課税所得計算，情報提供といった複数の機能を持つのに対して，連結財務諸表は情報提供機能を有するのみである[5]。

第2節　ドイツにおける企業会計法の伝統的枠組み

　上述の会計の機能のもとに構築されたドイツ企業会計法の枠組みはどのようなものであったのか。本節では，IFRSへの制度的対応が行われる1997年以前の企業会計法の伝統的枠組みを検討する。

　ドイツ企業会計法は，商法典（Handelsgesetzbuch : HGB)，取引所法（Börsengesetz : BörsG)，所得税法（Einkommensteuergesetz : EstG) を基礎とする3つの法体系から構成されていた[6]。法律間の関係としては，商法典と所得税法は，伝

統的に「基準性の原則」を根拠として所得税法が商法典に依存する関係にあり，その関係を「逆基準性の原則」が強化する形となっていた[7]。また，ドイツでは，米国における証券二法が果たすような公的役割を伝統的に商法典が担ってきたため，取引所法は独自の会計計算規定を持たず，情報提供機能を果たす投資家保護のための会計計算を商法典に全面的に依拠していた[8]。また，この依存関係のために，商法典を媒介とした所得税法と取引所法の実質的な法的関係が存在した。このように，ドイツの企業会計法は，商法典を中心とし，商法典と所得税法とが強く結びつく一方で，取引所法が商法典を補充する構造となっており，結びつきの強弱や形態は異なるものの，日本と同様に「商法典を中心とした両天秤型の企業会計法の構造」[9]となっていた。

図表13－1には，ドイツの企業会計法の規制の対象，内容および理念を示している。ドイツ商法典の会計規定は，債権者保護という法理念のもとにすべての商人を対象として，配当可能利益算定ならびに情報提供の機能に関する規制を行っている（＝配当規制および開示規制）[10]。これを，株式会社法が株主保護のみならず公衆の保護という法理念をもって[11]，商法典の配当規制および開示規制を強化している。一方，取引所法は，投資家保護，正規の取引所取引の保障および公益の確保という法理念のもとに，上場会社に対して「上場有価証

図表13－1　ドイツの旧企業会計法の枠組み

	規制の対象	規制の内容	法の理念
商法典 株式法	すべての商人 株式会社および 株式合資会社	配当規制 開示規制	債権者保護 株主保護 公衆の保護
取引所法	上場会社	開示規制	投資家保護 公益の確保 正規の取引所取引の保障
所得税法 法人税法	自然人 法　人	課税規制	公平かつ適切な課税所得 の算定

出典：徳賀［2009］，5頁を参照して筆者作成。

券の価値評価のための基本的な真実かつ公正な概観に関する情報を提供しなければならない（取引所上場認可命令第13条第1項一般原則）」と定めているが（＝開示規制），具体的な会計計算・表示規定を有していなかった[12]。また，所得税法・法人税法は自然人・法人を対象として，公平かつ適切な課税所得の算定を法の理念としており，課税所得計算に関する規則（＝課税規制）を行っている[13]。このような企業会計の枠組みのなかで，ドイツにおいては，商法典，所得税法，取引所法という3つの法律のもとで会計に複数の機能が求められてきたのにもかかわらず，日本と同様に，基本的に同一の会計計算が行われてきた。

しかしながら，これらの法律のもとでの会計規定は完全には一致してはいない。基準性の原則および逆基準性の原則のために，商法典と所得税法の会計規定に多くの場合齟齬はないが，それぞれの法律の目的に沿って異なる規定が設けられている項目が一部存在した。たとえば，①商法典のもとで計上選択権があるが，所得税法では計上義務である項目（商法典第250条第3項社債発行差金ならびに第255条第4項のれん，連邦財政裁判所判決1969年2月3日—GrS 2/68, S. 291-294），②商法典のもとで計上選択権があるが，所得税法では計上禁止である項目（商法典第269条開業費および拡張費ならびに第274条第2項繰延税金資産），③商法典上計上義務があるが所得税法上では計上禁止である項目（商法典第249条未決取引（契約相手が履行していない契約）によって発生する虞のある損失，所得税法第5条第4a項）などである[14]。また，商法典は，第235条において配当可能利益，評価（利益）準備金取崩益，資本準備金取崩益などの配当に関する基本的な規定を定めたうえで，開業費および営業拡張費（第274条），繰延税金資産（第274条）に対して配当制限に関する規定を設け[15]，取引所法上の利益のうち配当可能利益とならないものを定めていた。

第3節　企業会計法の伝統的な枠組みの変化

上述のような企業会計法の伝統的枠組みは，IFRSをめぐる国内外の環境の

変化とともに変化を余儀なくされ，1998年以降の一連の会計制度改革を通じて変容した[16]。では，具体的に，環境変化に合わせて法律間の関係がどのように変化し，会計機能間の衝突はどのように緩和されてきたのであろうか。

商法典と所得税法の関係を変化させたのは，2009年「会計法現代化法」(Bilanzrechtsmodernisierungsgesetz：BilMoG) を通じて行われた商法典大改正である。ここでは25年ぶりに会計処理規定の変更に踏み込んだ改正が行われた。具体的にBilMoGでは，商法典が従来通り配当可能利益計算および課税所得計算の基礎となるということを大前提としたうえで，商法典で認められていた複数の会計処理方法の一本化や商法典と所得税法との間に存在した差異の解消といった会計処理規定の改正が行われた[17]。

この改正を通じてもなお商法典と所得税法を結びつける基準性の原則は維持されているが，逆基準性の原則が廃止されたために両法律間の結びつきが緩和されたことは大きな変化である[18]。このことにより，税法上の会計処理が商法典上の会計処理を拘束することはなくなったために，今後課税所得と配当可能利益は次第に乖離していくと考えられている[19]。

また，取引所法体系にも変化が生じている。有価証券取引法（WpHG）のなかに，商法典の個別および連結財務諸表の作成・公告義務を基礎としたうえで，EU版IFRS準拠の連結財務諸表の作成・公告を義務づける旨の条文（第37vおよびy条）が挿入されたのである。そのため，これまで取引所法体系が商法典体系に完全に依存し，暗黙的な関係により結びついていた両者の関係が明確化されただけでなく，IFRSが有価証券取引法のなかで投資家保護のための情報提供機能を満たす会計計算規定として明確に位置づけられるようになった。

一方，商法典内における個別財務諸表の配当可能利益計算と個別および連結財務諸表の情報提供という機能の衝突は，個別の配当可能利益計算機能を果たす基準として商法典が堅持される一方で，1998年「資本調達容易化法 (Kapitalaufnahmeerleichterungsgesetz：KapAEG)」および2004年「会計法改革法 (Bilanzrechtsreformgesetz：BilReG)」を通じて，連結および個別の情報提供機能

を満たす基準として IFRS が導入されたことで緩和されている[20]。ここでの IFRS 導入の論拠は，情報提供機能を果たす会計基準として商法典の規定よりも IFRS のほうが情報価値が高いと考えられるためである。

また，ここにおいて，情報提供機能を果たす基準として商法典と IFRS の 2 つの基準が認められたことに伴う基準間の衝突は，一連の会計制度改革を通じて商法典準拠財務諸表の説明力向上のために商法典の規定を IFRS に接近させ，商法典の情報提供機能が強化されたことで緩和が図られている（詳しくは，拙稿［2009b］を参照）。ただし，ここにおいて，IFRS の情報提供機能が商法典の情報提供機能を網羅しているわけではないことに留意が必要である。たとえば，IFRS では作成・開示が求められていないが商法典では求められているといった連結および個別の状況報告書などの項目が存在する。このような項目については，IFRS 準拠企業であっても商法典で求められている追加的な開示規定を遵守しなければならない（商法典第 325 条第 2a 項）[21]。このことは，商法典の規定が果たす情報提供機能と IFRS の果たす情報提供機能が異なると認識されていることを意味する。

以上の議論は，図表 13 - 2 のようにまとめることができよう。

図表 13 - 2　企業会計法，会計の機能と IFRS の関係

	会計情報の主な利用者		会計の機能	適用基準
有価証券取引法取引所法	投資家・公衆	連結	情報提供	IFRS
		個別	情報提供	商法典または IFRS*
商法典株式法	債権者・株主・公衆	連結	情報提供	商法典または IFRS**
		個別	情報提供	商法典または IFRS*
			配当可能利益計算	商法典

注：＊IFRS による開示が認められているのは，大規模資本会社のみである。
　　＊＊非上場会社は，商法典または IFRS からの選択が可能である。

このように，個別レベルで配当可能利益計算のための商法典を堅持する一方で，情報提供機能を果たす基準として IFRS を導入することにより機能間の衝突は緩和されたが，2 つの基準からの選択適用が可能となったため，基準間の衝突の問題が生じている。具体的には，配当可能利益計算機能を果たすための商法典の規定と情報提供機能を果たすための IFRS とは本来まったく異なる目的に基づき形成されたものであり，両者には現在なお会計目的の相違に起因する基準間の大きな相違が残されているのである（図表 13 - 3 を参照）。

図表 13 - 3　商法典と IFRS の基礎的な相違

	商法典	IFRS
基準設定機関	国家の立法者 最高裁判所（連邦財政裁判所，連邦最高裁判所）	国際的なプライベートな会計機関（IASB；以前の IASC） エンドースメントの枠組みのなかでの EU
会計の目的	資本維持／債権者保護，課税所得計算，そのあとに位置づけられる利害関係者への情報提供	投資家への情報提供（意思決定有用性）
支配的な会計原則	慎重性の原則（実現原則と不均等原則により具体化される）	公正な表示
会計政策	幅のある計上・評価の選択権がある	幅広い選択権がない
商法と税法の結びつき	基準性	結びつきはない
財務諸表の構成要素	個別財務諸表 貸借対照表 損益計算書 注　記 連結財務諸表 キャッシュ・フロー計算書 株主資本計算書 セグメント報告（選択）	貸借対照表（財政状態計算書） 損益計算書（包括利益計算書） 注記（セグメント報告を含む） キャッシュ・フロー計算書 株主資本計算書
開示義務	限定的	非常に広範囲
作成，開示，監査義務	法的形態別および企業規模別	現在までは区分なし

出典：IFRS Portal［2011］を一部修正・抜粋。

以上のドイツの例は，会計あるいは財務報告の機能がIFRSと異なる大陸型会計に属する諸国においてはとりわけ，各国の会計や財務報告の機能だけでなく，それと密接にかかわる企業会計法の枠組みなどとの関わりにおいて，IFRSと自国基準の相違をそれが生じる原因に遡って比較しながら教授するIFRS教育を重視することが必要であることを示唆しているといえよう。

[注]

（1）本稿は，日独比較が可能となるように，日本のIFRSへの対応を検討した徳賀［2009］［2010］と比較可能な形で構成しているとともに，分析枠組みを当該論文に依拠している。
（2）たとえば，Schmalenbach［1933］，Leffson［1964］，Freericks［1976］（訳書，75-83頁），Coenenberg［1984］，Moxter［1984］［2002］，Schildbach［1987］，von Wysocki［1993］，Baetge［1996］，佐藤［1989］，高木［1995］などを参照せよ。
（3）DRSC［2002］, par. 9. ただし，その後のパラグラフでは，証拠書類についての議論はなく，情報提供および利益計算のみが取り上げられ議論されている。また，説明責任は，最終的には投資意思決定支援に資するという。
（4）たとえば，Glaum / Mandler［1996］, S. 28を参照。
（5）Moxter［1984］, S. 109, Busse von Colbe / Ordelheide［1993］, S. 19-23, Auer［2000］, S. 19, Adelt［1999］, S. 419-420, DRSC［2002］, par. 12.
（6）詳しくは，拙稿［2003］。現在では，投資家保護のための会計規定は，取引所法だけでなく有価証券取引法（Wertpapierhandelsgesetz：WpHG）のなかにも含められている。
（7）基準性の原則（所得税法第5条第1項第1文）により商法典と所得税法の結びつきが強いため，会計計算規定を有する商法典の規定と所得税法の規定に多くの場合齟齬はない。また，税法上で選択権がある項目については，逆基準性の原則（所得税法第5条第1項第2文）に従って商法典上も税法上で選択した会計処理方法を採用しなければならないため，実務上会計処理は一致する。さらに，商法典第254条は「税法上でのみ認められている減価償却に基づいてより低い価値で償却を行うことができる」と定めており，たとえば税法上の特別償却（所得税法第7条第f項および第g項）については，商法典上も所得税法上で認められている方法に従うことができた。たとえば，Alscheimer［1974］, Pfaff and Schröer［1996］, Dziadkowski / Henselmann［2000］など。
（8）法律上も先行研究においても，商法典と取引所法の法的関係は明示的に示されていな

第 13 章　ドイツにおける財務報告　225

い。この問題については，拙稿［2003］を参照。
（9）徳賀［2000］，207 頁。
（10）たとえば，Barth［1953］, Ordelheide and Pfaff［1994］を参照。
（11）Freericks［1976］, S. 37, 48：訳書，47, 56 頁。本章では，株式会社および株式合資会社に対する法令の総称として，便宜上「株式会社法」と用いている。ここで株式合資会社とは基本的に株式会社の性格を有する会社であるが，無限責任だけでなく有限責任の出資者を有する点において株式会社とは異なる。
（12）たとえば，Schäfer［1999］，拙稿［2003］を参照。
（13）たとえば，Tipke［1985］を参照。
（14）Baetge［2002］, S. 146.
（15）ただし，2009 年 BilMoG を通じて，開業費および営業拡張費の配当制限が削除され，無形固定資産，繰延税金資産，年金資産の時価評価義務，公正価値評価に配当制限が課されることになった。詳しくは，Simon［2009］，Zülch / Hoffmann［2010］などを参照。
（16）たとえば，拙稿［2009b］を参照。
（17）たとえば，齋藤［2009］，佐藤［2009］を参照。
（18）Fischer / Günkel / Neubeck / Pannen［2009］, 齋藤［2009］を参照。
（19）これに伴い，商法典準拠と法人税法準拠の 2 種類の財務諸表を作成しはじめた中小企業もあるという（飯塚［2010］，6-7 頁）。そのほか，BMF［2010］も参照。
（20）IFRS 導入が行われた一方で，規模基準が引き下げられ，財務諸表作成・開示義務を負う会社の範囲が狭められたことによって，規制緩和が行われていることに注目すべきである（商法典第 267 条および第 293 条）。
（21）たとえば，拙稿［2009a］。

参考文献

Adelt, B.［1999］, Internationalisierung der Rechnungslegung: Besteht die Notwendigkeit eines Rechnungslegungsstandards?, in *Internationale Rechnungslegung*, hrsg. von K. Küting / G. Langenbucher, Schäffer-Poeschel Verlag, S. 417-432.
Alscheimer, H.,［1974］, Einhundert Jahre Prinzip der Maßgeblichkeit der Handelsbilanz für Steuerbilanz, in *ZfB*, S. 841-848.
Arndt, S. J.,［1999］, *Internationale Rechnungslegung und Rechnungslegungspolitik: Ein Vergleich der Rechnungslegungswelten HGB, IAS und US-GAAP*, Tectum Verlag.
Auer, K. V.［2000］, *Externe Rechnungslegung: Eine fallstudienorientierte Einführung in den Einzel- und Konzernabschluss sowie die Analyse auf Basis von US-GAAP, IAS und HGB*, Springer.

Baetge, J. [1986], Grundsätze ordnungsmäßiger Buchführung, in *DB*, Beilage 26, S.1-15.
Baetge, J. [1987], Grundsätze ordnungsmäßiger Buchführung, in *Handbuch der Rechnungslegung: Kommentar zur Bilanzierung und Prüfung, 2 Aufl.*, hrsg. von K. Küting / C. P. Weber, Schäffer Verlag, S.177-204.
Baetge, J. [1996], *Bilanzen*, 4. Aufl., IDW-Verlag.
Baetge, J. [2002], *Bilanzen*, 6. aktualisierte Aufl., IDW-Verlag.
Ballwieser, W. [1995], "Germany—Individual Accounts," *Transnational Accounting*, Edited by D. Ordelheide and KPMG, Macmillan, pp. 1401-1546.
Barth, K. [1953], *Die Entwicklung des deutschen Bilanzrechts und der auf ihm beruhenden Bilanzauffassungen, handelsrechtlich und steuerrechtlich, Bd. I: Handelsrechtlich*, Selbstverlag des Verfassers.（松尾憲橘・百瀬房憲共訳 [1985]『貸借対照表の論理』森山書店）
Biener, H. [1998], Maßgeblichkeitprinzip, in *Lexkon des Rechnungswesens: Handbuch der Bilanzierung und Prüfung, des Erlös-, Finanz-, Investitions- und Kostenrechnung, 4. Aufl.*, hrsg. von W. Busse von Colbe / B. Pellens, Oldenbourg, S. 498-502.
Born, K. [1994] [1997], *Bilanzanalyse international*, Shäffer Poeschel Verlag.
Born, K. [1999], *Rechnungslegung nach IAS, US-GAAPund HGB im Vergleich*, Schäffer Poeschel Verlag.
Bundesministerium der Finanzen (BMF) [2010], Maßgeblichkeit der handelsrechtlichen Grundsätze ordnungsmäßiger Buchführung für die steuerliche Gewinnermittlung; Änderung des § 5 Absatz 1 EStG durch das Gesetz zur Modernisierung des Bilanzrechts (Bilanzrechtsmodernisierungsgesetz - BilMoG) vom 15. Mai 2009 (*BGBl. I* S. 1102, BStBl I S. 650), IV C 6 - S 2133/09/10001, 2010/0188935, 12. März 2010.
Busse von Colbe, W. / Ordelheide, D. [1993], *Konzernabschlüsse*, Gabler.
Busse von Colbe, W. [1995], Rechnungslegungsziele und Ansätze zur internationalen Harmonisierung der Rechnungslegung deutscher Unternehmen, in *US-amerikanische Rechnungslegung: Grundlagen und Vergleiche mit dem deutschen Recht*, hrsg. von W. Ballwieser, Schäffer Poeschel Verlag, S. 221-238.
Busse von Colbe, W. [1996], "Accounting and the Business Economics Tradition in Germany," *The European Accounting Review*, Vol. 5, No. 3, pp. 413-434.
Busse von Colbe, W. [1998a], Bilanzierungswahlrechte, in *Lexkon des Rechnungswesens: Handbuch der Bilanzierung und Prüfung, des Erlös-, Finanz-, Investitions- und Kostenrechnung, 4. Aufl.*, hrsg. von W. Busse von Colbe / B. Pellens, Oldenbourg, S. 116-117.
Busse von Colbe, W. [1998b], Konzernabschluß internationaler, in *Lexkon des Rechnungsw-*

第13章　ドイツにおける財務報告　227

esens: Handbuch der Bilanzierung und Prüfung, des Erlös-, Finanz-, Investitions- und Kostenrechnung, 4. Aufl., hrsg. von W. Busse von Colbe / B. Pellens, Oldenbourg, S. 425-427.

Busse von Colbe W. / B. Pellens (Hrsg.) [1998], *Lexkon des Rechnungswesens: Handbuch der Bilanzierung und Prüfung, des Erlös-, Finanz-, Investitions- und Kostenrechnung, 4. Aufl.*, hrsg. von, Orldenbourg.

Coenenberg, A. G. [1984], *Jahresabschluß und Jahresabschlußanalyse-Betriebswirtschaftliche und handles- und steuerrechtliche Grundlagen, 7 Auf.*, Verlag Moderne Industrie.

Deutsches Rechnungslegungs Standards Committee (DRSC) [2002], Entwurf Grundsätze ordnungsmäßger Rechnungslegung (Rahmenkonzept), 16. Oktober 2002.

Dziadkowski, D. / K. Henselmann [2000], Verhältnis von Handelsbilanz und Steuerbilanz, in *Beck'sches Handbuch der Rechnungslegung*, hrsg. von Castan / Heymann / Müller / Ordelheide / Scheffler, Verlag C. H. Beck, B120, S. 1-80.

Ebenroth, C. T. [1986], Klar und übersichtlich, in *Handwörterbuch unbestimmter Rechtsbegriffe im Bilanzrecht des HGB*, hrsg. von U. Leffson / D. Rücke / B. Großfeld, Verlag Dr. Otto Schmidt KG, S. 264-272.

Ellerich, M. [1987], Allgemeine Bilanzierungsfragen: Zwecke des handelsrechtlichen Jahresabschlusses, in *Handbuch der Rechnungslegung: Kommentar zur Bilanzierung und Prüfung, 2 Aufl.*, hrsg. von K. Küting / C. P. Weber, Schäffer Verlag, S.155-160.

Federmann, R. [1979], *Bilanzierung nach Handelsrecht und Steuerrecht, 5. Aufl.*, Erich Schmidt Verlag.

Ficher, D. / M. Günkel / G. Neubeck / G. Pannen [2009], *Die Bilanzrechtsreform 2009/10, Handels- und Steuerbilanz nach BilMoG, 2. Auflage*, Stollfuß Medien.

Förschle, G. / M. Kroner / U. Mandler [1996], *InternationaleRechnungslegung:US-GAAP, HGB und IAS, 2. Aufl.*, EconomicaVerlagGmbH.

Freericks, W. [1976], *Bilanzierungsfähigkeit und Bilanzierungspflicht in Handels- und Steuerbilanz*, Carl Heymans Verlag.（大阪産業大学会計研究室訳 [1986]『現代の会計制度第1巻商法編』森山書店）

Glaum, M. / U. Mandler [1996], *Rechnungslegung auf globalen Kapitalmärkten - HGB, IAS und US GAAP*, Gabler.

Haller, A. [1989], *Die Grundlagen der externen Rechnungslegung in den USA: unter besonderer Berücksichtigung der rechtlichen, institutionellen und theoretischen Rahmenbedingungen*, C. E. Poeschel Verlag.

Haller, A. [1992], "The Relationship of Financial and Tax Accounting in Germany: Major Reason for Accounting Disharmony in Europe," *The International Journal of*

Accounting, Vol. 27, pp. 310-323.
Hayn, S. / G. G. Waldersee / U. Benzel [2009], HGB / HGB-BilMoG Steuerbilanz im Vergleich, Synoptische Darstellung von Handels- und Steuerbilanzrecht, Schäffer Poeschel.
IDW [1985] [1996] [2000], *WP-Handbuch: Handbuch für Rechnungslegung, Prüfung und Beratung*, IDW Verlag GmbH.
IFRS-Portal [2011], http://www.IFRS-portal.com/Dokumente/unterschiede_hgb_IFRS.pdf (Stand: Juli 2011)
International Accounting Standards Boards (IASB) [2010], *The Conceptual Framework for Financial Reporting 2010*, IASB.
Klaus, H. [2009], *BilMoG Kompakt*, 2. Auflage, HDS Verlag.
Küting K. / C. P. Weber (Hrsg.) [1987], *Handbuch der Rechnungslegung: Kommentar zur Bilanzierung und Prüfung, 2 Aufl.*, Schäffer Verlag.
Leffson, U. [1964], *Grundsätze ordnungsmäßiger Buchführung*, Verlagsbuchhandlung des Instituts der Wirtschaftsprüfer GmbH.
Leffson, U. [1988], Das Gebot der Stetigkeit im europäischen Bilanzrecht, in *Wpg*, S.441-446.
Leffson, U. [1998], Grundsätze ordnungsmäßiger Buchführung, in *Lexkon des Rechnungswesens: Handbuch der Bilanzierung und Prüfung, des Erlös-, Finanz-, Investitions- und Kostenrechnung, 4. Aufl.*, hrsg. von W. Busse von Colbe / B. Pellens, Orldenbourg, S. 324-328.
Meyer, O. / H. Bremer [1957], *Börsengesetz, 4. Aufl.*, Walter de Gruyter & Co. (髙橋壽男・小田和美訳 [1959]『ドイツ取引所法』みかも書房)
Moxter, A. [1984], *Bilanzlehre—Band I: Einführung in die Bilanztheorie, 3. Aufl.*, Gabler.
Moxter, A. [1986], *Bilanzlehre—Band II: Einführung in das neue Bilanzrecht, 3. Aufl.*, Gabler.
Oestreicher, A. / C. Spengel [1999], *Maßgeblichkeit der International Accounting Standards für die steuerliche Gewinnermittlung: International vergleichende Wirkungen eines Übergangs auf die Rechnungslegung nach IAS*, Nomos Verlagsgesellschaft.
Ordelheide, D. and D. Pfaff [1994], *Germany*, Routledge.
Pellens, B. [1998a], *Internationale Rechnungslegung, 2. Aufl.*, Schäffer-PoeschelVerlag.
Pellens, B. [1998b], Jahresabschluß (Funktionen), in *Lexkon des Rechnungs- wesens: Handbuch der Bilanzierung und Prüfung, des Erlös-, Finanz-, Investitions- und Kostenrechnung, 4. Aufl.*, hrsg. von W. Busse von Colbe / B. Pellens, Oldenbourg, S. 367-370.
Pfaff, D. and T. Schröer [1996], "The Relationship between Financial and Tax Accounting

第13章 ドイツにおける財務報告 229

in Germany: the Authoritativeness and Reverse Authoritativeness Principle," *The European Accounting Review*, No. 5, Supplement, pp. 963-979.

Schäfer, F. A. (Hrsg.) [1999], *Wertpapierhandelsgesetz, Börsengesetz, mit BörsZulV, Verkaufsprospektgesetz mit VerkProspV: Kommentar*, Verlag W. Kohlhammer.

Schildbach, T. [1987], Die neue Generalklausel für den Jahresabschluß von Kapitalgesellschaften - zur Interpretation des Paragraphen 264 Abs. 2 HGB, in *BFuP*, 39. Jg., S. 1-15.

Schildbach, T. / M. Feldhoff [1993], Adressaten, in *Handwörterbuch des Rechnungswesens, 3. Aufl.*, hrsg. von K. Chmielewicz / M. Schweitzer, Schäffer-Poeschel Verlag, S. 30-36.

Schmalenbach, E. [1933], Grundsätze ordnungsmäßiger Buchführung, in *ZfbH*.

Simon, S. [2009], Ausschüttungs- und Abführungssperre als gläubigerschützendes Institut in der reformierten HGB-Bilanzierung - Zur Regelung des § 268 VIII HGB n.F.," in *NZG*, Heft 28, S.1081-1087.

Steiner, M. [1998], Börsenzulassungsprospekt, in *Lexkon des Rechnungswesens—Handbuch der Bilanzierung und Prüfung, des Erlös-, Finanz-, Investitions- und Kostenrechnung, 4. Aufl.*, hrsg. von W. Busse von Colbe / B. Pellens, Oldenbourg, S. 139-141.

Tipke, K. [1985], *Steuerrecht—Ein Systematischer Grundriß, 10 Aufl.*, Schmidt.（木村弘之亮・吉村典久・西山由美訳 [1988]『所得税・法人税・消費税—西ドイツ租税法—』木鐸社）

von Wysocki, K. [1993], Jahresabschluß, in *Handwörterbuch des Rechnungswesens, 3. Aufl.*, hrsg. von K. Chmielewicz / M. Schweitzer, Schäffer-Poeschel Verlag.

Wielenberg, S. [2009], Ausschüttungsbegrenzung und liquidationsfinanzierte Ausschüttungen – wie sinnvoll ist vorsichtige Rechnungslegung?, in *Zfbf*, Februar 2009, S.2-21.

Zülch H. / S. Hoffmann [2010], Probleme und mögliche Lösungsansätze der „neuen" Ausschüttungssperre nach § 268 Abs. 8 HGB, in *Der Betrieb* vom 30. April 2010, S. 909-912.

Zwirner, C. / K. P. Künkele [2009], Die Bedeutung der Neuregelungen des BilMoG im Kontext der zunehmenden Anwendung der IFRS: Annäherung statt Übernahme, in *KoR* vom 02.11.2009, Heft 11, S. 639-648.

飯塚真玄 [2010]「『DATEV 社からの回答書』に学ぶ—ドイツでは IFRS に対応して商法が改正されたが, 確定決算基準（「基準性の原則」）は残された」『TKC』平成 22 年 2 月特別号, 1-7 頁。

稲見亨 [2011]「ドイツにおける国際的会計基準の適用と資本市場思考概念」『會計』第 180 巻第 5 号, 651-664 頁。

川口八洲雄［2000］『会計指令法の競争戦略』森山書店。
木下勝一［2009］「ドイツ商法における公正価値評価の導入問題―『企業会計法現代化法（政府草案）のもとでの公正価値概念』」『産業経理』第69巻第1号，4-13頁。
齋藤真哉［2009］「ドイツにおける会計と税務の関係へのIFRSの影響―貸借対照表法現代化法（BilMoG）の検討―」『産業経理』第69巻第2号，100-109頁。
佐藤博明［1989］『ドイツ会計制度』森山書店。
佐藤博明［2009］「ドイツ会計法現代化法の成立と論点」『會計』，111-126頁。
潮﨑智美［2003］「ドイツにおける商法典会計と取引所法会計の関係」『広島国際研究』（広島市立大学）第9巻，15-26頁。
潮﨑智美［2009a］「IFRS導入に伴う監査領域の拡大―EUおよびドイツの事例―」『企業会計』第61巻第4号，57-64頁。
潮﨑智美［2009b］「ドイツ会計制度改革の本質的特徴―IFRS導入との関連において―」『国際会計研究学会年報2008年度』，35-47頁。
高木靖史［1995］『ドイツ会計基準論』中央経済社。
津守常弘［2002］『会計基準形成の論理』森山書店。
徳賀芳弘［2000］『国際会計論―相違と調和―』中央経済社。
徳賀芳弘［2009］「国際財務報告基準への日本の対応―連単分離を論ずる枠組み―」税務経理協会編『最新IFRS完全詳解』税務経理協会，3-10頁。
徳賀芳弘［2010］「国際財務報告基準への日本の対応―トライアングル体制変更の可能性―」税務経理協会編『最新IFRS完全詳解2011―国際財務報告基準』税務経理協会，1-9頁。
万代勝信［2000］『現代会計の本質と職能』森山書店。

第3部

IFRS教育のための基礎概念

―――――――― 第14章 ――――――――
IFRS 教育のためのアプローチ

第1節　IFRS 教育のための方法選択

　2011年6月,国際会計基準（IFRS）の強制適用時期を延長する旨が発表された。とはいえ,IFRS の適用を取りやめたわけではない。企業や監査人だけでなく,会計教育に従事する人間も IFRS 適用への対応が必要不可欠となる。このような状況において,会計教育に携わってきた人にとって,IFRS 教育をいかに実施すべきかが,重要な課題となる。会計教育に現在関わっている人々のほとんどすべてが,IFRS の教育を受けたことがないわけであり,IFRS 教育に関する個人的な前例をほとんど持たない。また,IFRS が従来の会計基準と変わらないものであれば,大きな影響は生じないが,コンバージェンスを進めてきたとはいえ,日本の会計基準と IFRS の違いを感じている人も少なくない。このような点だけから考えても,やはり,IFRS 教育を検討する必要が生じる。

　しかし,IFRS 教育をやみくもに検討することは合理的ではない。どのような教育目的であっても共通して必要となる部分と状況に応じて必要となる部分に分離することができるはずである。そして,前者の部分であると考えられる内容に焦点を当て,これを「IFRS 教育のための基礎概念」とする。

　さらに,大学（専門課程）や大学院での教育とその他の教育機関,たとえば,商業高校や専門学校などの教育との違いとして,後者の場合,その目的のために内容や教授法がある程度標準化されているのに対し,大学や大学院での教育は,良い悪いは別としても,ほとんど標準化されていないことも挙げねばなら

ないだろう。教育機関によってIFRS教育の目的が異なり，それに伴って重点も内容も異なってくるのは当然であるが，いきおい，教育内容が，教育目的に依存するだけでなく，担当する人間の方針や考え方に依存することも生じうる。結果として，教授法もそれに連動して多様化することになる。

　たとえば，座学によって一方向的に実施する，ケース・スタディなどによるディスカッションを通じて教育する，練習問題を頻回に行うなど，技術面でも差が生じる。また，暗記を含めて，もっぱら基準とその解釈や会計処理を教える，会計基準の背景を説明しつつ基準の実務的な適用例を含めて教える，歴史的な流れを説明しつつ現在の会計制度を相対的に説明する，会計（情報）の利用者の立場を特定しそれを切り口に説明する，現行会計基準を批判しつつ論点を浮き彫りにする，会計理論と会計制度を比較しつつ説明するなど，アプローチの方法もさまざまであり，対象を直線的にそれのみを教える場合もあれば，対象を相対化し比較のなかで教える場合もある。他にも教授法や切り口はあると考えられる。

　厳密に考えるならば，これらの教授法について検討・検証を試みる必要があるのだが，ここでは，大学の専門課程または大学院を前提として，IFRS教育の1つの取り掛かりを提示したい。まず，教育の方法であるが，一時的には表層的に，対象を教える場合，おそらく，その対象（たとえば会計基準）を最低限の背景と主旨を説明するにとどめ，直線的に対象を説明（基準の解釈）し，実践的に反芻（会計処理の説明と練習問題の反復実習）する方が，それに要する時間も短く，短期的には効果が高いと考えられる。しかし，対象の本質的な部分や特徴は，ある程度もしくはほとんど，除外され，かかる教育を受けた者は，自力でそれを見いだす必要が生じる。大学の専門課程あるいは大学院における教育は，そのようなものではなく，対象の本質や特徴といったものを考えさせ，それをなんらかの方法で教授するものであると考える[1]。では，対象の本質や特徴を示しつつ，限られた時間で教育するには，どのような方法が考えられるかであるが，ここでは，二極（二項対立的図式）を示し，両極との比較を示すなかで，対象が相対的にどのような位置づけになるのかを明確にしつつ，対象の

本質や性質，そしてその内容を説明する方法を選択し，これを「IFRS 教育のための方法」としたい。

第 2 節　基礎概念導出のためのアプローチ

　選択した IFRS 教育のための方法には，まず説明のための二極を示す必要がある。これは IFRS 教育のための基礎概念を導出するためのものであるから，IFRS 教育において，いかなる教育目的であろうと，実際に明示的に説明がなされるか否かは別として，共通した内容でなければならず，それは IFRS の本質あるいは特徴を充分に示しうるものでなければならない。

　基礎概念を提示するための出発点として，会計（企業会計）が示しているもの，あるいは，会計がしていることを考えてみたい。会計が示しているものは，企業の財政状態および経営成績，投資のポジションとその成果，あるいは，財政状態，業績，およびその変動など，さまざまな表現がなされるが，すくなくとも企業のある側面を貨幣的評価によって示しているという点では共通しているであろう。また，会計がしていることといえば，企業の財産管理，利益計算，情報提供，利害調整，受託責任解除などが挙げられる。企業が営利目的で存在すること，配当が利益を基になされることなどを考えれば，会計がしていることのなかで最も重要なことの 1 つが利益計算であるといっても過言ではないであろう。つまり，どの側面から企業を表現しているのかという視点と，どのように企業が獲得した利益を計算しているのかという視点が，IFRS 教育の基礎概念を導出するためのアプローチを定める上で，重要な視点になるといえる。

　企業が獲得した利益をどのように計算しているのかという視点から基礎概念を導出するアプローチを「利益観からのアプローチ」，一方，どの側面から企業を表現しているのかという視点からの基礎概念を導出するアプローチを「会計モデルからのアプローチ」とここでは呼ぶことにする。このアプローチは，IFRS と従来の会計あるいは日本の現行会計基準との違いを浮き彫りにするこ

とができるアプローチであると考える。

第3節　2つのアプローチ

　IFRS の特徴として，原則主義，公正価値評価，包括利益などが挙げられる[2]ことが多い。それ故に，これらの語句は，基礎概念導出のためのアプローチにおける極を検討する際の手がかりとなる可能性が高い。そこで，特徴として挙げられるこれらの語句から，2つのアプローチの極を定めることとしたい。

　まず，包括利益であるが，IFRS での定義を確認すると，包括利益は「取引あるいはその他の事象の結果として生じる一期間の持分の変動，所有者としての立場での所有者との取引の結果生じる変動を除く」[3]である。また，IFRS では，別に損益を定義しており，損益は，「純利益」[4]としてもよく，「収益から費用を控除した合計額，その他の包括利益となる項目を除く」[5]である。IAS No1.「財務諸表の表示」に従えば，財務諸表の完全な一組（par.10）には，「包括利益計算書」が含められ，「損益計算書」とは示されていない。ここから，IFRS では包括利益が中心となることが確認できる。

　包括利益は，持分の変動であり，持分は，「すべての負債を控除した当該主体の資産に関する残余の権利」[6]である。つまり，資産と負債の測定額に依存して持分が決定され，その持分によって包括利益が計算されるのである。このような利益の測定方法は，「資産負債利益観」と呼ばれる。IFRS ではこの言葉は明示されていないが，包括利益の定義からはそのように理解できる。

　「資産負債利益観」に対になって言われるのが「収益費用利益観」である。会計が企業の利益をどのように計算するか，あるいは，利益計算をどのように表現するかが，利益観であり，IFRS 教育の基礎概念を導出するためのアプローチとして，「資産負債利益観」と「収益費用利益観」の2つの極を用意することができる。これを利用したアプローチを「利益観からのアプローチ」と呼ぶことにする。

次に，公正価値であるが，包括利益と同様に，IFRSにおける定義を確認すると，「当事者間のそれぞれ独立が保たれた取引において，［取引や対象への充分な］知識がある自発的な当事者（二者）間で，資産が交換され得る，あるいは，負債が決済され得るための金額」であり，この定義からだけでは，公正価値は厳密には市場価格もしくは時価を意味しない。しかし，たとえばIAS No.2「棚卸資産」(par.7) では，「公正価値は，当該棚卸資産が，その市場で，知識があり自発的な買い手と売り手が交換し得る金額を反映している」と示されており，おそらく，公正価値は市場価格（あるいは市場均衡価格）が想定されているのであろう。

仮にそうだとすると，この価額は売り手と買い手のキャッシュ・フローに基づいて示されるはずである。つまり，買い手にとっては，買い手がその資産を利用して，そこから得られる将来キャッシュ・フローの現在価値以下の金額になるであろうし，また，売り手にとっては，その資産を獲得するためにすでに支出したキャッシュ・アウト・フローの売却時価値（支出時から見た場合の将来価値，取引時点の現在価値）以上の金額になるであろう。このときの割引率は，当事者それぞれにとって合理的な割引率が採用されるはずである。よって，資産を手放すとすれば回収すべき金額であり　資産を取得するとすれば回収見積もりの金額（もしくは最低金額）である。ここには，過去実際に支出された金額そのものには，直接的な意味はなく，現在価値と投下資金の回収という概念が潜在的には存在していると考えられる。このような概念は伝統的な会計，少なくとも財務会計制度には存在しなかった概念であり，むしろ，経済学，あるいはファイナンスの領域で取り扱われていた概念である。

すると，片方の極をファイナンスの考え方，特に投資計算，投資とそのリターンを基礎に置くことができるのではないだろうか。つまり，企業を「投資の集合体」として捉え，そのような企業の側面を表現する会計モデルを1つの極として想定するのである。このような思考法に基づく会計モデルを「投資計算を基礎とする会計モデル」と呼ぶこととする。

公正価値に対する評価方法として，最も挙げられやすいのは，取得原価では

ないだろうか。公正価値は企業活動とはほとんど無関係に企業の外部で評価される金額であるのに対し，一度測定された後は企業外部の評価とは切り離されることから，取得原価が公正価値に対する評価方法として挙げられやすい。また，公正価値を採用したIFRS（新しい会計基準）に対して，戦後我々が慣れ親しんだ企業会計原則は取得原価を採用している。その点からも取得原価が挙げられるのであろう。

　ここでは，取得原価を測定方法の1つとして捉えるのではなく，IFRS教育における基礎概念導出のためのアプローチを定めるために，前述のファイナンスの考え方を中心に据えた「投資計算を基礎とする会計モデル」の対極となる会計モデルを導出するための出発点として位置づける。

　改めて言うまでもなく，取得原価は資産を取得するのに要した支出額をもって当該資産の評価額とするものである。そして，その資産が企業の外に出るまで，（もしくはその資産の状態が変化するまで）取得時に付された価額が維持される。つまり，単なる交換しかしなければ，企業に最初に集められた現金がどのようなモノに変化したのかだけを表し，総量（最初の現金の金額）は変化しないことを意味する。このことから，資産を取得する際の支出の事実とその額によって，企業全体の状況を表現するという考え方を想定することができる。つまり，過去の取引事実としての支出や収入，そしてその金額を基礎とする会計モデルを組み立て得る可能性を見つけることができるのである。このような会計モデルを「収支記録を基礎とする会計モデル」と呼ぶことにする。

　企業（もしくはその状態）を会計がどのように表現するか，それを会計モデルとすると，IFRS教育の基礎概念を導出するためのアプローチとして「投資計算を基礎とする会計モデル」と「収支記録を基礎とする会計モデル」の2つの極を用意することができた。そして，これを「会計モデルからのアプローチ」と呼ぶことにする。

　最後に，原則主義であるが，細則主義（規則主義）と対をなして示され，会計基準設定における方法論を示している。IFRSでは原則主義を採用した旨あるいはその定義が明示されてはいない。IFRSは，「IFRSs」を，「国際会計基

準委員会 (IASB) によって出された基準および解釈であり，国際財務報告基準 (IFRS)，国際会計基準 (IAS)，国際財務報告解釈委員会 (IFRIC) の解釈，(旧) 解釈指針委員会 (SIC) の解釈から構成される」[7]と定義し，そこでは，ほとんど，用語の定義と会計処理の考え方が示されているのみである。この点からIFRSが原則主義であると言われると考えられる。

そして，IFRSの原則主義による，実務における影響は大きいようである[8]。教育上も，それに応じた変更をする必要があろう。ただ，原則主義は，細則主義であってもそうであるが，特定のアプローチから説明されるものではない。むしろ，共通する基礎概念と位置づけられる。その他にもIFRSの特徴ではなくても，上記の2つのアプローチに共通して，IFRS教育に必要な基礎概念があることに留意する必要がある。

したがって，IFRS教育のための基礎概念を提示するため，2つのアプローチを採用する。ひとつは「利益観からのアプローチ」であり，「資産負債利益観」と「収益費用利益観」を両極とするアプローチである。もう一方は，「会計モデルからのアプローチ」であり，「収支記録を基礎とする会計モデル」と「投資計算を基礎とする会計モデル」を両極とするアプローチである。各アプローチのそれぞれから，そして，両アプローチに共通する基礎概念が導出されるが，それぞれで同一用語の概念が導出されうる。それは，異なるアプローチによって位置づけが異なるためであり，その概念が持つそれぞれの側面を，それぞれのアプローチによって示しているにすぎず，矛盾した概念説明になるわけではない。

[注]

(1) この点については，大学教育に関する検討に委ねたい。
(2) 橋本 [2009]，56頁。
(3) IAS no.1, par.7.
(4) IAS no.1, par.8.

(5) IAS no.1, par.7.
(6) IFRS framework 4.4.
(7) IAS no.1, par.7.
(8) Website "IFRSフォーラム"(http://www.atmarkit.co.jp/news/201002/18/pwc.html)。

参考文献

International Financial Reporting Standard.
IFRS 国際会計基準フォーラム(http://www.atmarkit.co.jp/im/fa/)。
高田橋範充[2010]『IFRSと包括利益の考え方』日本実業出版。
高寺貞男[1992]『会計と組織と社会』三嶺書房。
徳賀芳弘[2011]「会計利益モデルと純資産簿価―モデルフロー・ベースからストック・ベースへのパラダイム転換」『企業会計』Vol.63, No.1。
中島康晴[2010]『マネジメントのためのIFRS』日本経済新聞出版社。
日経ビジネス[2010]『IFRS 利益激変』日経BP出版センター。
日経ビジネス[2010]『完全理解IFRS』日経BP社。
橋本尚編著[2009]『IFRS 国際会計基準入門』銀行研修社。
橋本尚・山田善隆[2010]『IFRS会計学基本テキスト』中央経済社。
藤井秀樹[1997]『現代企業会計論』森山書店。
藤井秀樹[2007]『制度変化の会計学』中央経済社。
松本敏史[2002]「対立的会計観の諸相とその相互関係」『大阪経大論集』第53巻第3号。
渡邉泉[2006]「収益費用観から資産負債観への変容」『大阪経大論集』第56巻第5号。

第15章

アプローチ1：
利益観からのアプローチ

第1節　基礎概念導出のための利益観―資産負債利益観と収益費用利益観[1]

　本章では，前章で取り上げた1つめのアプローチである「資産負債利益観」および「収益費用利益観」について，詳細に検討していくことにしたい。FASB［1976］によると，資産負債利益観のもとでは，利益は「1期間における営利企業の正味資源の増分の測定値」(par.34)と定義されている。そして，「資産・負債の属性およびそれらの変動を測定することが，財務会計における基本的な測定プロセス」(par.34)であるという考え方が示されている。したがって，当該利益観の「鍵概念」(key concept)は，「企業の経済的資源の財務的表現」(par.34)としての資産および「将来他の実体（個人を含む）に資源を引き渡す義務の財務的表現」(par.34)としての負債であるという。

　これに対して，収益費用利益観は，「利益を1期間の収益と費用との差額にもとづいて定義」(par.38)している。そして，「収益・費用の測定，ならびに一期間における努力（費用）と成果（収益）とを関連づけるための収益・費用認識の時点決定が，財務会計における基本的な測定プロセス」(par.39)であり，「利益測定を，収益と費用との対応プロセス」(par.39)とみなす考え方が示されている。したがって，当該利益観の「鍵概念」(key concept)は，「企業の収益稼得活動からのアウトプット〔……〕の財務的表現」(par.38)としての収益

および「企業の収益稼得活動〔……〕へのインプットの財務的表現」(par.38) としての費用であるという。

　以上のような両利益観の「実質的相違」(par.48) として，FASB [1976] は，「期間利益の本質，ならびに当該本質と経済的資源・義務の関係」(par.28) という 2 点，換言すれば利益の本質および貸借対照表項目の範囲という 2 点を挙げている。まず 1 つめの利益の本質についての相違とは，資産負債利益観が「利益を一義的には資産・負債のある種の変動の正味の結果」(par.48) であるとしているのに対し，収益費用利益観が利益を「1 期間における費用と収益の良好な対応もしくは適切な対応」(par.50) を通じて算出された「収益・費用差額」(par.49) であるとしている点である。「資産負債利益観の支持者は，企業活動の目的はその富を増大させることであり，企業が所有する事物の変動は，1 期間における当該企業の活動に関する最良の，しばしば唯一の確実な証拠になると主張している」(par.48)。これに対して「収益費用利益観の支持者は，利益測定の目的は企業ないしその経営者の業績を測定すること」(par.48) であり，「利益は一義的には企業の経営業績ないし利益稼得能力の測定値であって，それが富の増加の測定値となるのは単なる偶然にすぎず，利益は当該企業の資源・義務に生じるすべての価値変動を反映するものではないと主張」(par.49) している。

　つぎに 2 つめの貸借対照表項目の範囲の相違についてである。資産負債利益観のもとでは，「各資産は当該企業の経済的資源の財務的表現でなければならず，また各負債は他の実体に資源を引き渡す当該企業の義務の財務的表現でなければならない」(par.54) とされている。このような資産および負債の定義に基づく条件によって，経済的資源あるいはその引き渡し義務とみなしうるものについては，収益費用利益観のもとでは認識されないような項目であっても，資産負債利益観のもとでは認識されるのである。このような項目の例として，リース資産およびリース負債を挙げることができるであろう。これに対して収益費用利益観のもとでは，「1 期間における収益と費用の良好もしくは適切な対応を得るために，資産負債利益観の支持者たちが拒否するようなある種の項

目〔が〕〔……〕，通常，財政状態表ないし貸借対照表に積極的に記載」(par.51) される。ここで，「資産負債利益観の支持者たちが拒否するようなある種の項目」とは，繰延費用，繰延収益，引当金といった計算擬制的項目である。かかる項目は，収益費用利益観にとっては，「期間利益を適正に測定するのに必要」(par.51) なものであるのに対して，資産負債利益観にとっては，「経済的資源・義務を表さない資産・負債を生みだすと同時に，当該企業の資源・義務の変動からではなく，簿記記入から生じる収益・費用を認識することになるという理由から〔……〕否認」(par.54) されるべきものなのである。

以上のような両利益観の「実質的相違」に対して，FASB［1976］は実質的でない相違についても指摘している。それは，特定の利益観と特定の財務諸表との結び付き，および特定の利益観と特定の測定属性との結び付きという2点である。まず1つめの特定の利益観と特定の財務諸表との結び付きに関して，「資産負債利益観のもとでは，〔……〕利益報告書よりも財政状態表のほうが有用であるとみなされ，〔……〕収益費用利益観のもとでは，〔……〕財政状態表よりも利益報告書のほうが有用であるとみなされる」(par.44) ことがあるものの，このような「過度に単純化された区別は，実質的な相違を明らかにするどころか，むしろそれを覆い隠すことになる」(par.44) と指摘されている。「資産負債利益観の支持者たちの多く，おそらくそのほとんどは，利益計算書における情報のほうが，財政状態表における情報よりも投資者および債権者にとって有用であろうという，収益費用利益観の支持者たちの主張に同意して〔……〕〔おり，〕2つのグループは，利益測定が財務会計および財務諸表の焦点であるという点で，意見が一致しているのである」(par.45)。

つぎに2つめの実質的でない相違である特定の利益観と特定の測定属性との結び付きに関して，「各利益観とある特定の測定基準とを結び付ける自動的な連結環は存在しない。いずれの利益観も，財務諸表の構成要素のいくつかの異なった属性と両立する」(par.47) とのべられている。「現在市場価格での測定を擁護する代表的論者の何人かは資産負債利益観の支持者であり，現行の取引基準会計を擁護する代表的論者の何人かは収益費用利益観の支持者であるが，

そうした組合せは不可避的なものではない」(par.47) という。

収益費用利益観が，FASB［1976］以前の会計実務を帰納的に体系化した理論であったのに対して，資産負債利益観はそれに対する一種のアンチテーゼとして提唱された規範性を帯びた理論であった。収益費用利益観のもとでは，利益獲得のための努力である費用と成果である収益との適切な関連づけ，すなわち費用収益対応の原則が重視され，それによって適正な期間損益計算が達成されると考えられていた。したがって当該利益観では，費用と収益の適切な対応のためには計算擬制的項目の計上が是認される。これに対して，資産負債利益観のもとでは，資産や負債といったストックの変動が損益であるとみなされ，資産・負債の経済的資源・義務といった特徴が重視されていた。したがって当該利益観では，収益費用利益観では認められていた計算擬制的項目の計上が否定される。この点こそが，FASB［1976］公表当時の両利益観の対立点であったといえるであろう。これは，両利益観が利益測定を説明するための定義の体系として捉えられていたこととも整合的である。すなわち，収益費用利益観のもとでは収益と費用とが鍵概念として位置づけられ，両者の差額が利益として捉えられている。これに対して資産負債利益観のもとでは資産と負債が鍵概念として位置づけられ，両者の差額である純資産の1期間における変動額が利益として捉えられているのである。このように収益費用利益観では利益を定義するためには収益および費用概念が不可欠であるのに対して，資産負債利益観では資産と負債の差額としての純資産概念が利益の定義にとっては不可欠であり，収益・費用概念は付随的な位置づけでしかないのである。

第2節　資産負債利益観と公正価値の結び付き

ここで注意すべきなのは，資産負債利益観と特定の測定属性との結び付きについてである。上述のように，FASB［1976］の公表当時においては，両利益観と特定の測定属性との結び付きは否定されていた。FASBとIASBの共同作業として進められてきている概念フレームワークの改定作業においても，「両

フレームワークは，複数の測定属性の利用が継続される予定であることを明らかにしている」(Bullen and Crook [2005], p.12)。この点では，1976年当時と同様に，両利益観は，あくまでも何に基づいて財務諸表の各構成要素を定義するかという定義の体系を規定する論理として位置づけられているのである。

　しかしながら近年では，特定の利益観と特定の測定属性との結び付き，とりわけ資産負債利益観と時価（公正価値）という結び付きがあるかのように拡大解釈されることもある。たとえばSEC [2003] は，「基礎をなす経済的実質を一番はっきりと概念的に写し出すことによって，資産負債利益観は基準設定過程にしっかりとした根拠をもっとも適切に与えることは経験上明らかである」(SEC [2003], ⅢB, 傍点は引用者) としたうえで，「識別された資産・負債がいつ認識され，また，どのように測定されるべきかを規定しようとするFASBの努力にとってのみならず，基準の最適な範囲―すなわち，いかなる取引や事象が基準で取り扱われるべきであるかを確定することにとっても，資産負債にもとづくことはきわめて重要な意味をもっている」(SEC [2003], ⅢB, 傍点は原文) とのべている。ここからも明らかなようにSEC [2003] では，資産負債利益観は，定義の体系を規定する論理としてではなく，認識や測定さらには基準で取り上げるべき取引や事象までをも規定する論理として位置づけられているのである。しかも，経済的実質を写像するという特徴によって，資産負債利益観は公正価値との親和性が高い。これこそが，「どのように測定されるべきか」という問題にとって資産負債利益観が重要であるとのべられていた所以である。

　このような資産負債利益観と公正価値との結び付きは，具体的な基準設定のなかでも見出すことができる。たとえば，2002年以降FASBとIASBとの間で議論が続けられている収益認識に関するプロジェクトにおいて，公正価値への志向性が垣間みられるのである。当該プロジェクトでは，資産負債利益観に基づいて，すなわち資産や負債の変動によって収益を認識する方法が検討されている。それは，企業が契約によって経済的資源を顧客に引き渡す義務（履行義務）の消滅によって生じる負債の減少によって収益を認識しようとするもの

である。この履行義務をいかに測定するかをめぐって2つのモデルが検討されてきたが，本節にとって重要なのは公正価値，すなわち第三者に義務を法的に引き受けてもらうために企業が支払うべき金額によって測定するモデルのほうである[2]。

当該モデルにおいては，以下のような論理によって収益が認識される。まず契約時点においては，対価を受け取る権利としての契約権利と財やサービスを提供する義務としての契約義務の差額に着目し，契約権利のほうが契約義務よりも大き（小さ）ければ，その差額だけ契約資産（負債）が増加し，その結果として収益（損失）が発生する。契約後においては，事前に対価の支払いがない場合には，財やサービスが提供されることによって契約資産が増加し，収益が認識される。また事前に対価の支払いがあった場合には，財やサービスが提供されることによって契約負債が減少し，収益が認識される。しかも財やサービスが提供された時点で，契約資産（負債）の公正価値の変動が収益に反映される。契約資産（負債）が公正価値で測定され，それに基づいて収益が測定されるため，契約資産（負債）の公正価値の変動からも収益が生じることになる。このように当該モデルでは，公正価値による再測定が予定されているという点において，資産負債利益観と公正価値とが結び付けて考えられているのである。

第3節　両利益観の要件

端的にいうならば，両利益観は，利益に対する考え方が根本的に異なっている。上述のように資産負債利益観は，「利益を一義的には資産・負債のある種の変動の正味の結果」（FASB [1976], par.48）として捉える利益観である。そこでは，資産・負債は経済的資源・義務と観念され，その正味の変動でもって利益が捉えられるのである。資産・負債が経済的資源・義務として観念されているが故に，資産・負債の変動は，その物量的な増減のみならず，金額的な増減によっても生じうると考えられる。この点において，FASB [1976] の議論と

は裏腹に，資産負債利益観は公正価値と親和性の高い利益観であるといえるのである。期末時点における経済的資源・義務を示すように，資産・負債が公正価値によって評価される。そして，評価差額が利益に算入されることになるのである。これに対して収益費用利益観は，利益を「1期間における費用と収益の良好な対応もしくは適切な対応」（FASB [1976], par.50）を通じて算出された「収益・費用差額」（FASB [1976], par.49）として捉える利益観である。そこでは収益・費用といったフロー概念によって利益が観念されており，当該フローを生じさせる取引の存在が前提となっている。別言するならば，収益費用利益観においては，そのような取引が繰り返されていくことによって，利益の要素が形成されるのである。したがって，ここでは，取引時点における価格すなわち原価が重要な意味を持っており，期末時点における公正価値による評価が入る余地はない。

　以上から両利益観の要件をまとめると，以下のような諸点を挙げることができるであろう。

〈資産負債利益観〉
① 資産・負債の正味の変動としての利益
② 経済的資源・義務としての資産・負債
③ 公正価値による評価

〈収益費用利益観〉
① 収益と費用の適切な対応に基づく差額としての利益
② 収益・費用を生じさせる取引
③ 収益・費用が生じた時点における価格（すなわち原価）

　①が利益の捉え方についてのものであり，両利益観の根本的な相違点である。いずれの利益観においても，①を成立させるために②が，そしてさらに③が理論的に導き出されるという関係にある。したがって，上記の3つの条件をすべてみたしたものが資産負債利益観または収益費用利益観の理想型[3]であ

るといえるであろう。そして，このような理想型に対して，③をみたさないものや，②および③をみたさないものといったバリエーションが考えられる[4]。この点が，両利益観が多義的に用いられ，両利益観の理解を困難にさせている一因になっているものと思われる。

　なお IFRS では，両利益観について直接的に言及されているわけではない。しかしながら，FASB が採用した資産負債利益観は，IASB においても採用されているといわれており（Bullen and Crook [2005][5], p.7），IFRS も資産負債利益観の影響を強く受けているものと推察される。ただし上述の両利益観の多義性故に，両利益観の定義を明らかにせぬままやみくもに「この基準は資産負債利益観にも基づいている」とか「この基準は収益費用利益観に基づいている」と断定したとしても，あまり意味のある議論は期待できない。両利益観は理論的な両極を示しており，実際の会計基準はその間のどこかに位置するものと考えられる。両利益観を IFRS の教育上の指針とするにあたって，「この基準は資産負債利益観のどういう特徴をみたしているのか」といったことを考えることによって，その基準の理解が深まるものと思われる。すなわち，両利益観は IFRS を理解する上での重要な枠組み（手掛かり）を与えてくれるものと期待されるのである。

第4節　両利益観からの会計教育上の重要語句

　以上にみたような資産負債利益観と収益費用利益観の違いを踏まえ，本節では，両利益観からの会計教育にとって重要であると思われる語句についてみていくことにしたい。

(1) 資　産

　収益費用利益観のもとでは，資産は，現金，収益・未収入，支出・未費用，支出・未収入の各項目からなる。収益・未収入項目とは，収益として認識されながらも未だ収入がない項目であり，売掛金などが含まれる。支出・未費用項

目とは，すでに支出はあったものの未だ費用にはなっていない項目であり，固定資産などが含まれる。支出・未収入項目とは，すでに支出はあったものの未だ収入はない項目であり，貸付金などが含まれる。収益費用利益観においては既述のように利益は収益と費用の差額として計算されるが，収入と収益とが，また支出と費用とが一期間において一致するとは限らない。したがって資産は，収入と収益との，または支出と費用との期間的ズレである未解決項目として観念されるのである。とりわけ，なかでも支出・未費用項目が注目されることが多い。これは，収益費用利益観に基づく利益計算においては収益と費用の適切な対応が志向されるが，支出・未費用項目は，将来の実現収益に対応するべく繰り延べられた将来の費用であるという点において，収益費用利益観の利益計算との親和性が高いためである。収益費用利益観のもとでは，「経済的便益を表わさないが，期間利益を測定するために費用と収益を適切に対応させるのに必要とされるある種の『繰延費用』が含まれている」(FASB [1976], par.93)。「収益費用利益観に適合する定義の本質をなすのは，期間利益の測定がまず最初にあり，適切な利益測定が資産，負債およびそれに関連する概念の定義によって妨げられるべきではないということである」(FASB [1976], par.91)。

これに対して資産負債利益観のもとでは，資産は，過去の取引や事象の結果として企業に支配されている経済的資源を意味する。すなわち，将来キャッシュ・フローという経済的便益を企業にもたらす資源が資産として観念されている。「資産負債利益観に適合する資産の定義の本質は，企業の経済的便益を表さない項目は資産ではないということである」(FASB [1976], par.91)。

IFRS では，「資産とは，過去の事象の結果として企業が支配し，かつ，将来の経済的便益が当該企業に流入すると期待される資源をいう」(IASB [2010], par.4.4 (a)) と定義されている。かかる定義からみるかぎり，経済的便益と関連づけて定義されていることから，IFRS の資産概念は資産負債利益観に基づくものであるといえるのである。

(2) 負　債

　収益費用利益観のもとでは，負債は，費用・未支出，収入・未収益，収入・未支出の各項目からなる。費用・未支出項目とは，費用として認識されながらも未だ支出がない項目であり，買掛金などが含まれる。収入・未収益項目とは，すでに収入はあったものの未だ収益にはなっていない項目であり，前受金などが含まれる。収入・未支出項目とは，すでに収入はあったものの未だ支出はない項目であり，借入金などが含まれる。資産と同様に負債も，収益費用利益観のもとでは，収入と収益との，または支出と費用との期間的ズレである未解決項目として観念される。収益費用利益観のもとでは，「しばしば期間利益の測定のために費用と収益の適切な対応をおこなうのに必要ないくつかの『繰延収益』と『引当金』を，たとえそれらが経済的資源を他者に移転すべき企業の責務を表現するものではないとしても，負債に含めている」(FASB [1976], par.151)。「収益費用利益観に適合する定義の本質は，期間利益の測定が目的であり，適正な利益測定が，資産，負債および関連する諸概念の定義によって妨げられてはならないということである」(FASB [1976], par.149)。

　これに対して資産負債利益観のもとでは，負債は，過去の取引や事象の結果として将来に経済的資源を他の企業に移転すべき企業の責務を意味する。すなわち，将来キャッシュ・フローという経済的便益の犠牲が負債として観念されているのである。「資産負債利益観に適合する負債の定義の本質は，将来他の実体に経済的資源を移転しなければならないという企業の責務を表わさない項目は負債ではないということである」(FASB [1976], par.149)。

　IFRS では，「負債とは，過去の事象から発生した企業の現在の責務で，その決済により，経済的便益を有する資源が当該企業から流出することが予想されるものをいう」(IASB [2010], par.4.4 (b)) と定義されている。かかる定義からみるかぎり，経済的便益の移転と関連づけて定義されていることから，IFRS の負債概念は資産負債利益観に基づくものであるといえるのである。

(3) 資　本（純資産）

　資産−負債＝資本という資本等式が示しているように，資本は残余持分という性質を持っており，本来的には，資本は純資産と等しいはずである。しかしながら，収益費用利益観と資産負債利益観とでは，その重点の置きどころが微妙に異なっている。収益費用利益観のもとでは，利益が資本の増加分として捉えられており，とりわけ株主資本の増減の測定が想定されている。株主からの払込資本およびその増分としての留保利益が，資本（純資産）として観念されているのである。この点において，収益費用利益観は資本という名称と親和性が高いと考えられる。これに対して資産負債利益観のもとでは，株主資本に限定されない企業の富の増減の測定が想定されている。資産から負債を差し引いた差額が，企業の富を表す資本（純資産）として観念されているのである。この点において，資産負債利益観は純資産という名称と親和性が高いと考えられる。しかも，資産負債利益観に基づく資本（純資産）は資産と負債の差額概念であるが故に，株主資本に限定されない多様な項目を含みうる可能性を持っているのである。

　IFRSでは，「持分とは，企業のすべての負債を控除した資産に対する残余の請求権である」（IASB [2010]，par.4.4 (c)）と定義されている。かかる定義からみるかぎり，資産と負債の差額として定義されていることから，IFRSの持分概念は資産負債利益観に基づくものであるといえるのである。

(4) 収　益

　収益費用利益観のもとでは，「収益は，期中に企業が財貨の生産および販売または用役の提供をおこなって得た成果を表す」（FASB [1976]，par.214）と定義される。後述するように収益費用利益観に基づく利益は収益から費用を差し引いた差額として定義されており，利益を定義するにあたり収益や費用は必要不可欠の構成要素として位置づけられているのである。収益費用利益観のもとでは，収益は，企業の経済的資源の変動または企業が他社に経済的資源を移転すべき責務の変動を必ずしも意味するものではない。

これに対して資産負債利益観のもとでは、「収益は、期中のある種の取引および事象における純資産の源泉を表す」(FASB [1976], par.208) と定義される。「収益をもたらす取引および事象は、同時に当該企業にとっては、資産の受入れ、すでに有する資産の増加または負債の弁済をももたらす」(FASB [1976], par.208) ものであり、資産負債利益観に基づく収益は経済的資源と関連づけて観念されているといえる。後述するように、資産負債利益観に基づく利益は「収益および費用の定義によることなく、資産および負債とそれらの変動の定義により厳密に定義される」(FASB [1976], par.209) ため、利益を定義するにあたり収益や費用の概念は必要とならない。「むしろそれらの定義は、〔……〕純資産の変動から導かれるものであり、利益の表示または目的適合的とみなされる情報の開示に継続性（一貫性）を与えるための損益計算書上の表示のために主として必要とされるものである」(FASB [1976], par.209)。

　IFRSでは、収益 (revenue) と利得 (gain) の両者を含む広義の収益 (income) 概念がとられている。広義の「収益とは、資産の流入もしくは増価または負債の減少の形を取る当該会計期間中の経済的便益の増加であり、資本提供者からの出資に関連するもの以外の持分の増加を生じさせるものをいう」(IASB [2010], par.4.25 (a)) と定義されている。かかる定義からみるかぎり、経済的便益と関連づけて定義されていることから、IFRSの収益概念は資産負債利益観に基づくものであるといえるのである。

(5) 費　用

　収益費用利益観のもとでは、「費用は、当期の収益を得るためにその期中に使用された資源を表す」(FASB [1976], par.214) と定義される。これに対して資産負債利益観のもとでは、「費用は、期中の当期収益をもたらすと期待される取引および事象における純資産の犠牲を表す」(FASB [1976], par.208) と定義される。「費用をもたらす取引および事象は、同時に、当期収益を稼得するための企業による資産の費消または負債の負担をももたらす」(FASB [1976], par.208) ものであり、資産負債利益観に基づく費用は経済的資源の犠牲と関連

づけて観念されているといえる。IFRSでは，費用（expense）と損失（loss）の両者を含む広義の費用（expense）概念がとられている。広義の「費用とは，資産の流出もしくは減価または負債の発生の形を取る当該会計期間中の経済的便益の減少であり，資本提供者への分配に関連するもの以外の持分の減少を生じさせるものをいう」（IASB［2010］, par.4.25（b））と定義されている。かかる定義からみるかぎり，経済的便益と関連づけて定義されていることから，IFRSの費用概念は資産負債利益観に基づくものであるといえるのである。

(6) 利　益（純利益，包括利益）

収益費用利益観のもとでは，利益は「儲けを得てアウトプットを獲得し販売するためにインプットを活用する企業の効率の測定値である」（FASB［1976］, par.38）とみなされ，「1期間の収益と費用との差額にもとづいて定義」（FASB［1976］, par.38）される。かかる利益概念は，純利益と整合的なものである。「収益費用利益観においては，利益（収益－費用）は主として企業業績，あるいは場合によっては収益力の指標であって，企業の経済的資源および企業が将来他の実体に経済的資源を移転する責務の変動を表す指標では必ずしもない」（FASB［1976］, par.214）のである。

これに対して資産負債利益観のもとでは，利益は「1期間における営利企業の正味資源の増分の測定値である」（FASB［1976］, par.34）とみなされ，「資産・負債の増減額にもとづいて定義」（FASB［1976］, par.34）される。すなわち資産負債利益観に基づく利益は「収益および費用の定義によることなく，資産および負債とそれらの変動の定義により厳密に定義される」（FASB［1976］, par.209）のである。かかる利益概念は，包括利益と整合的なものである。「資産負債利益観においては，資産と負債は各々，企業の経済的資源と企業が他者へ経済的資源を移転する責務を表しているため，期間利益（収益－費用）は，期中における企業の純経済的資源の増加を表す」（FASB［1976］, par.209）のである。

IFRSでは，「利益の測定に直接関係する構成要素は収益および費用である」（IASB［2010］, par.4.24）とのべられている。かかる記述から考えるかぎり，

IFRSの利益概念は収益費用利益観に基づくものであるかのようにみえる。しかしながら，既述のようにIFRSの収益および費用は経済的便益（の犠牲）と関連づけて定義されており，資産負債利益観に基づくものであると考えられる。したがって，利益の測定に直接関係する構成要素として純資産ではなく収益および費用が挙がっていることから，あたかも収益費用利益観に基づくかのようにみえるものの，経済的便益（の犠牲）と関連づけて定義された収益および費用に基づいて算定される以上，IFRSの利益は資産負債利益観に基づくものであると考えられる。

[注]

（1）本節の内容は主にFASB［1976］によっており，そこからの引用はパラグラフ番号のみを示すことにする。
（2）当該モデルは，もう一方の顧客対価額によって測定するモデルよりも先行して検討されてきたものの，結果的には採用されなかった。
（3）ここで「理想型」と呼んでいるのは，これら3つの条件をみたすことが望ましいといったことを意味しているのではなく，それぞれの利益観を理論上最も純粋に体現していることを意味しているにすぎない。
（4）ここでは説明の便宜上，両利益観を対立的に示しているが，両者は必ずしも二項対立の関係にあるわけではない。この点については，徳賀［2002］，171頁；徳賀［2005］，12頁を参照されたい。
（5）当該文献が公表された当時，筆者のBullenはFASBのシニア・プロジェクト・マネージャーであり，もう一方のCrookはIASBのシニア・プロジェクト・マネージャーであった。IASBのフレームワークにおいても資産負債利益観が採用されているとする見解をFASBおよびIASBの関係者自身が表明しているという点は重要である。

参考文献

Bullen, H. G. and K. Crook [2005], *Revisiting the Concepts: A New Conceptual Framework Project*, FASB, <http://www.fasb.org/project/communications_paper.pdf>.
FASB [1976], *An analysis of issues related to Conceptual Framework for Financial Accounting and Reporting: Elements of Financial Statements and Their Measurement*, FASB Discussion Memorandum, FASB.（津守常弘監訳［1997］『FASB財務会計の概念

フレームワーク』中央経済社）
IASB [2010], *The Conceptual Framework for Financial Reporting*, IASB.
SEC [2003], *Study Pursuant to Section 108 (d) of the Sarbanes-Oxley Act of 2002 on the Adoption by the United States Financial Reporting System of a Principles-Based Accounting System*, SEC, <http://www.sec.gov/news/studies/principlesbasedstand.htm>.
斎藤静樹 [2010]『会計基準の研究 増補版』中央経済社。
斎藤静樹・徳賀芳弘責任編集 [2011]『体系現代会計学 第1巻 企業会計の基礎概念』中央経済社。
佐藤信彦 [1995]「FASB による収益費用利益観・資産負債利益観と損益法・財産法」『経済集志』第64巻第4号, 141-148頁。
佐藤信彦 [2011]「財務会計の基礎概念 (1)」佐藤信彦他編著『スタンダードテキスト 財務会計論 I 基本論点編 第5版』中央経済社, 1-29頁。
徳賀芳弘 [2002]「会計における利益観—収益費用中心観と資産負債中心観—」斎藤静樹編著『会計基準の基礎概念』中央経済社, 147-177頁。
徳賀芳弘 [2005]「会計基準の理論的統合」『會計』第167巻第1号, 1-13頁。
藤井秀樹 [1997]『現代企業会計論—会計観の転換と取得原価主義会計の可能性—』森山書店。

―――――― 第16章 ――――――

アプローチ2：
会計モデルからのアプローチ

第1節　基礎概念導出のための会計モデル

(1) 企業表現のための視座

　会計は，企業の活動を記録し，その企業を表現し伝達するためのシステムである。そして，会計が表現するのは，企業の財政状態および経営成績，企業の投資のポジションとその成果などと呼ばれる企業の状態あるいは状況である。会計は，このような情報を必要とする人がいるからこそ存在するのである。会計情報の利用者の利用目的は，歴史的に見れば，財産管理であったり，受託責任の解除であったり，利益配分であったり，あるいは，資金調達目的であったりしており，時代や背景，もしくは，利用者の立場によって異なっている。利用者や利用目的が異なれば，特に必要となる情報，すなわち，企業の側面は異なってくる。しかし，会計はすべての利用者の利用目的に適合する情報，企業の状況・状態を表現できるわけではない。それは，IFRSの概念フレームワークに，採用する資本概念と資本維持の概念によって異なることが明示されていることからも明らかである。

　言わば，会計は企業を写像する装置であり，しかも，それは企業を完全に正確に表現できる精巧な写像装置ではない。特定の利用者の利用目的に焦点を合わせれば，他の利用目的を持つ利用者にとっては，焦点の合わないものになり，利用者すべての利用目的に企業を表現しようとすれば，どの利用者からも

焦点の合わないぼやけた企業を見ることになる。利用者に混乱がなければ，利用目的ごとに企業を表現すればよいわけであるが，おそらく，それが可能である場合は，納税，相対契約などといった，利用者が閉鎖的な状態（利用者が限定される状態）に限られる。企業を個別の利用目的ごとの複数の側面で表現した情報を示したとき，形式的には同じ会計情報として，多くの利用者が接することができる場合，形式的に同種の情報であるが異なる内容を表示することになり，利用者に相応の理解力を強いることになる。つまり，多くの利用者のために一組の会計情報として開示される限り，特定の利用者の利用目的に限定して，その側面での企業をできるだけ正確に表現するか，より多くの利用者の利用を担保して，可能な限り企業の多くの側面をおぼろげながらにでも表現するか，実際にはその両者の間のどこかであるが，どちらかの表現方法を選択せざるを得ない。

　それは，会計というシステムが内在する制約から生じる部分も多い。会計は，一般に，各項目（たとえば棚卸資産）を1つの数値，しかも，貨幣的評価によって示し，その集合（構成要素）によって企業を表現している。1つの数値に定めるために複数の測定方法から選択しなければならないが，1つの測定方法から示される意味は限定的にならざるを得ない。つまり，認識と測定の問題である。

　会計のある種の限界を認識し，開示される会計情報を考慮した場合，企業のどの側面をどの程度強調して表現するのか選択しなければならないことになる。現実には特定の側面だけを表現する会計制度を構築することは不可能であろうが，会計による企業の特定側面を表現するモデルを想定し，検討することはできる。企業には数多くの側面が存在するが，ここでは，委託財産の集合体としての企業という側面と投資の集合体としての企業という側面からアプローチしたい。

(2) 収支記録を基礎とする会計モデル

　まず，委託受託関係から企業を考えてみる。財産の所有者がその所有財産を

他者に預けることから，ここでいう委託受託関係は始まる。企業で言えば，委託者は株主（所有者）であり，受託者は経営者ということになる。経営者は，株主からの委託を受け，委託を受けた財産を企業という形で管理・運用するのである。つまり，企業は株主と経営者の間の委託受託関係で存在する財産の特殊な集合形態である。

委託された財産は，経営者によって，委託者たる株主の意図に沿って管理・運用される。ここで，簡略化のため，委託された初期財産を現金とすると，初期財産の総量は現金総額で測定される。その後，初期財産である現金がその他の財産へ，その財産はまた別の財産へと，株主の意図に沿って，さまざまな形態の財産に変転していくことになるが，その間は単なる交換とみなし，初期財産の総量は変化していないと考える。そして，その過程である財産から現金に変化したとき初めて，入ってきた現金の量によって，初期の現金総量における変化が認識できる。すなわち，現金が他の財産に変化するときには支出額で，他の財産が現金に変化するときは収入額で測定されるのである。このとき，会計は，現金総量に裏付けられる形で，初期財産からの変化の過程を記録し，株主のその過程と結果（現在の財産）を報告する。

そして，委託の目的が，委託財産の運用による利益の獲得とその定期的な分配であれば，経営者によってなされる財産の管理・運用は，それを達成するように行われる。このときも，前述のケースの委託目的を明確にしただけの場合であるので，基本的には，収入額と支出額の事実をもって，利益獲得のための運用活動が記録される。ところが，単なる収入と支出による記録は，現金と財産との交換の事実を示し得ても，交換された財産がどのように利益獲得に貢献したのかを示すことができない。支出や収入の金額を期間付け替えし，収益や費用として，利益獲得過程を明確にする必要が生じる。つまり，委託された現金がいかなる財産と交換され，その財産の利用や利益獲得努力がどのようになされたかを，支出額を基礎に算定し，その成果を結果として収入額を基礎に対応させることで，期間損益計算を行う。

よって，企業を示す式は以下のようになる。

基本形：現在の財産（Cash$_t$）＝初期財産（Cash）＋増加財産（Σ CF）
　　　ここで，期間収支合計＝全体収支＝全体利益＝期間利益合計
　　　　　期　間　利　益＝期間収支±期間付け替え額

したがって

　現在の財産＝初期財産＋現在までの利益合計±期間付け替え額

である。

(3) 投資計算を基礎とする会計モデル

　このモデルでは，企業は独立した存在であり，常に資金を投下することでリターンを得ようとする存在であると考える。そのため，現金はそのままの状態ではまったくリターンを生まないため，現金という形で資金を保有することを極力回避し，何らかの形で投資が行われる。このとき，投資案件が将来いくらのキャッシュ・フローをもたらすのか，そのリスクはどれぐらいであるのかということが，重要となる。すなわち，投資額を上回るリターン（将来キャッシュ・フロー）が得られる投資先のみに投資を行うのである。よって，企業は常に投資を行い続ける存在であり，企業は投資の集合体として捉えることができる。

　どのような投資を行い，あるいは，どのような投資の組み合わせにするかは，経営者の資質に依存し，それが企業の違いとなって現れる。すなわち，企業の投資は，その投資案件から得られる将来キャッシュ・フローの現在価値合計が投資額を上回るときに行われ，実施されている（あるいは実施予定の）すべての投資の現在価値合計が，企業の価値を表すことになり，それが企業の特徴を創出する。このとき，会計はこのような投資の状態を表現し，企業価値を説明することになる。

　よって，企業を示す式は以下のようになる。

基本形：企業価値＝企業が獲得する将来キャッシュ・フローの現在価値合計
　　　　　　投資案件の価値＝当該投資先から得られる将来キャッシュ・フロー
　　　　　　　の現在価値

　したがって

　　　企業の価値＝実施中および実施予定の投資から得られる
　　　　　　　　　将来キャッシュ・フローの現在価値の総合計

である。

第2節　「収支記録を基礎とする会計モデル」から導出される基礎概念

(1) 数値の信頼性

　他者からその者が行ったことの報告を受ける場合，人々はできるだけ正確に起こった事実を聞こうとする。不正確な部分が多ければ，それだけ事実の把握が難しくなるわけであり，虚偽であれば，報告にすらならない。報告だけでなく，情報すべてに対し，どの程度の確からしさがあるのかを，情報の受け手は判断する必要がある。その判断ができない状況にあっては，受け取った情報を鵜呑みにするか，受け取らなかったものとして処理するかいずれかにならざるを得ない。つまり，情報には信頼性が要求されるのである。特に，数値で表現される，たとえば，貨幣評価額で表現される会計情報のような場合，数値が示す表面的な客観性を持つが故に，情報により一層の信頼性が求められる。

　会計における信頼性のためには，「網羅性，検証可能性（立証性），秩序性」「中立性，検証可能性，表現の忠実性」「表現の忠実性，実質優先，中立性，慎重性，完全性」などの組み合わせで，要件もしくは特性が要求される。概ね同じ内容を異なる言葉で表される場合もあり，おそらく，「表現の忠実性」「網羅性」「検証可能性（立証性）」「中立性」が中心的な要件であろう。

情報がこのような要件を満たして，その情報は信頼性を持つ情報として判断される。会計が，経営者の行った活動を報告する場合，経営者の行った事実をもとにしなければならない。そして，会計が貨幣的評価によって表現されるため，会計が示す数値（金額）もかかる要件を満たす必要がある。使用されうる金額（測定値）の測定方法としては，さまざまな方法が考えられる。そのなかで，最も事実を示すものとして客観性が高いものは，現金の実際の移動（現金収支）に裏付けられた情報であろう。

(2) 発生主義

　現金収支は，現金の収入と支出の結果生じるものであり，一定の客観性を保持している。しかし，単なる収入と支出の情報は，現金の授受という客観的事実を示し得てはいるが，いかなる意図でそれが行われ，いかなる結果をもたらしたのかを示すことが難しい。たとえば，車両のように数年にわたって利用できるものを取得した場合を考えれば，わかりやすい。車両取得の事実は，その支払いによって伝えることができる。一括で支払えば，あるいは，分割でも取得日近傍で支払いが完了すれば，その取得に要した金額は把握しやすいが，長期間にわたって支払いが続くと，その把握には一定の手間を掛ける必要が生じる。また，一括で支払われたとすると，その車両を利用していても，支払いがなされていない期間では，その利用を把握しづらく，その車両の利用がいかなる結果をもたらしているのかがわからなくなる。さらには，一括した支払時には，支出が大きくなり，実際の活動とは無関係にその期の収支額は悪化する。よって，単なる収支情報では，会計情報として充分ではない。

　収支記録をもとに，一定期間の活動，利益を獲得するための活動を表現する必要がある。すなわち，いかなる努力をし，その結果としての成果を得たのかを表現しなければならない。利益獲得のための努力の金額的表現が費用であり，その結果得られた成果を金額的に表現したものを収益と呼ぶ。これらは，事実として表現されなければならず，その客観性を担保するため，支出および収入に基づいて計上される。ここで，ある期間の収入であっても収益でとなら

ない，収入がなくても収益となる，支出であっても費用とならない，支出がなくても費用となる場合が生じる。しかし，これらは収入額と支出額に基づき，利益獲得の努力と成果を表現できるように，他の期間に付け替えられた結果である。すなわち，収入や支出の単なる事実ではなく，収入や支出となる事実が生じた（発生した）ときの適切な金額を付け替えることで，期間損益計算を行う。これを，発生主義会計と呼ぶ。

期間損益計算を適切に行う場合に重要なことは，利益獲得のための努力と成果が対になって表現されていることである。すなわち，費用と収益が対応していることであり，費用収益対応の原則と言われる。費用と収益との対応関係が，直接的に把握できる場合を，個別的対応と呼び，直接には把握できないが，少なくとも同じ期間の収益と費用とが対応関係にある場合を，期間的対応と呼ぶ。例として，商品を仕入れ販売する場合を考える。商品の売上と販売した商品の仕入原価は，商品を媒介にして直接的に対応するので，個別的対応となる。一方，その販売のために人を雇い給料を支払うとすると，どの従業員がどの販売に貢献しているか，あるいは給料のうちいくら分がどの販売に貢献しているかの対応関係は把握できないが，給料それ自体は商品販売のために支払われたものであるので，少なくともその期間の売上には貢献している。これが期間的対応である。

さて，期間損益を適正にするために，利益獲得の努力やその成果が発生したときに，その支出や収入の金額の相当分を各期間に割り当てるわけであるが，その具体的な認識時期を定める方法がある。その1つとして収益の認識時期を考える。一般的な収益認識は，実現主義の原則である。財または役務の提供が完了し，その対価としての現金または現金同等物を受け取ったとき，収益が実現したとされ，このとき収益として認識するものである。そして，これに応じて，この収益を獲得するために生じた費用を割り当てることで，期間損益計算を適正化ならしめるのである。

(3) 取得原価主義

　支出額を基礎として，利益獲得の努力を行った，あるいは犠牲を払った期間に費用として認識されるわけであるが，これを費用配分の原則と呼ぶ。先ほどの販売用商品と車両の例を考えてみる。商品の取得（仕入）は，交換された現金（支出額）で測定される。その商品が販売されれば，販売された分の支出額（仕入原価）が費用とされ，未販売の商品は費用とされずに繰り越されることになる。個別的対応に基づく費用配分である。一方，車両の取得も，支出額で測定される。車両は数年間にわたって使用されるため，その期間に支出額は配分される。一般に，この配分は減価償却処理によってなされるが，期間的対応に基づく費用配分である。

　結果として，その期間に配分されなかった支出額は，翌期以降に繰り延べられる。また，財またはサービスを取得する場合，最終的には基本的に現金の支払いが伴い，現金との交換である。いずれにおいても，支出額が基礎となる。このように，資産を取得のための支出額によって測定する考え方を取得原価主義という。

第3節　「投資計算を基礎とする会計モデル」から導出される基礎概念

(1) リスクとリターン

　リスクという言葉は，一般には，「危険，よくないこと，損失などが起こり得る状況」を指すが，経済・ビジネスにおいては，むしろもう少し範囲が広いと考えた方がよく，大雑把に言えば，「あることが変化する変化の幅やその程度」「（将来の）不確実性」である。そのため，良い結果も悪い結果も含められる。また，リターンも，一般的には，基本的に「戻る」「行ったものが返る」状態を指すが，経済・ビジネスでは「行ったもの」は「（お金の）投資」になり，リターンである「返る」状態は，投資の成果，投資から得られる結果・利益となる。このリターンは，確定的であるものもあるが，多くは不確定な「戻

り」である。つまり，リターンにはリスクがつきものなのである。

　確定的なリターンの場合は，そのリターンは明確であるが，不確実性（リスク）のあるリターンの場合，状況に応じて予測されるリターンが異なってくるため，「代表値」（統計量）で表現される。代表値として最も有名なものが「平均値」である。平均値は，実際の値を単純に足して，総数で除しても計算できるが，実際の値がそれぞれ何％であったかを調べて，実際の値とその割合をかけ算した値の合計として求めることができる。「期待値」も同様に計算できるが，実際に起きたり，過去に生じたりしたものではなく，まだ起きていないもの，将来生じることが対象となる。つまり，各事象の値（確率変数）とその事象が生じる確率を掛けた値の総和が期待値であり，式（離散型）にすると，

$$E[X] = \sum_{i=1}^{n} x_i p_i$$

と書くことができる。なお，特定の環境（正規分布）では，期待値（平均値），中央値，最頻値は同一になる。

　さらに，代表値には，分散あるいは標準偏差といった不確実性の程度を示すものもある。どの事象でどれぐらいの確率で生じるかを示す分布を確率分布といい，視覚的には，この確率分布が広がっていれば不確実性が高く，逆に確率分布が狭く高くなっていれば不確実性が低いことになる。

　どれだけ広がっているかは，平均値（分布中央）からの距離を測定し，その乖離の平均値をとることで数値化することができる。分散や標準偏差を式にすると，

　分散

$$\mathrm{Var}(X) = E[(X-\mu)^2]$$

ただし $\mu = E[X]$

　　　　標準偏差＝分散の平方根

と書くことができる。

このようにリスクとリターンは対で考えられるわけであるが，どのようなリスクとリターンの組み合わせが好まれるかを確認する。もちろん，人によって異なる部分がある。その人が，リターンにのみ反応し，リスクの大きさには影響しない場合，「リスク中立型」であり，リターンが大きく，リスクが小さいことを好む場合，「リスク回避型」，リターンが小さくとも，リスクが大きい方が望ましい場合，「リスク選好型」と呼ばれる。多くの場合，程度の差こそあれ，リスク回避型である。リスク回避型の場合，リスクが上昇すると，それに見合う分だけのリターンの増加を求める。

(2) 割引現在価値

　ある程度の金額の現金をもらう場合，それを今もらうか，1年後にもらうか選択できるとすると，それが同じ金額であれば，多くの人は今もらう方を選択するはずである。それは，今より将来の方が価値があると考えるからである。なぜなら，「貨幣の時間価値」があるからである。現金をより早く受け取れば，早く受け取った分だけ，その現金を何かに使う（投資する）ことができるので，その結果として，早く受け取った分だけ多くのリターンを受け取ることができる。手元にある現金は必ず速やかにどこかに投資され，リターンを受け取ることができるという前提に立てば，現金を投じている期間（時間）でさらなる価値を生み出すと考えることができる。現金が遊んでいることもないし，消費や浪費にまわされることもないと考え，その時間に価値を生み出すわけであるから，「貨幣の時間価値」という考え方が重要になる。

　同じ金額でも，現在の現金の価値と将来の現金の価値が異なり，現在の現金の価値の方が高いならば，現在の現金にいくらか加えた金額の将来のお金の価値は，いくらか加える前のお金の現在の価値と等しい価値になる。このとき，現在の金額に等しい将来の現金の価値を「将来価値」といい，将来の金額に等しい現在の現金の価値を「現在価値」という。

　現金をそのままにしないという前提であれば，一定のリターンを獲得することができる。仮に，その割合を r とすると，将来価値は，

$$FV_t = (1+r)^t C_0$$

であり，逆に，現在価値は，

$$PV_t = C_0 / (1+r)^t$$

と，書き表すことができる。この r は，割引率と呼ばれる。

(3) 資本コスト

　まず，まったくリスクのない，確実にリターンが見込まれる債券（「無リスク資産」）の場合で，考えてみる。たとえば，1年後に元本と利息の合計金額の現金が，必ず返ってくる債券があるとする。この債券を購入（債券に投資）すると，1年間はその現金を自由に使うことができず，流動性を失うわけである。このとき，失われる流動性に見合うリターンが，この債券に必要となる。要求されるリターンは人によってさまざまであるが，結果的に，貨幣市場での均衡で利子率が決定される。このような利子率を，「リスク・フリー・レート」という。

　前述のリスクとリターンとの関係で述べたように，リスク回避型の投資家は，リスクが大きくなれば，それに見合うより多くのリターンを要求する。そして，無リスク資産に資金を投じるか，リスクのある資産に資金を投じるかの選択，あるいは，リスクのある資産に資金を投じるか，よりリスクのある資産に投じるかの選択で，両投資案件は無差別となる場合がある。無差別な状態で測定した，リスクが増した分の要求リターンの上昇分を「リスク・プレミアム」といい，投資家が要求するこのリターンを，「必要収益率」と呼ぶ。

　投資家は投資先のリターンやリスクを勘案し，自分のリスク許容度や流動性選好の度合によって，それに見合うリターンを投資先に要求する。すなわち，投資家の投資先は無数に存在し，そのなかには，企業が提示（発行）した投資先もあり，社債や株式がその代表といえる。先ほど示した必要収益率が，社債や株式，あるいは投資先ごとに決まってくるのである。実際のリターンが，必

要収益率を満たさなければ，投資先の価格（社債や株式を取得する価格）は下がり，企業から支払われる配当や利息が少なくても，購入額は少なくなることで収益率は上昇し，必要収益率を満たすことになる。しかし，投資家にとって購入額が小さいということは，社債や株式の発行時に企業が調達できる金額が相対的に小さくなることを意味する。

　企業は手持ちの資金をできるだけ多くのリターンが得られるように，通常，何かしらに投資しているため，企業は余裕資金をそれほど多く持っているわけではない。企業が新たに何かをしようと思えば，現在投下している資金を引き揚げるか，新規に資金を調達しなければならない。現在投下されている資金を引き揚げるならば，現在資金を投下している投資先より，そしてそのために調達した資金の収益率より高いリターンでなければならず，新規に社債や株式を発行するならば，それに要求される収益率（必要収益率）より高いリターンでなければならない。つまり，投資家にとっての必要収益率は，企業にとっては，越えなければならないハードル・レートということになり，これを企業側から表現すると「資本コスト」ということになる。

　企業が資金調達をする際，企業は自らが最も経済的に有利になるような資金調達を行う。それは，おそらく，資本コストが可能な限り最も低くなるような資金調達を選択するはずである。資本コストが低いということは，投資家が要求するリターン（必要収益率）を上回る投資先の選択幅が広がるからである。しかし，いつも同じ方法の資金調達を選択できるとは限らず，資金調達のつど，異なる形の資金調達になり，そのため，企業の資金調達源泉は多様になる。

　特定の資金調達が特定の投資と対になっている場合もあるが，必ずしもいつも対になるわけではない。対になっている場合，投資先の決定は，そのための資金の資本コストを上回ることが前提になろう。しかし，対になっていない場合，企業が行った資金調達総額の平均的な資本コストを1つの基準とした方が，多くの場合で合理的である。平均資本コストといい，通常は調達した資金量を考慮に入れるため，「加重平均資本コスト（WACC：Weighted Average Cost of Capital）」という。

加重平均資本コストは，資金調達に応じている資金提供者（投資家）が要求している収益率（必要収益率）の平均的な利率であり，企業がその調達した資金を投資して得られるリターンが上回らなければ投資家が資金を引き揚げてしまう利率を，資金調達量を考慮した平均的なリターンであるといえる。資金調達量を考慮するということは，企業の資本構成を形成する各種資金調達方法・源泉の相対的な資金量によって各資本コストを重みづけして計算するということである。具体的な計算式で示すと，

$$\text{WACC} = \sum_{i=1}^{n} \frac{r_i MV_i}{\sum_{i=1}^{n} MV_i}$$

　ただし，nは資金調達源泉の数
　　　　r_iは各資金調達源泉に対応する方法iに要求された利率（必要収益率）
　　　　MV_iは各資金調達源泉に対応する方法i（流通証券）の市場価値

となる。
　しかし，現実には，証券（資金調達の方法）によって，課税における取り扱いが違うことがある。たとえば，借入金や社債によって資金調達を行った場合，課税計算上も損金として処理される。一方，株式によって資金調達を行えば，そのようにはならない。このような違いは，企業のキャッシュ・フローに違いを生じさせる。一般的には，負債（d）と株主資本（e）と大別し，加重平均資本コストは

$$\text{WACC} = (1-t) r_d \frac{MV_d}{MV_d + MV_e} + r_e \frac{MV_e}{MV_d + MV_e}$$

　　　　ただし，tは実効税率

と示される。

(4) 資産や企業の価値測定

　さて，そもそも資産の価値はどのように決まるのか。さまざまなアプローチで説明しうるが，結論から言えば，その資産を持つあるいは利用することで，いくらの現金を獲得できるのかという点から決定される。つまり，その資産によって獲得される将来キャッシュ・フローの現在価値合計がその資産の価値となる。

$$V = \sum_{t=1}^{n} \left(\frac{CF_t}{\prod_{k=1}^{t}(1+r_k)} \right)$$

　ただし，Vは資産の価値
　　　　r_kはk期の割引率
　　　　CF_tはt期のキャッシュ・フロー

と示すことができる。

　企業の価値も同様に考えることができる。企業が将来どれだけキャッシュを獲得するかという点から，企業価値を測定するのである。企業価値を式で記述すると

$$CV = \sum_{t=1}^{n} \left(\frac{CF_t}{\prod_{k=1}^{t}(1+r_k)} \right)$$

となる。

(5) 投資意思決定

　企業は，ハードル・レートである加重平均資本コストを上回る投資を行う必要がある。例として，ある資産を取得し，それを利用してリターンを獲得しようとする場合を考える。取得される資産は，市場で価格が付けられている。市場価格，時価，市場価値などと言われる。その資産の市場価値は，前述の通りその資産を利用することで得られる将来キャッシュ・フローの現在価値合計で

求められるが，そのキャッシュ・フローはその資産の市場参加者の平均的な金額であり，割引率も同様に平均的なレートとなる。つまり，市場価値（市場価格）は，

$$P = \sum_{t=1}^{n} \left(\frac{CF_{Mt}}{\prod_{k=1}^{t}(1+r_{Mk})} \right)$$

ただし，M は市場の平均

と示される。この場合，投資額（I）は，P と等しい。

一方，それを取得する企業は，独自のノウハウや方法を持ち，投資額を上回る将来キャッシュ・フローを見込むことができる。そうでなければ，当該資産に投資することはできないからである。そのため，

$$\sum_{t=1}^{n} \frac{CF_{Mt}}{\prod_{k=1}^{t}(1+r_{WACCk})} > I = P$$

と示される。同じ資産を使っても，企業によって将来キャッシュ・フローの現在価値合計は異なり，これ（上記の式の左辺）を「使用価値」と呼ぶ。そして，使用価値が市場価値（投資額）を上回るか否かで投資を決定する方法を，「正味現在価値法」と呼ぶ。

よって，企業が投資を行うときは，必ず下のような状態で行われる。

$$\sum_{t=1}^{n} \left(\frac{CF_{ct}}{\prod_{k=1}^{t}(1+r_{WACCk})} \right) > P = \sum_{t=1}^{n} \left(\frac{CF_{Mt}}{\prod_{k=1}^{t}(1+r_{Mk})} \right)$$

これが，資産ではなく，投資プロジェクトや事業投資であっても同じである。

第17章

両アプローチに共通する基礎概念

第1節 認識と測定

　国際会計基準審議会 (IASB) から2010年9月に公表された財務報告の概念フレームワーク (IASB [2010]) によれば、認識とは「構成要素の定義および認識規準を満たす項目を貸借対照表または損益計算書に取り入れるプロセス」(par.4.37) をいい、測定とは「財務諸表の構成要素が貸借対照表および損益計算書に認識され繰り越されるべき貨幣金額を決定するプロセス」(par.4.54) をいう。

　本節では、IFRS教育にとって重要な「認識」および「測定」に関する基礎概念を、第15章の利益観からのアプローチ（収益費用中心観と資産負債中心観）および第16章の会計モデルからのアプローチ（収支記録を基礎とする会計モデルと投資計算を基礎とする会計モデル）を踏まえて抽出することを目的とする。具体的には、会計的観点と経済的観点を分析の視座に据えて、原価主義会計と現在価値会計（公正価値会計も含む）の共通点と相違点を明らかにする[1]。そして、認識および測定に関するIFRS教育のためには、「会計的一元論」「経済的一元論」および「経済的・会計的二元論」という3つの系譜の理解が有用であることを提案する[2]。

(1) 会計的観点と経済的観点の関係

　会計的観点（会計的利益）と経済的観点（経済的利益）[3] は、古くから二項対立的に捉えられてきた。たしかに、前者は過去指向的であり、純粋な原価主義会

計や収益費用中心観と整合的であるのに対して，後者は将来指向的であり，純粋な現在価値会計や資産負債中心観と整合的である。しかし，会計理論および会計実務を観察すると，図表17－1に示したように，前者だけに依拠する「会計的一元論」や後者だけに依拠する「経済的一元論」だけでなく，両者の調整を図ろうとする「経済的・会計的二元論」が確固として存在してきたことが確認される。

図表17－1　会計的観点と経済的観点の関係

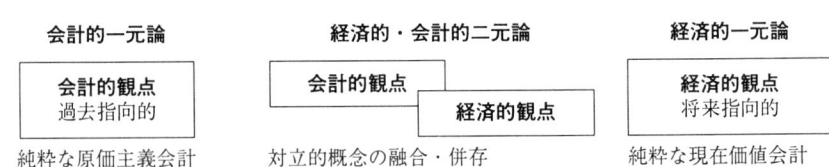

会計的一元論	経済的・会計的二元論	経済的一元論
会計的観点 過去指向的	会計的観点 　　　　経済的観点	経済的観点 将来指向的
純粋な原価主義会計 収益費用中心観	対立的概念の融合・併存 収益費用中心観と資産負債中心観	純粋な現在価値会計 資産負債中心観

　具体的に，会計的観点と経済的観点をめぐる論争は次のような形で展開されてきた。Paton and Littleton [1940]（p.16, p.36）によると，原価評価・原価配分（原価の凝着），実現概念および費用収益の対応は会計学にとっては基本的な諸概念であるが，経済学にとっては必ずしも重要ではない。会計学上の原価と費用は貨幣支出を意味し，収益と利益は貨幣収入を意味する。しかし，経済学上の（機会）原価には実際には発生していない計算上の利子が含まれる[4]。

　会計学と経済学は，企業を重視するのか，市場を重視するのかに関しても相違する。Littleton [1953]（p.217）によると，企業的または会計的観点は過去の投下原価に重きを置く。これは当該企業あるいは経営者の判断を客観的に検証しうる事実である。他方，市場的または経済的観点は将来の見積あるいは現在の原価に重きを置く。これらは将来の判断や計画にあたって重要な知識である。財務報告の目的（機能）との関連で言えば，前者は検証可能性を有するので利害調整機能と整合的であるのに対して，後者は将来の意思決定に関係するので情報提供機能と整合的である。

たしかに，収益費用中心観による場合には，原価評価，配分思考，実現主義および対応原則が重視される。したがって，収益費用中心観は過去志向的であり，歴史的原価や純利益と結びつきやすい（会計的一元論の立場）。他方，資産負債中心観による場合，理想的には，資産・負債は公正価値あるいは将来キャッシュ・フローの割引現在価値（あるいは公正価値）に基づいて評価され，利益はその期末・期首の差額に基づいて計算される。したがって，資産負債中心観は将来志向的であり，現在価値（あるいは公正価値）や包括利益と結びつきやすい（経済的一元論の立場）。

しかし，Boulding［1977］(p.93)によると，会計的利益は，将来に関する期待の変化を反映させる再評価の過程を内包している。したがって，会計的利益は，過去の成果を意味するだけではなく，将来の期待も内包している。また，Sorter［1974］(p.107)によれば，会計情報は最終的なアウトプットあるいは経済価値算定モデルの結果でなく，将来の意思決定のために必要とされる重要なインプットである。このような会計的観点と経済的観点の"接点"（融合，併存，補完など調整のあり方）を探り，財務報告の目的（機能）の２つの目的を同時に担うのが，経済的二元論の立場である。以下では，３つの系譜についてより具体的に説明する。

(2) 会計的一元論の系譜

米国では，1920年代から1930年代にかけて，資産再評価運動が行われた。つまり，資産簿価を切り上げることによって再評価剰余金を創出し，のれんの償却，疑わしい資産項目の切り下げ，あるいは損失等の補填を再評価剰余金にチャージすることによって，配当財源としての利益剰余金を確保した（斎藤［1984］第Ⅱ部第１章）。このような米国の不健全な会計実務が，1929年の株価大暴落に始まった世界大恐慌を助長させた。米国証券取引委員会（SEC）はその教訓として，爾後，資産再評価を認めない原価主義会計擁護の姿勢を貫くことになった（Zeff［2007］, pp.49-51）。

SECは，幸いにも，アメリカ会計学会（AAA）から純粋な原価主義会計を擁

護するための学術的な根拠を得た。「会計原則試案」(AAA [1936], pp.188-189) では，「会計は，本質的に評価の過程ではなく，歴史的原価および収益を当期および次期以降の会計期間に配分する過程である」と定義された。この時期の原価主義会計は，棚卸資産や市場性のある有価証券の低価基準さえ認めていなかった。同じくAAAからモノグラフ第3号として出版された「会社会計基準序説」(Paton and Littleton [1940]) では，見積りの困難性や仮構的な原価によって実際に発生した原価が歪められることを理由に，棚卸資産に低価基準を適用するのは反対であると明言されている (p.81)。市場性のある有価証券についても，市場変動に応じて記録された数値を継続的に改訂することには同意できない旨，また時価が信頼できるものであれば，貸借対照表に時価を括弧書きで示すべきことが提案されている (p.125)。

このように，会計的一元論は純粋な原価主義会計および収益費用中心観と整合的であり，この考え方のもとでは，原価評価，原価配分，実現主義，費用収益の対応および純利益が重視されていた。資産は実際の貨幣支出額を基礎にして測定されるので，自己創設のれんが認識される余地はなかった。

(3) 経済的一元論の系譜

ところが，AAA [1957]（Ⅲ節）では，「資産とは，特定の会計単位において，経営目的を達成するために用いられる経済的資源である。資産は，期待された経営活動に利用されるないしは役立つサービス・ポテンシャルの総計である。」と定義され，将来の経済的便益あるいは将来の収益獲得能力を意味するサービス・ポテンシャル概念がとられるようになった。会計的一元論と比較すると，資産に関するキャッシュ・フローの向きが「キャッシュ・アウト」(貨幣支出)から「キャッシュ・イン」(貨幣収入)へと変わり（負債はその逆である），その時点が「過去」から「将来」へと変わったことになる。

また，AAA [1957] (p.694) およびAAA [1964] (pp.702-703) では，本来，サービス・ポテンシャルは将来収入の割引現在価値に基づいて測定されるべきであるが，実務上，将来収入の割引現在価値を客観的に測定するのは困難であるの

で，非貨幣項目についてはカレント・コストまたは歴史的原価を用いてサービス・ポテンシャルを近似的に測定することが提案されている。さらに，AAA [1957]（II節）では，「実現の本質的意味は，資産・負債の変動が十分に確実で客観的なことである。」と述べられている。伝統的な実現概念ではその要件として，①財・用役の提供，②資金的裏付け（流動的な資産の受取り）および③市場取引の存在が要請されてきたので（Hendriksen and Breda [1992], p.361），経済的一元論の実現概念の要件は大幅に緩和されたことになる。

このように，経済的一元論では，資産概念として将来の経済的便益を意味するサービス・ポテンシャル概念がとられ，理想的な測定値として割引現在価値が適用される。また，利益は期首と期末の純資産の割引現在価値の差額（ただし，資本取引は除かれる）として計算されるので，包括利益が重視され，その結果，伝統的な実現概念は不要になる。

米国では1980年代の貯蓄貸付組合（S&L）の危機の際に，原価主義会計がスケープゴートにされ，1990年にSECのBreeden委員長が金融機関の金融商品を全面時価評価すべき旨の提案を行った（Breeden [1990], p.6）。その直後から，FASBの金融商品の公正価値プロジェクトが一気に進み出し，金融商品の一部に公正価値測定が導入された。IASC [1997] やJWG [2000] でも，経済的利益の算定を目的として，金融商品に関する包括的公正価値測定が提案された。さらに，FASB基準書第142号「のれんおよびその他の無形資産」（FASB [2001]）およびIFRS第3号「企業結合」（IASB [2005b]）における企業結合時に発生するのれんの非償却処理は，経済価値（自己創設のれん）の認識の肯定と原価配分の否定を意味する。いずれも，経済的一元論に向けた流れと軌を一にする。

(4) 経済的・会計的二元論の系譜

原価主義会計は，企業不正や金融危機が生じるたびに批判にさらされ，そのつど，経営者の意図を排除した画一的な会計処理あるいは公正価値測定の導入が提案されてきた。これは，会計的一元論から経済的一元論に向けた流れを意

味する。しかし，2008年のリーマン・ブラザーズの破綻に端を発した世界的な金融危機によって経済的一元論に向けた流れはトーンダウンを余儀なくされた。実際，IASB［2008］はデュー・プロセスを経ることなく国際会計基準（IAS）第39号「金融商品：認識および測定」を改訂し，公正価値測定が要請されるトレーディング目的あるいは売却可能分類から償却原価法が適用される満期保有目的への分類変更を認めた。ASBJも同様に，実務対応報告第26号「債券の保有目的区分の変更に関する当面の取扱い」（ASBJ［2008］）を公表し，売買目的有価証券からその他有価証券への分類変更に加えて，公正価値測定が要請される売買目的有価証券およびその他有価証券から償却原価法が適用される満期保有目的の債券への分類変更を認めた。

　このように世界的な金融危機に際して金融商品に係る公正価値測定が部分的に凍結され，金融危機は公正価値が常に「フェアー」ではないことを露呈した。公正価値がフェアーなのは，効率的資本市場仮説が成立する場合だけである（Biondi［2007］；斎藤［2009］）。しかも，公正価値は財務的脆弱性，変動性，短期志向性および景気循環増幅効果を通じて，リスクの高い社会を創造する可能性がある（Boyer［2007］；Bignon et al.［2009］）。そうであれば，経済的観点と会計的観点を対立的に捉えて経済的一元論を追求するのではなく，むしろ両観点の接点を探るべきであろう。実際，経済的利益（あるいは公正価値利益）と会計的利益，およびそれに関連する包括利益と純利益の関係は次式に示す通り相補的であることが知られている（角ヶ谷［2009］，57頁，286頁）。

　経済的利益
　　＝会計的利益（実現利益）＋時価評価差額（未実現利益）±のれんの変化額
　（注）会計的利益と時価評価差額の合計額は公正価値利益に相当する。

　包括利益
　　＝純利益±その他包括利益
　（注）リサイクリング（再分類調整）が前提とされる。

経済的・会計的二元論のもとでは、リサイクリング（再分類調整）を通じて、未実現の時価評価差額（その他包括利益）をそれが実現した時点で実現利益（純利益）に振り替えることによって、包括利益と純利益を同時に認識・表示することが可能である。近年、資産負債中心観と収益費用中心観、包括利益と純利益が二項対立的に捉えられ、前者が後者に優先するかのような議論が展開されることがある。しかし、原価主義会計は、歴史的原価、収益費用中心観および純利益とだけ結びつくわけではない。貸借対照表は未償却原価（繰越原価）を示すだけでも、損益計算書間の連結環にすぎないわけでもない。現実はむしろ純粋な原価主義会計と純粋な現在価値会計（あるいは純粋な公正価値会計）の間にある。昨今、経済的観点や資産負債中心観が優位にあることは否定できないが、会計的観点や収益費用中心観が不要なわけではない。しかも、財務報告には情報提供機能だけでなく、利害調整機能も期待されている。図表17－2は、以上の議論を踏まえて、IFRS教育に重要な「認識」と「測定」をめぐる論点を整理してまとめたものである。

図表17－2　3つの系譜と財務報告の目的

	会計的一元論	経済的・会計的二元論	経済的一元論
利益概念	過去指向的利益観 （純利益重視）	過去・将来指向的利益観 （純利益と包括利益の併存）	将来指向的利益観 （包括利益重視）
実現概念	必　要	重　要	不要か、異質の定義が必要
資産の定義	配分の残余・未償却原価 （実際の貨幣支出）	将来の経済的便益 （過去の取引・事象による制約）	将来の経済的便益 （過去の制約は重要ではない）
測定モデル	単一測定モデル （歴史的原価）	混合測定モデル （歴史的原価、取替原価、公正価値、現在価値など）	単一測定モデル （公正価値、現在原価）
自己創設のれん	貸借対照表には計上されない	のれんが経済的利益と会計的利益との橋渡し役を担う	貸借対照表に計上される
財務報告の目的	利害調整機能		情報提供機能

第2節　会計公準

(1) 会計公準の現代的意義

　会計公準とは，「〔企業〕会計の理論および実践の基礎を形成する基本的な仮定，概念，前提，またはコンベンションをいい，それなくしては会計が成立しえないもの」（久野［2008］，46頁）であり，一般に，(1) 企業実体（会計単位）の公準，(2) 会計期間（継続企業）の公準，および (3) 貨幣的評価の公準の3つが挙げられる。(1) は，企業会計の対象の場所的範囲を限定する公準であり，受託責任の設定から解除に至る過程を解明する単位である（久野［2008］，51頁）。(2) は，会計が企業活動の半永久的な継続という仮定のうえに成立することを示す公準である（久野［2008］，142頁）。(3) は，貨幣単位を共通尺度として用いること，および測定対象が同質的に表示されるために貨幣単位が安定していることが必要とされる公準である（久野［2008］，74頁）。

　中村［1980］によれば，わが国における会計公準論は，Gilmanによる会計コンベンション論が『会計学的利益概念』によって導入されたことを契機にして始まり，アメリカにおける研究成果の公表とあいまって，1960年代を中心に活況を呈していた。Gilmanの会計コンベンション論が紹介された後，Paton and Littletonの『会社会計基準序説』における会計の基礎概念に基づいた議論が展開され，ついで，Moonitzのモノグラフである『会計の基本的公準』（アメリカ公認会計協会（AICPA）『会計研究双書』第1号）の翻訳書が佐藤・新井［1970］として刊行されている（中村［1980］，58頁）。

　しかし，アメリカでは1960年代の半ば以降，会計公準論に関する議論が下火になっていった。この理由として，議論が多様化して収拾がつかなくなったこと，1966年のASOBATの公表以来，会計公準ではなく会計情報の公準が問題とされるようになったことが指摘されている（中村［1980］，57頁）。こうしたアメリカにおける議論の影響を受けて[5]，わが国においても1975年以降，会計公準が議論されることはほとんどなくなった（中村［1980］，59頁）。

このことは，会計公準について議論する必要性が失われたことを意味しない。会計公準が，「それなくしては会計が成立しない」基礎概念等を構成する以上，概念フレームワークとの違い，ならびに両者の関係を明らかにしておく必要があると思われる。現行の制度会計では，概念フレームワークが会計原則（または会計基準）の基礎概念を提供する中心的役割を担っているといえるものの，後述するように，会計公準もまた独自の立場から会計原則の根本的基盤を提供していると思われるからである。

この点に，本章において会計公準を取り上げる理由がある。これは，IFRS教育の観点からすれば，概念フレームワークと異なる視点から IFRS の基本思考を考察することを可能にし，IFRS の内容と方向を規定する概念フレームワークに関する議論を深化させることにつながるであろう。

(2) 会計公準と概念フレームワーク

では，会計公準と概念フレームワークの違いは何か。また，それを踏まえたうえで，両者の関係はどのように捉えられるであろうか。これらの問題を明らかにするには，会計原則（または会計基準）を基軸とし，会計原則に照らして会計公準と概念フレームワークのそれぞれの性格や役割を検討することが有益であろう。

しかし，留意されるべきは，会計公準を会計原則の根本的な基盤としてではなく，会計原則の形成にあたっての素材としてみなす見解が存在する点である。新井［1978］によれば，前者の見解は AICPA における会計原則研究特別委員会の定義に基づいているが，後者の見解は，AICPA の会計用語委員会によって示されている（新井［1978］，60-61頁）。

会計公準が会計原則（または会計基準）を形成する素材であるとすれば，会計公準は会計原則を構成する一部となる。これは，津守［2002］のなかに見受けられる。津守［2002］は，アメリカにおける会計原則の変遷を包括的に論じるなかで，会計原則との関係という観点から会計公準と概念フレームワークとの違いに触れている。アメリカにおいて，かつて会計原則審議会（APB）の時代

における会計公準が「公準－原則－通則」という三層構造として規定されていた当時，公準は，①原則・通則を支える基礎として，また②原則とともに具体的な諸問題を解決するための手段として位置づけられており，これら3つのレベルが「いわば広義の会計原則としての性格をもち，それらが一体となって具体的な諸問題と対置させられて」（津守［2002］, 138頁）いた。これに対して，FASBによるいわゆるメタ基準である概念フレームワークは，会計公準と異なり，「それ自体は会計基準（原則）の構成部分なのではなく，会計基準とは相対的に独立した別個の体系」（津守［2002］, 138頁）であった。

わが国では，新井［1978］によって，「会計公準は企業会計の理論形成上とくに会計原則の成立のためにその根本的な基盤となるものである」（新井［1978］, 61頁）とされ，佐藤［1958］においても同様の解釈がなされていることから（佐藤［1958］, 65頁），会計公準は会計原則の根本的な基盤であると解釈して差し支えないであろう。そうであれば，会計公準は，概念フレームワークとは別個に独立した理論体系として構築されるか，または概念フレームワークを構成する一部として規定されるか，2つの可能性が考えられる。

前者の見解として，新田［2006］が挙げられる。ただし，新田［2006］では，会計公準と概念フレームワークの関係について述べているわけではなく，後述するように「資産負債アプローチの下での会計公準」[6]を考察している（新田［2006］, 4頁）。

一方，後者の見解として，美馬［2005］が挙げられる。美馬［2005］では，会計公準を会計基準の理論的基盤として捉えたうえで，会計基準に対する役割に着眼して，会計公準と概念フレームワークの違い，および両者の関係を説明している。「概念フレームワークと会計公準の役割は，(A) 会計基準の基本的方向を示す会計目的の明確化，(B) 会計基準の基盤となる基礎概念を明らかにし，財務報告の機能と限界を明示する，(C) 論理的に首尾一貫した会計基準の体系を目指す，という点で一致する」（美馬［2005］, 49頁）と述べている。そのうえで，概念フレームワークは，「会計公準に比べて，現行会計実務の改善・革新という役割が強く意識されている」（美馬［2005］, 50頁）ことを指摘し，

「会計公準は概念フレームワークの一部を構成するものと位置づけることが妥当と考える」(美馬 [2005], 50頁) としている。

(3) 会計公準と会計観

会計公準は，それが概念フレームワークとは別個に独立して体系化されるにせよ，概念フレームワークを構成する部分として位置づけられるにせよ，現在の経済的環境や会計慣行等から導出された会計思考（会計観）のもとで考察される必要がある。

従来の会計公準は，その前提が『企業会計原則』を中心とする会計であり，本書にいう収益費用利益観や収支記録を基礎とする会計モデルであった。それゆえ，近年にあっては，資産負債利益観を踏まえた会計公準を考える必要があるであろう。

新田 [2006] では，「変化しつつある現代の会計の会計行為・実践の方向性を探る」べく，「資産負債アプローチの下での会計公準」が検討されている（新田 [2006]，4頁）。まず，新田 [2006] は，有形固定資産（減価償却および減損）と棚卸資産会計（原価算定法および低価基準）の会計処理を分析し，収益費用アプローチと資産負債アプローチにおける会計公準とくに継続企業の公準の実質的な意味を明らかにしている。その結果，資産負債アプローチのもとでの継続企業の公準が「将来への当該事業の継続の可能性に目を向けている」（新田 [2006]，10頁）ことを指摘している。そのうえで，こうした継続企業の公準と企業実体の公準との関係を論じ，企業実体の公準はむしろ株主実体の公準となり，継続企業の公準もまた株主の立場での継続可能性が意識されるようになることを明らかにしている（新田 [2006]，11頁）。

会計公準論それ自体は，企業実体（会計単位）の公準の変化に伴って発展してきたという経緯がある（新井 [1978]，208頁）。それゆえ，企業実体の公準における企業をどのようにとらえるかという問題は，会計主体論と関わるそれである点に留意する必要がある。新井 [1978] は，この点を指摘したうえで，会計主体論として①資本主理論 (proprietorship theory)，②代理人理論 (agency theory），③企業主体理論（entity theory），④企業体理論（enterprise theory），⑤資金理論（fund theory），および⑥その他を概観している[7]。

第3節 目的適合性と信頼性

　IASBとFASBが共同プロジェクトとして進めてきた概念フレームワークの改訂作業は，財務報告の目的と財務情報の特質を中心にして進められ，その成果は2006年の予備的見解（IASB/FASB [2006]）と2008年の公開草案（IASB/FASB [2008]）を経て，2010年に最終版（IASB/FASB [2010]）として公表されるに至った。今回の改訂でとりわけ多くの関心を集めたのは，これまで会計情報が備えるべき基本的特性の1つであった「信頼性」（reliability）が除外され，それに代わって「忠実な表現」（reliability）が「目的適合性」（relevance）とともに基本的特性として位置づけられた点である。また，これに伴って，従来から問題とされてきた目的適合性と信頼性のトレードオフが解消されるに至った。

　本節では，こうした変化とその含意を先行研究に基づいて概観する。本節における議論は，会計情報の特質の観点からIFRSの方向を明らかにし，それによって今後の論点を浮き彫りにすることにつながる。この点でIFRS教育に資するものである。

(1) IASC [1989] における情報特質と「信頼性」の構成要素

　IASBの前身である国際会計基準委員会（IASC）が1989年に公表した概念フレームワーク「財務諸表の作成および表示のためのフレームワーク」（IASC [1989]）では，目的適合性と信頼性は，「理解可能性」（understandability）と「比較可能性」（comparability）とともに情報特質として規定されていた。すなわち，情報は，利用者が過去，現在，もしくは将来の事象を評価し，また利用者による過去の評価の確認および修正に役立つことによって，利用者の経済的意思決定に影響を及ぼす場合に，目的適合性を有する（IASC [1989], par.26）。また，情報は，重大な誤謬や偏向がなく，それが表示しようとしているか，または表

示されることが合理的に期待される事実を忠実に表現したものとして利用者が信頼する場合に信頼性の特質を有するとされた (IASC [1989], par.31)。

さらに信頼性は，（ⅰ）表現の忠実性 (faithful representation)，（ⅱ）実質優先 (substance over form)，（ⅲ）中立性 (neutrality)，（ⅳ）慎重性 (prudence)，および（ⅴ）完全性 (completeness) の5つの要素によって構成されていた。

(2)「信頼性」から「忠実な表現」への変化

しかし，冒頭において触れたように，情報特質は IASB/FASB [2006] および IASB/FASB [2008] による提案を経て，IASB/FASB [2010] によって確定されるに至った。一連の議論の帰結は，つぎの通りである。

① IASC [1989] において並列的な関係にあった情報特質を，IASB/FASB [2008] では基本的特性と補強的特性に区別して立体的に構成することが提案され，IASB/FASB [2010] において確定するに至った。

② IASC [1989] において規定されていた信頼性が，IASB/FASB [2006] では忠実な表現にとって代わられた。当該提案は，IASB/FASB [2008] に継承され，IASB/FASB [2010] において確定している。

③ IASB/FASB [2006] において忠実な表現の構成要素の1つであった「検証可能性」(verifiability) が，IASB/FASB [2008] では忠実な表現から除外され，独立した特性として補強的特性に位置づけられた。また，検証可能性に代わって「不偏性」(free from error) が「忠実な表現」の構成要素とされた。これは，IASB/FASB [2010] に踏襲されている。

なお，「忠実な表現」は，つぎのように定義されている。すなわち，財務情報は，それが有用であるためには，目的適合的な現象を表現するのみならず，情報が表現しようと意図している現象を忠実に表現しなくてはならない。そのために，つぎの3つの特質すなわち完全性，中立性，および不偏性を備えなければならない (IASB/FASB [2010], par.QC12)。また，「不偏性」とは，経済現象の記述にあたって誤謬や省略がないことを意味する (IASB/FASB [2010], par.QC15)。さらに，「検証可能性」とは，見識のある独立した複数の観察者が，

個々の記述が忠実な表現であるかどうかについて必ずしも完全な同意でなくてもコンセンサスに達することができることを意味する（IASB/FASB [2010], par.26）。

上述した3点の変化を図表としてまとめれば，図表17－3および17－4の通りである。

図表17－3　情報特質の構成

IASC [1989]	IASB/FASB [2006]	IASB/FASB [2008]	IASB/FASB [2010]
目的適合性 **信頼性** 比較可能性 理解可能性	目的適合性 **忠実な表現** 比較可能性 理解可能性	＜基本的特性＞ 目的適合性 **忠実な表現** ＜補強的特性＞ 比較可能性 理解可能性 **検証可能性** 適時性	＜基本的特性＞ 目的適合性 **忠実な表現** ＜補強的特性＞ 比較可能性 理解可能性 **検証可能性** 適時性

出典：中山 [2011], 34頁。筆者が一部加筆している。なお，強調は筆者による。

図表17－4　「信頼性」または「忠実な表現」の構成要素

IASC [1989]	IASB/FASB [2006]	IASB/FASB [2008]	IASB/FASB [2010]
表現の忠実性 実質優先 中立性 完全性 慎重性	 **検証可能性** 中立性 完全性 	 不偏性 中立性 完全性 	 不偏性 中立性 完全性

出典：中山 [2011], 36頁。筆者が一部加筆している。なお，強調は筆者による。

さらに，上述した3点のうち，（ⅰ）信頼性から忠実な表現への変化，および（ⅱ）検証可能性の位置づけの変化の2点に焦点を絞って，それぞれの内容を敷衍しておきたい。

　まず（ⅰ）であるが，多くの反対意見が寄せられたにもかかわらず，信頼性が忠実な表現に差し替えられた理由は，信頼性に対する多様な解釈を排除することにあった。信頼性をめぐっては従来，その検証可能性に重点を置いた解釈が行われきた。ここにいう検証可能性とは，IASB/FASB [2008] および [2010] と異なる意味であり，会計測定値が表現しようとする対象を表現していることについて相当程度の高い保証を与えることを意味する (FASB [1980], p.2)。すなわち，信頼性は歴史的原価の優位性を主張してきたのであり，それによって目的適合性とのトレードオフが問題とされたのであった。これを解消すべく，経済現象を会計数値に反映することが強調され，それを核とする忠実な表現が基本的特性として位置づけられるに至った。その意図は，歴史的原価を退け，公正価値の優位性を主張することにあった[8]。

　こうしたIASB/FASBによる意図は，（ⅱ）によって強調されることになった。（ⅱ）の過程でIASB/FASBは検証可能性を再定義し，検証可能性には「直接的検証」と「間接的検証」があるとしている (IASB/FASB [2008], par.QC21；IASB/FASB [2010], par.QC27)。直接的検証とは，「たとえば現金を数えるといった直接的な観察を通じて金額やその他の表現を検証すること」を意味し，「間接的検証」は「モデル，公式，またはその他の技術に対するインプットを調査すること，およびアウトプットを同じ方法を用いて再計算すること」を意味する (IASB/FASB [2010], par.QC27)。すなわち，情報が忠実な表現の特性を備えているかどうかは，特定の手続きや方法を介した間接的な検証ではなく，残高や市場価格との直接的な検証によって保証される[9]。こうした再定義が行われたうえで，検証可能性は補強的特性として位置づけられているのである。

(3) 改訂の含意

　これまでの議論から明らかなように，情報特質の一連の改訂の含意は，公正価値の適用拡大が意図されている点にある（徳賀［2008］，27頁；藤井［2010］，84頁）。留意されるべきは，こうした方向が資産負債アプローチの論理構成によってもたらされ[10]，さらに当該アプローチの厳格化が原則主義によって指向されている点にある[11]。これは，公正価値の適用が資産負債アプローチと必然的に結び付けていることを意味しない。問題は，両者を結び付ける論拠が必ずしも明らかにされていない点にある。

　その一方で，資産負債アプローチの限界が指摘されているほか[12]，公正価値の適用をめぐっては，リーマン・ショックに端を発した金融危機以降，慎重な議論が強まりつつある。これまで強硬に推進されつつあった公正価値の適用をめぐって，今後いかなる議論が繰り広げられるのか，注目に値する。

第4節　原則主義と規則主義

　第15章において述べたように，IFRSは原則主義（principles-based）に基づいていると一般に理解されている。しかし，IFRSやその他のIASBによる刊行物において原則主義の定義は示されておらず，これは規則主義（rules-based）についても同様である。

　両者は一般に，つぎのように理解されている。まず規則主義とは，会計基準設定において具体的な数値基準や詳細な例外規定，および解釈指針を設けることをいう。これに対して原則主義では，会計基準を設定するにあたって最小限の原理原則を規定するにとどまり，数値基準，例外規定，および解釈指針は設けられない。鶯地他［2011］によれば，原則主義の基準書を説明するキーワードとして，①例外を認めない，②核となる原則（目的），③不整合がない，④概念フレームワークとの結びつき，⑤判断，および⑥最小限のガイダンスの6つがあり（鶯地他［2011］，24-25頁）。その結果，会計基準の適用にあたって経理担当者や監査人による自立的判断が求められ，彼らが自ら下した判断の根拠を示

すことが求められる(鷲地他［2011］，29頁)。

原則主義と規則主義が議論される立場には，適用側と設定側の2つがあるが[13]，本節では，原則主義と規則主義を「会計基準設定における方法論」(第15章第3節)とみなし，とりわけ原則主義を中心に取り上げ，設定側の観点から議論することにしたい。それによって，IFRSの内容と方向を明らかにすることが可能になるからである。これは，IFRS教育の観点からすれば，IFRSの基本思考について理解を促し，IFRSの意義や問題点を考察する姿勢を養成することにつながると思われる。

以下では，議論のための素材として，SEC［2003］とTweedie［2007］を取り上げ，原則主義に基づく会計基準設定の方向を明らかにする[14]。両者はいずれも，基準設定の立場から原則主義の概念構成を論じた文献である。SEC［2003］は，その前後に公表されたFASB［2002］およびFASB［2004］とともに[15]，IASBに少なからず影響を与えてきたと思われる。Tweedie［2007］は，前IASB議長であるSir David Tweedieによる見解を示したものであるが[16]，IASBが原則主義を明確に定義していない以上，当該文献の検討を通じてIASBの姿勢を洞察することにしたい。

(1) 原則主義の概念構成

① SEC［2003］

SEC［2003］では，最適な原則主義に基づく会計基準設定を「目的指向型基準設定」(objectives-oriented standard setting)と規定し(SEC［2003］, C)，当該基準設定の構成要素として，(a)情報特質(目的適合性，信頼性，および比較可能性)，(b)資産負債アプローチ[17]，および(c)最適範囲の理論(theory of optimal scope)を挙げている(SEC［2003］, ⅢA, ⅢB, and ⅢC)。目的指向型基準設定では，多くの例外規定を必要としない基準を適用する最適の範囲が決定されるが，そのためには取引や事象の基礎にある経済的実質が企業の富として規定され，経済的実質を写像するにあたって資産負債アプローチを適用することが必要であるとされる。また，経済的実質を会計情報に忠実に表現したうえで投資家に

とって理解可能な方法で示すために，会計情報の質的特性間のトレードオフが決定されねばならない。これもまた，資産負債アプローチの適用と関連づけられる (SEC [2003], ⅢA and ⅢB)。

以上を要するに，SEC [2003] では，資産負債アプローチが原則主義に基づく基準設定にあたって最も重要な概念として位置づけられている[18]。

② Tweedie [2007]

Tweedie [2007] では，原則について以下の点が重視されることによって，「対象をありのままに伝える」(tell it as it is) 会計が可能になるとしている (Tweedie [2007], p.7)。ここにいう「対象をありのままに伝える」とは，経済的実質の写像であると言い換えて差し支えないであろう。

（ⅰ）例外規定，適用指針，および膨大な解釈は不要である。
（ⅱ）「基本原則」(core principles) が明瞭に示され，必要であれば基本原則から派生する「準原則」(sub-principles) が規定される。
（ⅲ）概念フレームワークと結び付いている。
（ⅳ）適用にあたって判断に依拠するため，当該判断の理由が説明される。

これらのうち，（ⅰ）と（ⅳ）は規則主義と比較した場合の原則主義の特徴であり，（ⅱ）は原則の階層性を示しているに過ぎない。原則主義を構成している根本的な要素は，（ⅲ）の概念フレームワークである。Tweedie [2007] では，原則を規定するにあたって概念フレームワークから離脱する場合があることを認めている[19]。新たな取引が生じたことによって概念フレームワークがその役割を発揮し得ない場合，概念フレームワークからの離脱が求められるのである (Tweedie [2007], p.7)。

概念フレームワークからの離脱は，単に緊急問題への迅速な対処を要請しているのではない。当該離脱の背景には，「真実かつ公正な概観」(true and fair view) の思考が存在している。「真実かつ公正な概観」は元来，イギリス会社法上の概念であるが，ある会計規定を適用することによって却って会計情報が「真実かつ公正な概観」を示さないと判断される場合，当該規定から離脱する

ことが要求される。これは，経済状況が変化し，当該変化と従来の会計規定との間で齟齬が生じた場合であっても，会計情報の「真実かつ公正な概観」が常に遵守されなくてはならない財務報告上の最高規範として位置づけられていることを意味する[20]。

以上を要するに，Tweedie [2007] では，「真実かつ公正な概観」が原則主義に基づく会計基準設定において最も重要な概念として位置づけられている。

(2) 概念構成の含意

SEC [2003] では，企業の富を経済的実質として規定し，資産負債アプローチを経済的実質の写像にあたって最も重要な概念として位置づけていた。そのうえで，経済的実質を会計情報に写像する過程において「真実かつ公正な概観」が介入しないことを明らかにしている[21]。その意図は，専門家による判断を排除するか，もしくは当該判断の介入を最小限度にとどめる点にある[22]。すなわち，資産負債アプローチそれ自体をより厳格に規定し，その適用を強化することを意味しているといえる。

これに対して，Tweedie [2007] では，経済的実質の写像の過程において専門家による判断が行使されることを尊重している。専門家の判断が要請される典型的な場合として，会計基準からの離脱が妥当であるか否かを判断する場合が挙げられる。これは，もはやその時々の経済的実質を写像し得なくなった基準や概念からの離脱を意味している。その意義は，形骸化した基準や概念を形式的に遵守することによって惹起される問題を回避することにある。こうした形式主義の弊害は，特に1980年代後半以降に表面化したオフバランスシートファイナンシングをはじめとする経営者の恣意的な会計操作によって明らかとなった。留意されるべきは，この問題がフロー指向に基づく取得原価会計のもとで解消し得なかった点にある[23]。

すなわち，専門的判断の行使を尊重する姿勢には，恣意的な会計操作を払拭しようとする信念が反映されており，それをストック指向によって達成することが意図されているのである。ストック指向を会計情報に反映するアプローチ

が資産負債アプローチをおいて他にないとすれば，当該アプローチの厳格な適用が示唆されていると考えられる[24]。

(3) 原則主義に基づく会計基準設定の方向

SEC［2003］およびTweedie［2007］において示された原則主義の概念構成を整理することによって，原則主義による会計基準設定では資産負債アプローチの適用の厳格化（またはストック指向の強化）が示唆されていることを明らかにした。これは，IFRSの内容や将来のあり方を理解するにあたって，資産負債アプローチそれ自体が重要な論点の1つになることを意味する。

資産負債アプローチは元来，利益をどのように測定するかを規定する利益観の1つであり，特定の測定属性との結び付きは示されていなかった[25]。しかし，斎藤［2010］によれば，昨今の資産負債アプローチは，概念の定義の問題と情報の価値の問題との整合性を充分に議論せず，両者を短絡的に結び付けて適用されており（斎藤［2010］，44頁），資産負債アプローチと投資意思決定有用性との整合性が必ずしも明確でないまま，当該アプローチに対して公正価値を適用することが必然であるかのように主張されている[26]。

資産負債アプローチの適用の強化を意図した事例は，FASBとIASBの共同による収益認識プロジェクトに具体的にみることができる。当該プロジェクトでは，当初提案された現在出口価格モデルの採用が断念されて以来，代わって顧客対価モデルに基づいた収益認識のあり方が議論されてきた。しかし，顧客対価モデルによって従来の収益費用アプローチに基づく収益認識が根本的に変わることはなく，資産負債アプローチを収益認識に適用する意義は必ずしも明瞭でない[27]。

資産負債アプローチ，および当該アプローチに基づく会計基準設定の意義や限界が，今後どのように議論されていくのか。それは，原則主義，さらには原則主義を基礎とするIFRSの意義をめぐる議論にも関連すると思われる。

[注]

（1）以下，（純粋な）原価主義会計は「（すべての）資産・負債を取得原価（取得価額）を基礎にして測定する会計」であり，（純粋な）現在価値会計は「（すべての）資産・負債を将来キャッシュ・フローの割引現在価値で測定する会計」であり，また（純粋な）公正価値会計は「（すべての）資産・負債を公正価値で測定する会計である」と定義する。公正価値会計と現在価値会計はいずれも出口価値会計であるが，両者は自己創設のれんの扱いが相違する。また，公正価値はもっぱら時価を意味するが，現在価値は割引現在価値技法を適用する際の公正価値とも，償却原価法を適用する際の原価とも結びつく点で相違する（角ヶ谷 [2009]）。

（2）本節の分析事項を，柴 [2010] が提案する教育上の課題を探索するためのメソドロジーに当てはめると，会計的観点と経済的観点は「分析の視点」に，原価主義会計，現在価値会計および公正価値会計は「分析の要素」に，経済的・会計的二元論は「分析の結果」にそれぞれ該当する。

（3）以下，「会計的利益」と相対化させるために「経済的利益」という用語を用いる。しかし本来は，経済的利益も広義の会計的利益に該当し，経済学者が探求した所得とは似て非なる概念である（角ヶ谷 [2009]）。

（4）計算上の利子は，経済的合理性に基づいて計算される仮構的な利子であり，正常な利子を生まない資産は小銭も同然であるとか（FASB [1990], par.3），資産の公正価値には将来，帳簿価額に加えてリスクに対応したマーケット・リターンが回収されるであろうという市場の期待が内包されている（IASB [2005a], par.300）。

（5）このほかに，昭和49年の商法改正による制度会計への関心の高まりがあったことが指摘されている（中村 [1980], 59頁）。

（6）新田 [2006] にいう資産負債アプローチは，本書による資産負債利益観に該当すると思われるが，新田 [2006] からの引用等では原文に従って資産負債アプローチと称している。

（7）昨今は，企業主体理論の観点に立った概念フレームワーク研究が行われている（国際会計研究学会研究グループ [2011]）。なお，詳細は，佐藤 [2010] および村田 [2010] を参照されたい。

（8）この点に関する詳細な議論は，藤井 [2010] 82-84頁を参照されたい。

（9）この点については，徳賀 [2008], 24-26頁，中山 [2010], 36-37頁，藤井 [2010] 84-86頁を参照されたい。

（10）この点は，藤井 [2010], 87-92頁を参照されたい。

（11）この点は，本書第17章第4節において概説している。あわせて齊野 [2011a] および [2011b] を参照されたい。

(12) 資産負債アプローチに基づいた収益認識基準の開発については,松本［2010］,藤井［2011b］を参照されたい。
(13) 適用側に立った議論については,さしあたり鶯地他［2011］を参照されたい。
(14) 以下の内容は,拙稿［2011a］および［2011b］に基づいている。
(15) 杉本［2009］では,FASB［2002］とSEC［2003］が後者を中心にして論じられている。SEC［2003］は,滝西［2007］,中山［2004b］,峰［2006］などにおいても検討されている。FASB［2004］については石川［2005］を参照されたい。
(16) Tweedie［2007］は,向［2009］において詳細に議論されている。
(17) SEC［2003］にいう資産負債アプローチ（assets and liabilities view）の概念構成は,本書にいう資産負債利益観のそれと必ずしも同じであるといえないため,本節では,資産負債アプローチという用語を用いることにする。
(18) 藤井［2011a］は,SEC［2003］に基づいて,つぎの点を指摘している。すなわち,資産負債アプローチは,定義が資産および負債に依存することを示すものではなく,会計情報の有用性や会計情報の測定のあり方に対して規範性な議論を提供する会計観として位置づけられており,このことが「資産負債アプローチの事実上の再定義を意味する」とされる（藤井［2011a］,33頁）。
(19) 概念フレームワークからの離脱には,離脱の主体が設定側である場合と適用側である場合の両方が考えられる。Tweedie［2007］では,その文脈から判断して,設定側を前提にしている。当該離脱の主体が設定側であるにせよ適用側であるにせよ,会計情報が「真実かつ公正な概観」を示すことは遵守されるという点において,両者は軌を一にしている。
(20) 「真実かつ公正な概観」の思考は,IFRSでは,IAS第1号「財務諸表の表示」における離脱規定に反映されている（IASB［2007］,par.15）。IAS第1号の改訂版に導入された離脱規定と「公正に表示する」概念については,拙稿［2009］を参照されたい。
(21) この点について,FASB［2002］ではコメントの募集を図ったが（FASB［2002］,p.10），SEC［2003］は,当該原則を目的指向基準設定システムにとって必要な要素ではないと結論づけている（SEC［2003］,p.25）。この結論は,SEC［2003］への回答であるFASB［2004］に反映され,そこでは当該原則について何ら触れられていない。
(22) SEC［2003］が専門家の判断を極力排除しようとしていることは,例外適用等を基本的に廃しつつも実務指針（implementation guidance）を残している点にも表れているといえる（SEC［2003］,ⅢE and ⅢH）。
(23) この点については,Tweedie［1996］を参考にされたい。
(24) Tweedie［2007］は,オペレーティングリース取引のオンバランス化を主張するなど,ストック指向を鮮明に打ち出しているが,これを資産負債アプローチと称していない。
(25) この点は,FASB［1976］,津守［1997］を参照されたい。

(26) この点は，斎藤 [2010] 第 2 章第 5 節および第 6 章を参考にした。
(27) この点については，松本 [2010]，藤井 [2011b] を参照されたい。

| 参考文献 | 第 17 章第 1 節

AAA [1936], "A Tentative Statement of Accounting Principles Affecting Corporate Reports," *The Accounting Review*, Vol.11, No.2, pp.187-191.（中島省吾訳編 [1984]『増訂 A.A.A. 会計原則（増訂版）』中央経済社）

AAA [1957], Committee on Concepts and Standards, "Accounting and Reporting Standards for Corporate Financial Statements 1957 Revision," *The Accounting Review*, Vol.32, No.4, pp. 536-546.

AAA [1964], Committee on Concepts and Standards—Inventory Measurement, "A Discussion of Various Approaches to Inventory Measurement, Supplementary Statement No.2," *The Accounting Review*, Vol.39, No.3, pp.700-714.

Bignon, V., Y. Biondi and X. Ragot [2009], *An Economic Analysis of Fair Value: Accounting as a Vector of Crisis*, Cournot Centre for Economic Studies, Available at SSRN: http://ssrn.com/abstract=1474228.

Biondi, Y. [2007], "Accounting and the Economic Nature of the Firm as an Entity," in Y.Biondi, A. Canziani and T. Kirat (eds), *The Firm as an Entity: Implications for Economics, Accounting and the Law*, London and NewYork: Routledge, pp.237-265.

Boulding, K.E. [1977], "Economics and Accounting: The Uncongenial Twins," in W.T. Baxter and S. Davidson (eds), *Studies in Accounting*, London: ICAEW, pp.86-95.

Boyer, R. [2007], "Assessing the Impact of Fair Value upon Financial Crises," *Socio-Economic Review*, Vol.5, No.4, pp.779-807.

Breeden, R.C. [1990], "The Proper Role of Financial Reporting: Market Based Accounting" (at the Smith Barney's Fourth Annual Financial Services Conference), *News Release*, September 14, pp.1-10.

FASB [1990], *Discussion Memorandum, Present Value-Based Measurements in Accounting*, FASB.（(財)企業財務制度研究会訳 [1999]『現在価値―キャッシュフローを用いた会計測定―』中央経済社）

FASB [2001], *Statement of Financial Accounting Standards No.142, Goodwill and Other Intangible Assets*, Connecticut: FASB.

Hendriksen, E.S. and M.F.V.Breda [1992], *Accounting Theory*, fifth edition, Richard D. Irwin.

IASB [2005a], *Discussion Paper, Measurement Bases for Financial Accounting: Measurement on Initial Recognition*, IASB.

IASB [2005b], *International Financial Reporting Standard No.3 (revised), Business Combinations*, IASB.
IASB [2008], *International Accounting Standards No.39 (revised), Financial Instruments: Recognition and Measurement*, IASB.
IASB [2010], *The Conceptual Framework for Financial Reporting 2010*, IASB.
IASC [1997], *Discussion Paper, Accounting for Financial Assets and Financial Liabilities*, IASC.（日本公認会計士協会訳［1997］『金融資産及び金融負債の会計処理』日本公認会計士協会）
Joint Working Group of Standard-Setters (JWG) [2000], *Draft Standard, Financial Instruments and Similar Items*, JICPA.（日本公認会計士協会訳［2001］『金融商品及び類似項目』日本公認会計士協会）
Littleton, A.C. [1953], *Structure of Accounting Theory*, AAA.（大塚俊郎訳［1955］『会計理論の構造』東洋経済新報社）
Paton, W.A. and A.C. Littleton [1940], *An Introduction to Corporate Standards*, AAA.（中島省吾訳［1958］『会社会計基準序説（改訂版）』森山書店）
Sorter, G.H. [1974], "Accounting Income and Economic Income," in J.J. Cramer, Jr. and G.H. Sorter (eds), *Objectives of Financial Statements, Vol.II, Selected Papers*, New York: AICPA.
Zeff, S.A. [2007], "The SEC Rules Historical Cost Accounting: 1934 to the 1970s," *Accounting and Business Research*, Special Issue: International Accounting Policy Forum, pp.49-62.
企業会計基準委員会（ASBJ）［2008］実務対応報告第26号「債券の保有目的区分の変更に関する当面の取扱い」。
斎藤静樹［1984］『資産再評価の研究』東京大学出版会。
斎藤静樹［2009］「会計基準グローバル化の展望と課題—時価会計の見直しにふれて」『企業会計』第61巻第1号，18-24頁。
柴健次［2010］「IASB財務諸表フレームワークと会計教育」『企業会計』第62巻第8号，56-65頁。
角ヶ谷典幸［2009］『割引現在価値会計論』森山書店。

参考文献　第17章第2節−第4節

FASB [2002], *Proposal : Principles-Based Approach to U.S. Standard Setting*, October 21.
FASB [2004], *Response to SEC Study on the Adoption of a Principles-Based Accounting System*, July 2004.
IASB [1989], *Framework for Preparation and Presentation for Financial Statements*.

IASB [2007], *IAS 1, Presentation of Financial Statements.*
IASB/FASB [2006], IASB, *Preliminary Views on an Improved Conceptual Framework for Financial Reporting; The Objective of Financial Reporting and Qualitative Characteristics of Decision-Useful Financial Reporting Information,* Discussion Paper, July 2006 ; FASB, *Preliminary Views on an Improved Conceptual Framework for Financial Reporting: The Objective of Financial Reporting and Qualitative Characteristics of Decision-Useful Financial Reporting Information,* Financial Accounting Series, No. 1260-001, July 6, 2006.
IASB/FASB [2008], IASB, Exposure Draft of An *Improved Conceptual Framework for Financial Reporting: Chapter 1: The Objective of Financial Reporting, Chapter 2: Qualitative Characteristics of Decision-Useful Financial Reporting Information,* May 2008 ; FASB, *Conceptual Framework for Financial Reporting: The Objective of Financial Reporting and Qualitative Characteristics of Decision-Useful Financial Reporting Information,* Exposure Draft, Financial Accounting Series, No. 1570-100, May 29, 2008.
IASB/FASB [2010], IASB, *The Conceptual Framework for Financial Reporting 2010,* September 2010 ; *Statement of Financial Accounting Concepts No. 8: Conceptual Framework for Financial Reporting: Chapter 1, The Objective of General Purpose Financial Reporting, and Chapter 3, Qualitative Characteristics of Useful Financial Information, September 2010.*
IASC [1989], *Framework for Preparation and Presentation for Financial Statements.*
SEC [2003], *Study Pursuant to Section 108（d) of the Sarbanes-Oxley Act of 2002 on the Adoption by theUnited States Financial Reporting System of a Principles-Based Accounting System,* Modified, July 25.
Shipper, K. [2003], "Principles-Based Accounting Standards," *Accounting Horizons,* Vol.17, No.1, pp.61-72.
Tweedie, D. [1996], "True and Fair v The Rule Book : Which is the Answer to Creative Accounting ? ", reprinted from *Pacific Accounting Review,* 1988, pp.4-17, in Parker, R.H., P. W. Wolnizer, and C.W. Nobes eds, [1996], Readings in True and Fair, Garland, pp. 195-217.
Tweedie, D. [2007], "Can Global Standards Be Principle Based ? ," *The Journal of Applied Research in Accounting and Finance* Vol. 2, No.1, pp.1-8.
新井清光［1978］『会計公準論』（増補版）中央経済社。
鶯地隆継・佐藤信彦・小賀坂敦・関根愛子［2011］「経営財務3000号記念座談会—IFRS時代を考える—第1回『原則主義』」『経営財務』3000号（平成23年1月24日）23-40頁。

会計基準研究委員会［1970］『会計公準と会計基準』（代表：久保田音二郎）同文舘出版。
久野光朗［2008］「会計公準」「会計単位」「企業実体」「貨幣的評価」，森田哲爾・宮本匡章編著『会計学辞典』（第5版）中央経済社，46，51，74，および142頁。
古賀智敏［2007］「会計理論の変容と経済的実質」『會計』第172巻第3号，1-14頁。
国際会計研究学会研究グループ［2011］『国際会計の概念フレームワーク』中間報告（2011年9月）。
斎藤静樹［2010］『会計基準の研究』（増補版）中央経済社。
齊野純子［2009］「離脱規定の目的と機能―規制側の観点から―」『會計』第176巻第6号，68-82頁。
齊野純子［2011a］「原則主義に基づく会計基準設定の方向―原則主義の概念構成と「真実かつ公正な概観」をめぐって―」『會計』第179巻第6号，12-24頁。
齊野純子［2011b］「原則主義に基づく会計基準設定と資産負債アプローチ」『会計監査ジャーナル』第23巻第10号（2011年10月）53-59頁。
桜井久勝［2007］「概念フレームワークのコンバージェンス」『企業会計』第59巻第1号，78-85頁。
佐藤孝一［1958］『新会計学』中央経済社。
佐藤孝一・新井清光［1962］『アメリカ公認会計士協会会計公準と会計原則』中央経済社。
佐藤倫正［2011］「企業主体説への移行」国際会計研究学会研究グループ［2011］『国際会計の概念フレームワーク』中間報告（2011年9月），第4章第1節所収，58-61頁。
杉本徳栄［2009］『アメリカSECの会計政策』中央経済社。
滝西敦子［2007］「米国における『原則に基づくアプローチ』の展開―会計基準設定におけるアプローチの変化―」『経済論叢』第179巻第4号，52-72頁。
津守常弘［2002］『会計基準形成の論理』森山書店。
徳賀芳弘［2003］「会計基準設定における姿勢の変化―エンロン事件のもたらす副産物－」『アメリカ不正会計とその分析』（神戸大学経済経営研究所）第1章所収，1-22頁。
徳賀芳弘［2008］「『信頼性』から『忠実な表現』への変化の意味」，友杉芳正・田中弘・佐藤倫正編著『財務情報の信頼性』税務経理協会，第Ⅰ部第3章所収，22-30頁。
友杉芳正［2008］「財務情報の質的特性としての信頼性」，友杉芳正・田中弘・佐藤倫正編著『財務情報の信頼性』税務経理協会，第Ⅰ部第2章所収，13-21頁。
中村忠［1980］「会計公準論の回顧と展望」『産業経理』第40巻第11号，56-59頁。
中山重穂［2004a］「原則主義アプローチによる会計基準設定にともなう諸問題の検討」『税経通信』第59巻第6号，179-186頁。
中山重穂［2004b］「目的指向型会計基準の設定に向けた諸問題の検討」『豊橋創造大学短期大学部研究紀要』第21号，49-64頁。
中山重穂［2011］「財務情報の質的特性」，国際会計研究学会研究グループ［2011］『国際会

計の概念フレームワーク』中間報告（2011年9月），第3章第3節所収，34-38頁。
新田忠誓［2006］「資産負債アプローチと会計公準」『企業会計』第58巻第12号，4-11頁。
藤井秀樹［2010］「会計制度形成の現代的特徴と展開方向―改訂概念フレームワーク草案における「忠実な表現」に寄せて―」『経済論叢』第184巻第3号（2010年7月），75-93頁。
藤井秀樹［2011a］「IASB/FASB改訂概念フレームワークと資産負債アプローチ」『国民経済雑誌』第204巻第1号，17-40頁。
藤井秀樹［2011b］「収益認識プロジェクトの現状と展開方向―基準設定における資産負債アプローチの意義と限界―」『会計・監査ジャーナル』第23巻第12号（2011年12月）77-86頁。
松本敏史［2010］「資産負債アプローチによる収益認識基準―実現稼得過程アプローチに代わりうるか―」『経済論叢』第184巻第3号（2010年7月），41-56頁。
美馬武千代［2005］「概念フレームワークにおける会計公準の役割」『商学論集』第73巻第4号，37-61頁。
峰輝子［2006］「最適な原則主義会計基準とは―スタッフの最適原則主義会計基準設定アプローチ―」『経営と制度』第5号，1-12頁。
峰輝子［2010］「原則主義会計基準の概念について」『宮崎産業経営大学経営学論集』第20巻第1号，41-57頁。
向伊知郎［2009］「原則主義による国際会計基準の設定と課題」『経営学研究』第19巻第1号，35-44頁。
村田英治［2011］「会計主体論」国際会計研究学会研究グループ［2011］『国際会計の概念フレームワーク』中間報告（2011年9月），第2章第2節所収，15-17頁。

索　引

【A－Z】

AAA 会計原則［1941］ 166
AAA 会計原則［1948 改訂版］ 170
AAA 会計原則［1957 改訂版］ 166, 171
AAA 会計原則試案［1936］ 165, 169
AISG 15
APB ステートメント 4 号［1970］ 171, 180
ARB7［1940］ 165
ARB9［1941］ 166, 170
ARS1 基本的会計公準論［1961］ 166
ARS3 企業会計原則試案［1962］ 166, 171
ASBJ 138
ASOBAT 基礎的会計理論［1966］ 167
ATB1［1953］ 166, 170
Deontologie（職業倫理） 72
DRS 77
DRSC 77, 217
ESCP 73
ESSEC 73
EU 域内調和化時代 210
FASB 改訂公開草案［1979］ 181
FASB 公開草案［1977］ 176, 181
FASB 中間報告［1976］ 175
FASB 討議資料［1976］ 180
FASB/IASB 公開草案［2008］ 184, 187
FASB/IASB 予備的見解［2006］ 183, 187
GoB 218
GoR 73
IAS 財団 17
IASB 19
　───概念フレームワーク［2010］ 184, 187
IASC 16
　───概念フレームワーク［1989］ 177, 181, 186
　───公開草案［1988］ 177, 181
ICCAP（会計専門業協力国際委員会） 15
IDW 82
IFAC 16
IFRS 適用命令 29
IFRS へのコンバージェンス時代 210
IOSCO 17
ITT 事件 14
JFAEL 138
JICPA 138
LSE アプローチ 49, 50
SEC 調整表作成・開示要件の撤廃勧告の
　ロードマップ 30
SEC-CESR 共同作業計画 30
SFAC1［1978］ 176
SFAC2［1980］ 176, 186
SFAC3［1980］ 181
SFAC6［1985］ 181

SFAC8［2010］ ……………………184, 187
SHM 会計原則［1938］ ………………165
U.S. GAAP と IFRS の比較 ……………32

【ア】

アドプション ………………………………76
────（adoption）方式 ……………14
アメリカ証券取引委員会 ………………29
アメリカの発行体の財務報告システムに
　IFRS の組み入れを検討するための
　作業計画 ……………………………31
意思決定有用性アプローチ
　………………………167, 168, 178, 185
委託財産の集合体 ………………………257
インフレーション ………………………171
エンドースメント・アプローチ …………32
覚書：ノーウォーク合意 ………………29

【カ】

会計経営試験（DCG） ……………………70
会計原則 …………………………………279
会計公準 …………………………………278
会計情報作成コスト ……………………212
会計責任 …………………………………178
会計的一元論 ……………………………273
会計的利益 ………………………………276
会計の機能 ………………………………217
会計モデルからのアプローチ ……235, 239
会計連続通牒（ASR） ……………………15
会社会計基準序説［1940］ …………165, 170
会社に関する法律 ………………………208
改善起草委員会 ……………………………16
確定決算主義 ……………………………213

加重平均資本コスト ……………267, 269
課税所得計算 ……………………………218
株式会社制度 ……………………………154
貨幣の時間価値 …………………………265
韓国採択国際会計基準 …………………106
間接的検証 ………………………………285
企業会計準則──基本準則 ………………92
企業会計準則──具体準則 ………………92
企業会計制度 ……………………………94
企業会計法 ………………………………218
企業価値 …………………………………269
基準性の原則 ……………………………219
規則案「アメリカの発行体が IFRS に
　準拠して作成した財務諸表の使用
　可能性についてのロードマップ」………31
規則主義 …………………………………286
期待値 ……………………………………264
逆基準性の原則 …………………………219
業種別研修 ………………………………142
強制適用 ……………………………………76
禁反言 ……………………………………25
金融危機 …………………………………276
繰延費用 …………………………………182
経済的一元論 ……………………………274
経済的・会計的二元論 …………………275
経済的効益 ……………………169, 171, 180
経済的便益 ………167, 169, 171, 178, 180
経済的利益 ………………………………276
計算擬制的項目 …………………………182
継続専門教育 ………………………………40
契約支援機能 ……………………………154
原価 ……………………………167, 169, 180
現在価値 …………………………………265

索　引　301

検証可能性··284
原則主義··22, 286
コア・スタンダード·····································17
公正価値······················23, 237, 245, 276
　　──利益··276
公認会計士試験··83
コルベール王令··207
コンドースメント・アプローチ···············32
コンバージェンス·······················77, 94, 218
　　──・アプローチ································32
　　──とグローバル会計基準を
　　　支持する SEC 声明·························31
　　──（convergence）方式··················14
コンポーネント··210

【サ】

細則主義··22
財務諸表の構成要素································189
財務制限条項··157
財務報告の歴史··150
時価··171, 189
資産···248
　　──の定義····················167, 169, 178, 180
　　──負債中心観···································273
資産負債利益観··················23, 236, 239, 241
　　──と公正価値の結び付き···············244
　　──の要件··247
質的特徴···185
実務適用···142
実務における IFRS の分析······················32
資本···251
　　──コスト································266, 267
諮問グループ···16

収益···251
　　──費用中心観···································273
収益費用利益観··················23, 236, 239, 241
　　──の要件··247
収支記録を基準とする会計モデル
　　··238, 239
受託責任（スチュワードシップ）
　　································153, 169, 178, 185, 189
取得原価···238
取得原価主義··263
　　──会計··189
純資産···251
純利益···253
使用価値···270
上級会計経営試験（DSCG）····················70
商事会社および公企業に関する連結計算
　　書類··209
情報提供機能··································153,
　　167〜169, 178, 185, 189, 218, 272
商法の伝統···213
真実かつ公正な概観································288
慎重性の原則··218
信頼性·····························185, 186, 260, 282
数値基準··22
正規の会計の諸原則································218
正規の簿記の諸原則································217
税務申告···212
全米州公認会計士審査会··························36
全米統一公認会計士試験··························36
全面適用···106
専門会計士···68
　　──試験（DEC）································70
測定···271

【タ】

貸借対照表項目の範囲の相違 …………242
ダブル GAAP システム ………………34
忠実な表現 ……………………282, 283
中小企業版 IFRS ……………………213
調和化（harmonization）……………14
直接的検証 ……………………………285
勅許会計士 ……………………………52
勅許公認会計士 ………………………52
デュー・プロセス ……………………22
ドイツ会計基準 ………………………77
　　――委員会 ……………………77, 217
ドイツ公認会計士協会 ………………82
東京合意 ………………………………19
投資計算を基礎とする会計モデル
　　………………………………237, 239
投資の集合体 …………………237, 257
同等性評価 ……………………………94
トゥルーブラッド報告　財務諸表の目的
　　［1973］……………………174, 180
特定の利益観と特定の財務諸表との
　　結び付き …………………………243
特定の利益観と特定の測定属性との
　　結び付き …………………………243
ドッド＝フランク　ウォール・ストリート
　　改革および消費者保護法 …………31

【ナ】

ナポレオン商法典 ……………………207
二元的 GAAP システム ………………34
任意適用 ………………………………76
認可監査役 ……………………………68

認識 ……………………………………271

【ハ】

配当可能利益計算 ……………………218
発生主義会計 …………………………262
ピースミール・アプローチ …………21
必要収益率 ……………………………266
費用 ……………………………………252
表現の忠実性 …………………185, 186, 283
費用収益対応の原則 …………………262
費用配分の原則 ………………………263
負債 ……………………………………250
フランスにおける IFRS 教育 ………62
フレームワーク ………………………142
プロメトリックテストセンター ……36
包括利益 ………………………236, 253, 276
法定監査人 ……………………………52
保全 ……………………………………179

【マ】

マネジメント・アプローチ …………24
目的指向型基準設定 …………………287
目的適合性 ……………………………282
モニタリング・ボード ………………21

【ヤ】

用役可能性 ……………………169, 171, 180

【ラ】

利益 ……………………………………253
利益観 …………………………………23, 241
　　――からのアプローチ ……235, 236, 239
　　――の実質的相違 …………………242

──の実質的でない相違……………243
──の多義性……………………248
利益の本質についての相違…………242
利害調整機能………154, 179, 185, 189, 272
リスク………………………………263
リターン……………………………263
連単分離………………………63, 209

【ワ】

割引現在価値………………………265

《著者紹介》（執筆順）

柴　　健次　序章
　関西大学大学院会計研究科，教授

佐藤　信彦　第1章
　明治大学専門職大学院会計専門職研究科，教授

杉本　徳栄　第2章
　関西学院大学大学院経営戦略研究科，教授

齊野　純子　第3章，第17章第2節から第4節
　甲南大学大学院ビジネス研究科，教授

藤田　晶子　第4章第1節・第2節，第9章，第10章
　明治学院大学経済学部，教授

板橋　雄大　第4章第3節，第12章
　明治大学専門職大学院会計専門職研究科，教育補助講師

潮﨑　智美　第5章，第13章
　広島市立大学国際学部，准教授

孫　　美灵　第6章，第7章
　流通科学大学商学部，専任講師

井上　定子　第8章第1節から第3節
　流通科学大学商学部，准教授

正司　素子　第8章第4節
　あずさ監査法人，パートナー

山内　暁　第11章
　早稲田大学商学学術院商学部，准教授

富田　知嗣　第14章，第16章
　関西大学大学院会計研究科，教授

山田　康裕　第15章
　滋賀大学経済学部，准教授

角ヶ谷典幸　第17章第1節
　九州大学大学院経済学研究院，教授

《編著者紹介》

柴　健次（しば・けんじ）

関西大学大学院会計研究科教授。博士（商学）関西大学。日本学術会議連携会員，日本会計教育学会会長，日本ディスクロージャー研究学会前会長，日本会計研究学会理事，日本監査研究学会理事，非営利法人学会理事，日本経営分析学会理事など。元税理士試験委員，元公認会計士試験委員。

主な著書・編著・共編著

『市場化の会計学』，『テキスト金融情報会計』，『現代のディスクロージャー』，『会計専門職のための基礎講座』，『会計教育方法論』，『スタンダードテキスト財務会計論』　など

（検印省略）

2012年8月20日　初版発行　　　　　　　　　　略称 ―IFRS教育

IFRS教育の基礎研究

編著者　　柴　　健　次
発行者　　塚　田　尚　寛

発行所　　東京都文京区　　株式会社　創　成　社
　　　　　春日2-13-1

電　話　03（3868）3867　　ＦＡＸ　03（5802）6802
出版部　03（3868）3857　　ＦＡＸ　03（5802）6801
http://www.books-sosei.com　振　替　00150-9-191261

定価はカバーに表示してあります。

©2012 Kenji Shiba　　　　　組版：トミ・アート　印刷：Ｓ・Ｄプリント
ISBN978-4-7944-1447-2 C3034　　製本：カナメブックス
Printed in Japan　　　　　　　落丁・乱丁本はお取り替えいたします。

--- 簿記・会計選書 ---

書名	著者	区分	価格
IFRS教育の基礎研究	柴 健次	編著	3,500円
現代会計の論理と展望 —会計論理の探求方法—	上野清貴	著	3,200円
企業と事業の財務的評価に関する研究 —経済的利益とキャッシュフロー，セグメント情報を中心に—	平岡秀福	著	3,200円
現代の会計と財務諸表分析 — 基礎と展開 —	平岡秀福	著	3,200円
ソフトウェア原価計算 —定量的規模測定法による原価管理—	井手吉成佳	著	2,700円
企業不動産の会計と環境 —IFRS時代のCREのために—	山本 卓	著	2,500円
財務情報と企業不動産分析 —CREへの実証的アプローチ—	山本 卓	著	2,600円
原価計算入門	安國 一	著	2,800円
企業簿記論	森・長吉・浅野 石川・蒋・関	著	3,000円
監査入門ゼミナール	長吉眞一・異島須賀子	著	2,200円
簿記入門ゼミナール	山下寿文	編著	1,800円
会計入門ゼミナール	山下寿文	編著	2,900円
管理会計入門ゼミナール	高梠真一	編著	2,000円
イントロダクション簿記	大野・大塚・徳田 船越・本所・増子	著	2,200円
簿記教本	寺坪 修 井手健二・小山 登	著	1,800円
ズバッと解決！日商簿記検定3級商業簿記テキスト—これで理解バッチリ—	田邉 正・矢島 正	著	1,500円
明解簿記講義	塩原一郎	編著	2,400円
入門商業簿記	片山 覚	監修	2,400円
中級商業簿記	片山 覚	監修	2,200円
入門アカウンティング	鎌田信夫	編著	3,200円
簿記システム基礎論	倍 和博	著	2,900円
簿記システム基礎演習	倍 和博	編著	1,500円

(本体価格)

--- 創成社 ---